CASE BOOK
ケースブック
経営診断 要論

岸川善光 [編著]
Kishikawa Zenko

同文舘出版

〈ケースブック・執筆者一覧〉

久留米大学商学部・大学院ビジネス研究科　岸川善光ゼミナール

岸川 善光	（キシカワ ゼンコウ）	久留米大学教授	構成，編集，章扉
岡本 久美	（オカモト クミ）	大学院ビジネス研究科在学中	第1章
白仁田里代子	（シロニタ リヨコ）	大学院ビジネス研究科在学中	第2章
松下 哲	（マツシタ サトル）	㈱レーサムリサーチ	第3章
倉谷 知秀	（クラタニ トモヒデ）	㈱船井総合研究所	第4章
野村 浩之	（ノムラ ヒロユキ）	大学院ビジネス研究科在学中 中小企業診断士	第5章

はじめに

　本書『ケースブック経営診断要論』は，要論シリーズ第8巻『経営診断要論』の姉妹書である。『経営診断要論』とその姉妹書である本書は，大学（経営学部，商学部，経済学部，工学部管理工学科等）における「経営診断論」，大学院（ビジネス・スクールを含む）における「経営診断特論」のテキスト，参考書として活用されることを意図している。

　また，中小企業診断士試験（第一次試験，第二次試験）の参考書として，経営診断理論の修得，経営診断に関する事例演習など，受験参考書として多面的に活用されることを意図している。

　周知のように，「経営診断論」は，「理論と実践の融合」を前提とした実学（実践科学）的な要素が強い研究・教育分野である。特に，「経営診断論」の教育という局面では，実学（実践科学）的な要素が強いことに起因する多くの困難性を本質的に有している。すなわち，端的にいえば，テキストだけで「経営診断論」で学ぶべき内容を，学生・院生が真に理解・体得することはなかなか困難であるといえよう。

　本書の最大の特徴は，「理論と実践の融合」を価値前提としている編著者の「経営診断論」に関する教育方法を忠実に再現していることである。編著者は，1970年代前半以来，産業能率大学，日本総合研究所において，長年，経営コンサルタントとして経営診断業務に従事した。その後，大学に移籍して，現在は久留米大学商学部および大学院ビジネス研究科において，「経営診断論」を担当科目の1つとしている。

　この「経営診断論」における教育方法として，「理論と実践の融合」を狙いとして「ケーススタディ方式」を当初から採用している。すなわち，半期4単位科目で6回のケーススタディを課しており，リポートの提出を単位認定の要件としている。

　本書は，編著者が担当している学部および大学院におけるケーススタディのリポートをほぼ原型のまま採録した。原型のまま採録することの利点・欠点はあらかじめ想定できるものの，後述する活用シーンを考慮すると，原型

のまま採録することの利点が欠点を上回ると判断した。もちろん，リポートの形式およびボリュームはあらかじめ事前に統一している。

　6回のケーススタディにおいて，学生・院生は「経営診断論」の授業の後，自ら興味のある現実のケースを選択し，ケースの現状分析を行った後，①診断の視点，②問題点，③課題，④解決策，という経営診断の基本的なプロセスを，いわば経営診断の疑似体験として踏む。

　ケースの記述は，原則として公表情報（書籍，インターネット情報等）に基づいている。公表情報を参考にした場合，出所を明示するよう指示しているが，あるいは漏れがあるかも知れない。また，学生・院生の勘違い等による誤記がある可能性も否定できない。その場合は，経営診断の教育の意図に免じて是非ともご容赦願いたい。

　本書の第一の活用シーンとしては，授業の際，理論的な説明の後，診断の視点は妥当か，他の視点はないか等，学生・院生の「考える力」を引き出すことができる。近年の学生・院生は，「覚える力」はあるものの，「考える力」ははなはだ心許無い。経営診断において，「考える力」の欠如は致命的であるので，活用方法として価値があると思われる。

　第二の活用シーンとしては，「ケーススタディ方式」を各大学で採用する場合，本書が一種のベンチマークになる。すなわち，提出するリポートについて，本書の内容を越えることを条件とすることができる。ちなみに，本書に掲載したケースは，1ケースあたりの標準的な作成期間を2週間と規定している。この他にも，「理論と実践の融合」のために，本書の活用シーンは数多く考えられる。

　本書は，「経営学要論シリーズ」の既刊書と同様に，同文舘出版の秋谷克美氏をはじめとする編集スタッフにいろいろとお世話になった。経営診断の分野において最初の試みでもある，今回のケースブック刊行に関する編集スタッフのコメントは極めて有益であった。記して格段の謝意を表したい。

2007年1月

岸川　善光

【第1章】経営システムの診断　1

1. 環境−戦略−組織の適合─日本マクドナルド ……… 3
2. 顧 客 適 合─ハウステンボス ……………………… 13
3. ドメイン適合─エヌ・ティ・ティ・ドコモ ……… 23
4. 資 源 適 合─ソニー ………………………………… 33
5. 組 織 適 合─ミスミ ………………………………… 43

【第2章】経営管理システムの診断　53

1. 経営管理システム─日産自動車 …………………… 55
2. 人的資源管理システム─リクルート ……………… 65
3. 財務管理システム─ダイエー ……………………… 75
4. 情報管理システム─アマゾン・ジャパン ………… 85
5. 法務管理システム─雪印乳業 ……………………… 95

【第3章】業務システムの診断　105

1. 研究開発管理─シャープ …………………………… 107
2. 調 達 管 理─ファーストリテイリング ………… 117
3. 生 産 管 理─ファナック ………………………… 127
4. マーケティング管理─アサヒビール ……………… 137
5. ロジスティクス管理─花　王 ……………………… 147

【第4章】業種別の診断　157

1. 製　造　業―マブチモーター ………………………… 159
2. 卸　売　業―菱食 …………………………………… 169
3. 小　売　業―ドン・キホーテ ………………………… 179
4. サービス業―セコム ………………………………… 189
5. 物　流　業―フェデックス …………………………… 199
6. 農林水産業―佐賀県唐津市相知町 蕨野 ………… 209
　　　　　　　　　　　　　　　おうちちょうわらび の

【第5章】新規・拡大領域の診断　219

1. Ｎ　Ｐ　Ｏ―NPO法人せっけんの街 ……………… 221
2. コミュニティ・ビジネス―小川の庄 ………………… 231
3. 企業間関係―日亜化学工業 ………………………… 241
4. 工　業　集　団―東京都大田区・東大阪地域 …… 251
5. 商　業　集　団―早稲田商店街 …………………… 261

索　　引 ……………………………………………… 271

第  章

経営システムの診断

　本章のケースは,『経営診断要論』の第4章で考察した内容と対応している。すなわち,経営システムの目的を,(1)価値の創出・提供,(2)社会的責任の遂行,(3)経営システムの存続・発展,の3点ととらえ,経営システムと環境とのかかわり方こそが,経営システムの目的を実現するための出発点であると認識する。

　経営システムと環境とのかかわり方は,拙著『経営戦略要論』で示したように,(1)顧客の創造・維持,(2)インターフェースの構築,(3)経営資源と組織,という3つの骨格によって構成される。これら3つの骨格を効果的に実現するためには,下記に示されるように,経営システムの構成要素の適合が不可欠である。

(1)　顧客の創造・維持：①製品・市場適合,②競争適合
(2)　インターフェースの構築：①ドメイン適合,②ビジネス・システム適合
(3)　経営資源と組織：①経営資源適合,②組織適合

　本章では,これら3つの骨格のうち,経営システムと環境との全体的なかかわり方(環境―戦略―組織の適合)について1ケース,顧客の創造・

維持（顧客適合）について1ケース，インターフェースの構築のうち，ドメイン適合について1ケース，内部環境に対する適合について2ケース，合計5つのケースを取り上げる。

　第一は，環境─戦略─組織の適合について，日本マクドナルド株式会社（以下，日本マクドナルド）をケースとして診断を行う。本ケースでは，日本マクドナルドが環境の変化に対応するために戦略を変え，その戦略に対応可能な組織に変革するという一連のプロセスをどのように行っているか，主として条件適応理論に準拠しつつ考察する。

　第二は，顧客適合について，ハウステンボス株式会社（以下，ハウステンボス）をケースとして取り上げる。顧客適合のためには多くの施策が必要であるものの，本ケースでは，サービス業界におけるマーケティング戦略という視点から診断を行う。その際，診断の技法として実務で多用されているベンチマーキングが活用可能な技法であるかどうかについても併せて考察する。

　第三に，ドメイン適合について，株式会社エヌ・ティ・ティ・ドコモ（以下，ドコモ）をケースとして取り上げる。ドコモは携帯電話市場が成熟期に入っているにもかかわらず，ドメインの再定義が十分ではないのではないかという視点から診断を行う。本ケースでは，ドメインを構成する三次元モデルを使って，どこに問題点があるのか，さらに課題・解決策についても考察する。

　第四に，内部適合のうち，資源適合について，ソニー株式会社（以下，ソニー）をケースとして取り上げる。ソニーにおける経営資源の配分にはどのような問題点があるか，ＰＰＭ（プロダクト・ポートフォリオ・マネジメント）を用いて問題点，課題，解決策について考察する。

　第五に，同じく内部適合のうち，組織適合について，株式会社ミスミ（以下，ミスミ）をケースとして診断を行う。ミスミは戦略として「持たざる経営」，組織として自立性の高い「チーム制」を採用し，内部適合を図ることによって高い成長性を実現してきた。しかし，「チーム制」の維持にややかげりが見えるという視点から，自立的組織のあり方に焦点を絞って考察する。

＊ケースとして選択した日本マクドナルド，ハウステンボス，ドコモ，ソニー，ミスミのホームページを公表情報の1つとして参照した。記して謝意を申し上げる。

1 環境─戦略─組織の適合

❶ ケース

(1) **はじめに**

本ケースでは，企業が自社を取り巻く環境に適応するために，どのような戦略を必要とするかについて検討する。また，その戦略を遂行するために，自社組織を適合させる必要性についても考察する。

(2) **企業概要**

企 業 名：日本マクドナルド株式会社
設　　立：1971年5月
資 本 金：24,113百万円
事業内容：ハンバーガー・レストラン・チェーンの経営など
売 上 高：325,655百万円（2005年度，連結）
経常利益：2,859百万円（2005年度，連結）
従業員数：社員4,897名（2005年度，連結）

(3) **ケース**

日本マクドナルド株式会社（以下，日本マクドナルド）は，1970年に米国から日本に進出したファーストフード店である。日本マクドナルドに続いて多くの外資系企業が日本に登場し，高度経済成長の後押しなどにより，ファーストフード店は急成長した。その中でも日本マクドナルドの成長ぶりは「マクドナルド神話」と呼ばれるほどであり，順調に業績を伸ばしていった。

しかし，1990年代にバブル経済が崩壊し，日本中の企業が苦境を迎えることになると，安売りのスーパーやディスカウントショップが勢力を増し，日

本社会は低価格路線へと変化し始めた。しかし，日本マクドナルドはそれまで自社が育てたブランドに自信があったため，バブル経済崩壊後も高価格戦略をとり続けた。その結果，日本マクドナルドは業界初の2,000億円の売上げを達成した翌年の1992年に低成長となり，さらに翌年には創業以来初のゼロ成長を記録した[1]。

ゼロ成長に危機を感じた日本マクドナルドは，1992年から1994年にかけて顧客満足度調査を実施した。調査結果により，当時のハンバーガーの価格である120円では，顧客満足度が21％しか得られないという事実が発覚した。さらに価格が安くなるにつれて顧客満足度は上がり，100円でほぼ100％になるという試算も出た。

日本マクドナルドは，この調査を基に大幅な価格改定を行った。1995年には，ハンバーガーの価格を210円から130円にした。130円であれば約90％の顧客満足度を得ることができるという試算になる。さらに，2000年には「平日半額」というキャッチ・フレーズと共に，ハンバーガーを65円という驚異の価格で売り出すことを決定した[2]。

この平日半額はインパクトが大きく，新たな顧客層からも支持を集める結果となった。例えば，こずかいが少ないサラリーマンにとって，65円のハンバーガーであれば満足するまで食べることが可能である。それ以前のマクドナルドは，子供が食事する場所だという固定概念が強かったので，この価格改定はイメージ変換の大きな機会となった。

この低価格を実現できた背景には，日本マクドナルドの組織のあり方が大きく影響している。従業員はアルバイトを中心に構成されており，社員は1店舗あたり約2名なのに対し，アルバイトは約50名である[3]。アルバイトを詳細なマニュアル通りに動かすことにより，人件費の大幅削減を行っている。そして全国のマクドナルドで，同じ味，同じサービスの提供が実現できるようになっている。マニュアルは，あいさつから製造方法まで綿密に網羅されており，誰でも同じサービス，製造を行うことが可能である。

また，フランチャイズ制度を導入して，社員の独立を促進している。独立

第1章　経営システムの診断

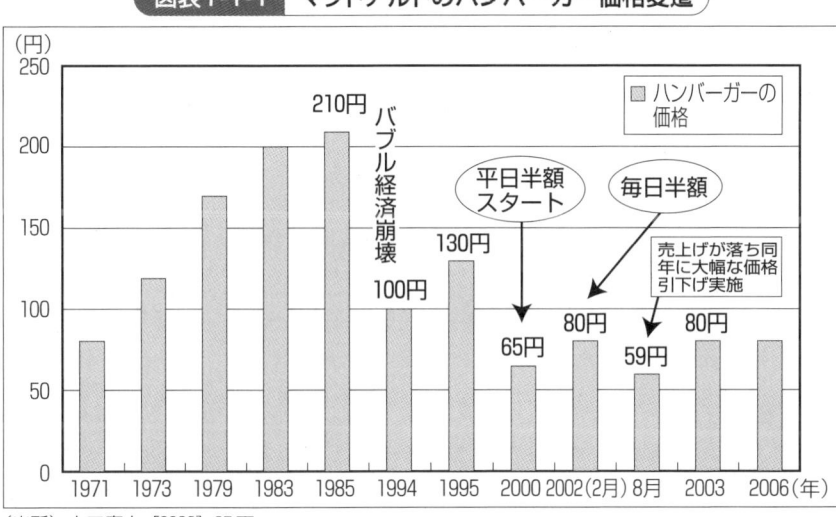

図表1-1-1　マクドナルドのハンバーガー価格変遷

(出所) 山口廣太 [2000] 25頁。

といっても，日本マクドナルドのフランチャイズ店の店長は権限が少なく，本部からの指示通りに動いている場合が多い。しかし，フランチャイズ店が増えることは人件費削減に大きく貢献する。

また，人件費だけでなく，世界中で一番安く食材を提供する企業から調達することを可能とするシステムである「GPS[4]」というシステムを導入し，食材ごとに1円でも安く仕入れることができる仕組みを整えている[5]。このシステムにより，低い調達コストを常に維持させることができるのである。食材供給企業側は，取引してもらうために他社よりも安く提供しようとするため，原材料の価格はさらに安くなるという利点も生まれる。

平日半額を始めた2000年のハンバーガーの販売数はそれまでの3倍を超え，翌年には8倍を超えた。しかしそれも長くは続かず，2000年末には，また3倍にまで落ち込んだ。その結果を踏まえて，2002年には平日半額を廃止することに決めた。そして，平日のみならず，「毎日80円」という価格で売り出した。しかし一旦半額という超低価格を知った顧客には，値上げが受け入れられなかった。同年8月には59円に下げるが顧客は戻らず，また2003年には

80円にした。日本マクドナルドは完全に価格戦略の迷路に迷い込んだ。

立て直しのために，米国マクドナルドからパット・ドナヒュー社長が送り込まれた。彼はまず，ファーストフードはスピードが命だという原点に返り，注文から商品渡しまでの時間を60秒にするという「チャレンジ!! 60秒キャンペーン」を行った。また，不採算店の廃止を行い，2003年度には創業以来初めて総店舗数が前年を下回った[6]。

さらに，社内組織の見直しも行った。従来は本社の下に地区本部があり，その地区本部が店舗を総括する仕組みであったため，本社の社長の耳に各店舗の情報が入ってくるまでに大変な時間がかかった。そこで，地区本部を廃止し，顧客や店舗従業員の生の声が直接本社へ届く仕組みを作り上げた[7]。

このような価格戦略での行き詰まりの中で，近年日本マクドナルドは新たな戦略を打ち出した。それは，バリュー戦略と呼ばれるものである。セットメニューの500円商品と100円商品を作るという価格改定を行った。その結果，客数は増えたが，売上げは伸びなかった。100円商品を単品買いする顧客が増えたために，1人当たりの単価が減ってしまったからである。さらに，顧客が増えることを予測して，アルバイトの数を予め増やしておいたために，人件費がかさんで，コストが大きくなったことが原因の1つであった[8]。本社がアルバイト数を増やしておくように各店舗に指示していたことにより，ほとんどの店舗で人件費が増大した。本社の調査不足に加え，それに従順に従うように教育された組織体制が原因である。

❷ 診　断

(1) 診断の視点

本ケースでは，企業を取り巻く環境が変化し，その変化に適応するために企業が戦略を変え，その戦略に対応可能な組織に変革するという一連のプロセスを，企業が上手く行うことができているかについて診断する。ローレンス＝ローシュの提唱した条件適応理論に基づき，日本マクドナルドがこれまで直営店を多く持つピラミッド型組織で成功してきた背景には，ピラミッド

型組織が適合する環境があったことを明らかにする。その上で，今日の企業環境における日本マクドナルドの戦略や組織の問題点を導き出し，現在の企業環境においてはどのような組織が適応するのかについて，解決策を挙げる。

(2) 問題点

図表1－1－2に示されるように，日本マクドナルドを取り巻く環境は大きく3つの時期に分けることができる。

第一に，日本マクドナルドを始めとするファーストフード企業が日本に導入され始めた1970年代から1980年代を取り上げる。この頃のファーストフード市場は，認知度が低く競合企業が少ない。この時期に認知度を高め，ブランドを確立することができれば，市場占有率を獲得することができる。バブル期で高級志向の消費者が多かった時代であること，そしてブランドの確立が重要な時期であったことなどから，高価格戦略が採られた。また，日本に進出したばかりの日本マクドナルドは，企業文化や組織が確立されていなかったため，本部が権限を持つピラミッド型の組織であった。

第二に，バブル経済が崩壊して景気が低迷し始めた1990年代を取り上げる。不況により顧客が低価格志向になったこと，そしてディスカウントストアな

図表1-1-2　年代別にみたマクドナルドの環境―戦略―組織

	環　境	戦　略	組　織
1970～1980年代	ファーストフード企業が日本に進出したばかりの時期で，認知度が低く競合企業は少ない。バブル期で高価格戦略。	高価格戦略	ピラミッド型組織
1990年代	バブル経済が崩壊し，景気が低迷。一気に低価格志向へ。	超低価格戦略	ピラミッド型組織
2000年代	景気が徐々に回復し始める。「安くて良いもの」を求める価値重視の顧客が増加。	低価格戦略	ピラミッド型組織（フランチャイズ店は増加するが自立性は低い）

(出所) 筆者作成。

どの激安店が相次いで開店したことにより，日本マクドナルドの高価格戦略は受け入れられなくなった。日本マクドナルドは環境の変化に対応することができずに，売上げが低迷した。その後，驚異の超低価格戦略で巻き返しを図ったが，売上げが低迷する前に環境の変化に気づくべきであったと考えられる。超低価格戦略を実行するためには，本社が大きな権力を持ったピラミッド型組織で統括した経営を行う必要があった。この組織体制により，アルバイトの割合が高い店舗展開を可能とし，人件費削減ならびに低価格販売が実現した。

　第三に，現在の2000年代を取り上げる。現在は景気が徐々に回復し，ファーストフードの認知度も高まった。ファーストフード市場は成熟期に入ったと言える。しかし，様々な形態の外食企業が増え，日本マクドナルドの競合企業はファーストフード店だけに止まらない状況である。顧客は価値を追求するようになった。現在の環境において，日本マクドナルドは価格が定まらず低価格戦略の迷路に迷い込んでいる。

　売上げや来客数が伸び悩む原因は，現在の環境に戦略がマッチしていないためだと考えられる。価値を重視する顧客に低価格戦略が適合するはずがない。価格を大きく下げても，一定期間が過ぎインパクトがなくなれば，「安い」という価値はすぐに消えてしまうため，低価格戦略は長く続かない恐れがある。しかし，1980年代のように，ブランド力に頼った高価格戦略も適合しないと考えられる。ケースで挙げたように，価値を追求する顧客に対し，価格を上げるだけでは受け入れられないことは実証されている。これは「マクドナルド＝安い」という固定観念が顧客に植え付けられていることが原因と考えられる。

　ではなぜ，価格を上げただけではそのイメージが更新されないのか。それは，価値は変わらないのに，価格だけ上げたからである。品質・味・サービスなどの価値を向上させなければ，現在の顧客には受け入れられない。サービスが向上しない原因として，ピラミッド型組織によるマニュアル化されたサービス提供が考えられる。低価格戦略においてはピラミッド型組織が有効

であったが，価値が求められる現在ではこの組織は適合していないと考えられる。なぜならば，全ての顧客一人一人のニーズに応えるためには，マニュアルによるサービスには限界があるからである。

(3) 課題

現在の高級志向に対応するためには，どのような価値を提供するかを考える必要がある。その際，以前の失敗を踏まえて，価格を大きく上げることは避けるべきである。日本マクドナルドの持っている資材調達システムを使えば，価格をいくらにするかではなく，どのような価値を提供するかを先に考え，その上でコスト・価格を最大限に抑えることが可能となるであろう。

価値の提供には，店舗デザインや，人材の改革も含まれる。多様なニーズを持つようになった顧客に対して，今までのような単調な造りの店舗や，マニュアル通りの接客では，ニーズに対応できない。

顧客にとっての貴重な時間を自社で費やしてもらうためには，空間としての価値を向上させる必要がある。従来のような全国一律の店舗デザインではなく，その地域の顧客層にあった店舗造りを行うべきである。

また，低価格戦略の時代には，速さと安さが価値とみなされていたため，マニュアルどおりに迅速に動くアルバイトの育成が必要であったが，今後は，価値追求型の戦略を実行する必要があるため，それを実行することが可能な柔軟な人材の育成が求められる。

(4) 解決策

現在の企業環境に適応した価値追求型の戦略を実行するために，各店舗の持つ権限を強くすることが第一の解決策であると考える。現在までのピラミッド型組織では，全ての顧客のニーズに応えることができないからである。社員の独立を推進する制度は続行すべきであるが，独立しても権限がないのでは意味がない。全国のそれぞれの店舗において，環境や顧客のニーズは違うはずであり，全ての店舗で同じマニュアル・店舗レイアウトを使用してい

たのでは，サービスの価値の向上は見込めない。

　したがって，各店舗の責任者に権限を与え，店舗ごとに違うサービス・マニュアル・店舗レイアウト等を決定することを可能にすることが有効だと考える。例えば，自店の顧客層を分析し，子供連れが多い店舗は遊戯スペースを設け，一方オフィス街に位置する店舗においては高級感のあるカフェのような店舗デザインにするなど，環境に適合した店舗展開を行うことが可能になるであろう。

　その上で，本社機能をさらに充実させ，店舗ごとに行われている経営のノウハウを集約し，優秀なノウハウを全店舗で共有することが可能な仕組みを作り上げる必要がある。本社機能が失われ完全な事業部制組織となれば，目先の利益を追求する店舗が増え，全社的な経営難に陥ることも考えられるため，注意が必要である。

❸ 解　説

(1)　関連理論

　企業は環境の中で活動を行う組織体であるので，環境にうまく対応することが必要不可欠である。本ケースでは，経営戦略の観点からみた企業環境の一部に焦点を当ててまとめた。企業環境の主たる要因としては，①経済環境，②政治環境，③社会環境，④自然環境，⑤市場環境，⑥競争環境，⑦技術環境の7つが挙げられるが，その中でも本ケースでは，①経済環境と⑤市場環境の2つの分野を取り上げた。

　また，条件適応理論に基づいて診断した。条件適応理論とは，ローレンス＝ローシュを始めとし，それ以前・以後にも様々な形で提唱されてきた理論であり，条件（環境）が変わればそれに適応するためにその他も変化させなければならないという考え方である。条件やそれによって変化させなければならない要件については様々なものが当てはまる。例えば図表1－1－3に示されるように，経営戦略を構成する要素などが挙げられる。

　本ケースでは，「環境が変わればその環境に適応するように戦略を変革す

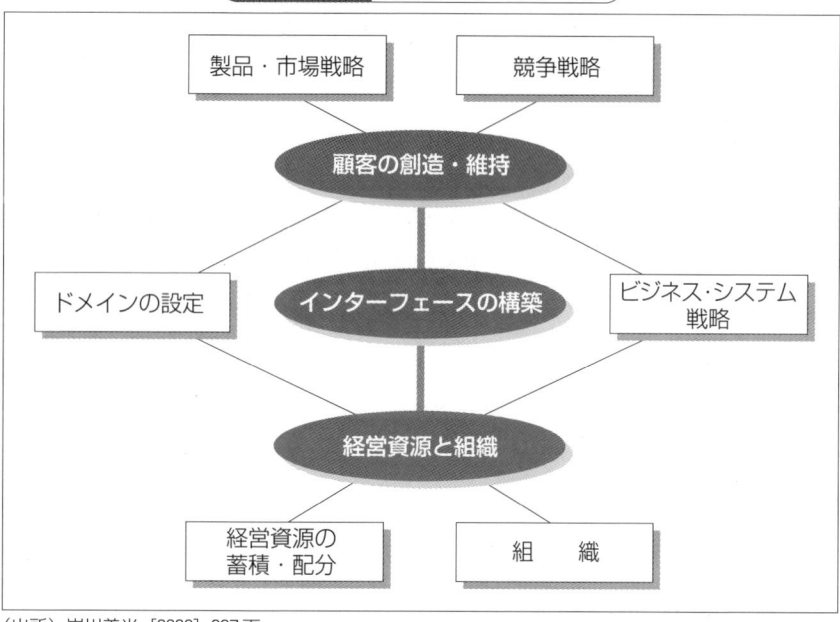

図表1-1-3　経営戦略の構成要素

(出所) 岸川善光 [2006] 227頁。

る」,「経営戦略の構成要素を変革したならば,それに適応することができるように組織を変革する」という形で条件適応理論を活用した。1960年代の理論であるが,現在でも当てはまるところが多い理論である。

(2) 技　法

　問題点を抽出するために,時代別にみた日本マクドナルドの環境,戦略,組織を図表に表して比較した。バブル経済が崩壊した時にマクドナルドが環境の変化に適応できなかったのは,環境と戦略,戦略と組織の在り方の関係の重要性を理解していなかったためだと考えられる。それぞれの時代ごとに,常に置かれている環境を把握しておくことが必要である。図表を使って比較する技法は最も一般的な技法であり,理解しやすく使用しやすい利点がある。比較分析を行いたい場合には,有効な技法である。

(3) **重要用語**

条件適応理論，経営戦略，組織改革

---

1) 山口廣太［2000］13頁。
2) 同上書25，40頁。
3) 日経ビジネス，2001年11月12日号，33頁。
4) 「GPS」…グローバル・パーチェシング・システムの略。米国マクドナルドが開発した，世界114カ国からの利用が可能な購買情報システムである。最も安い市場がどの国のどの地域であるかをリアルタイムに把握することができる。
5) 中山新一郎［2001］83頁。
6) 日経ビジネス，2004年7月26日号，67頁。
7) 同上誌68頁。
8) 日経ビジネス，2006年5月8日号，10頁。

参考文献

Chandler,A.D.Jr.［1962］, *Strategy and Structure*, The MIT Press.（有賀裕子訳［2004］『組織は戦略に従う』ダイヤモンド社）
Lawrence,P.R.＝Lorsch,J.W.［1967］, *Organization and Environment : Managing Differentiation and Integration*, Harvard University Press.（吉田博訳［1977］『組織の条件適応理論』産能大学出版部）
加護野忠男［1980］『経営組織の環境適応』白桃書房。
岸川善光［2006］『経営戦略要論』同文舘出版。
中山新一郎［2001］『マクドナルド市場独占戦略』ぱる出版。
山口廣太［2000］『マクドナルド平日半額戦略』経林書房。
日経ビジネス，2001年11月12日号，日経BP社。
日経ビジネス，2004年7月26日号，日経BP社。
日経ビジネス，2006年5月8日号，日経BP社。
日本マクドナルドホールディングス株式会社ホームページ
　＜http://www.mcd-holdings.co.jp/＞

2 顧 客 適 合

❶ ケース

(1) はじめに

　企業は，顧客なしで存続していくことは不可能である。企業と顧客との適合を診断するにあたり，企業が顧客満足を得るために必要な要素について検討する。本ケースではサービス業を取り上げ，サービスと顧客満足との関係性を中心に考察する。

(2) 企業概要

　　企 業 名：ハウステンボス株式会社
　　所 在 地：長崎県佐世保市
　　第一期オープン日：1992年3月25日
　　資 本 金：10,500百万円
　　事業内容：滞在型総合リゾート事業，ホテル・美術館・アミューズメント施設，販売・飲食施設等の展開
　　売 上 高：約15,800百万円（2005年度）
　　従業員数：1,461名

(3) ケース

　ハウステンボス株式会社（以下，ハウステンボス）は，長崎県佐世保市でオランダの町並みを再現したテーマパークを展開している。ハウステンボスの母体である長崎オランダ村が開園したのは，東京ディズニーランドの開園と同じ1983年であった。この年に日本のテーマパークの歴史は始まったと言われる。1988年以降テーマパークの開園ラッシュが続き，1990年代前半まで

に約80施設が開業した。バブル経済により，観光産業に注目が集まった時期である。地元の経済活性化を求める自治体と企業が協力し，観光客を集客できる施設を作ろうと立ち上がり，たくさんのテーマパークが各地に出現しテーマパーククラッシュとなった。

ハウステンボスの開業もこれと同じく，長崎県や佐世保市などの地方自治体，日本興業銀行などの金融機関，JR九州などの地元企業やその他日本有数の大企業，さらにはオランダの王室・官民の協力により実現した。

ハウステンボスの設立は，長い間使われていなかった埋め立て地に緑を蘇らせることから始まった。土に空気を含ませ，場所によってはその土の下にパイプで水を通した。そして運河を掘り起こし，自然を破壊しないように自然の石や土で造成し，美しい運河を実現した[1]。

創業者の神近義邦は，オランダの町並みを文化として定着させたいという想いが強かった。京都が長安の都を模倣して作られたにも関わらず，今では日本の古都として文化が定着していることに着目し，オランダの町並みも1000年かけて長崎の文化にしようという大きな夢を抱いていたのである[2]。

そして，一流のホテルを始めとするオランダの宮殿や町並みをイメージした概観を実現した。152万平方メートルの広大な土地に40万本の樹木と30万本の花を植え，全長6キロに及ぶ運河を巡らせ，「人と自然の共存」をコンセプトとしたオランダの街並みが実現した。

ハウステンボスの特徴は，「エコロジーとエコノミーとの共存」を掲げている点である。自然を壊さない努力をするだけでなく，自然を育てる試みも行っている。自然豊かで花に溢れた園内は，ハウステンボスの魅力の1つである。また，自然を壊さないために冷暖房に環境に優しいガスを使ったり，排水を通常以上に浄化したりするなど，コストをかけてでもエコロジーを追求する姿勢を見せている[3]。

ハウステンボスのターゲットは主に大人で，他のテーマパークに比べて来園者の平均年齢が非常に高い。大人以外の顧客を呼び込むために，修学旅行の学生に利用してもらえるよう旅行会社を中心に宣伝活動を行っている。し

かし，学生が喜ぶようなアトラクションは少なく，のんびりと楽しみたい大人向けのテーマパークであるといえる。

ハウステンボスは，オープン当初年間400万人の集客を見込んでいた。しかしオープン当初の来園者数は，見込んでいた来園者数の半分にも満たない状態であった。「未来の街づくり」を掲げていたハウステンボスは，テーマパークとして受け入れられるのに時間がかかったのである。しかし，徐々に口コミで人気が集まり，ハウステンボスは賑わいを見せるようになる[4]。

ハウステンボスにはホテルも併設しており，滞在型のリゾートテーマパークを目指している。しかし周辺の宿泊施設はまだ少ない。また，ハウステンボス内に高級分譲住宅を建てており，1つの都市として発展させたいという想いが感じられる。

しかし，この分譲住宅が売れなかったことによる負債を始め，広大な土地を利用するための莫大な投資を回収することが困難となり，次第にハウステンボスの経営は苦しくなっていった。バブル経済が崩壊し，テーマパークな

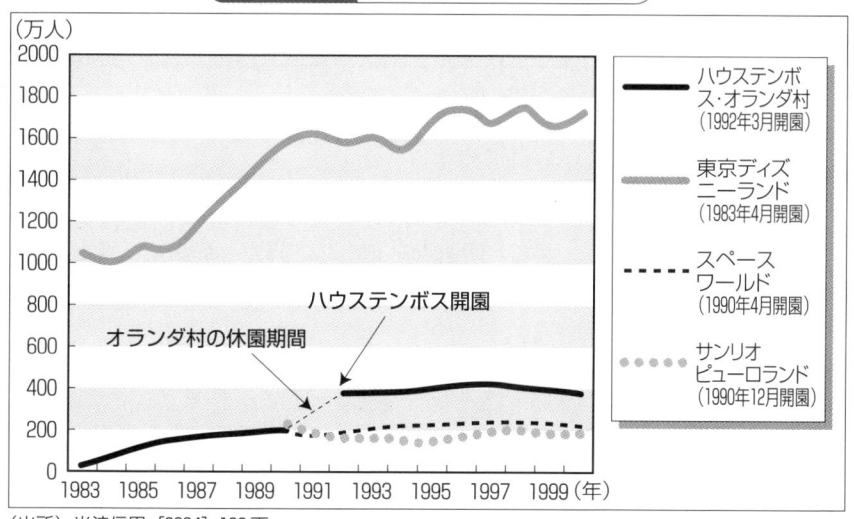

図表1-2-1　年間入場者数の年次推移

(出所) 米浪信男 [2004] 108頁。

らびに観光産業全体が衰退し始めた時期であり，多くのテーマパークが倒産した。開園当時は賑わいを見せても，その後，数年で来園者数が激減するのはテーマパークの宿命とも言われている。

この状況に陥ったハウステンボスは，2003年に経営破綻を発表し，会社更生法の適用を申請した。九州観光のシンボルともされるハウステンボスの経営破綻は，九州観光に大きな打撃を与えた。支援企業には様々な企業が名乗りを上げ，その中でも当初最も有力であったのは，東京ディズニーランドを運営するオリエンタルランドであった。しかし，綿密な調査・検討を行った結果，オリエンタルランドはハウステンボスの支援を断念した。再建が困難だと判断したからである。

その後，野村プリンシパル・ファイナンスが支援企業として決まり，現在新体制が整えられている。野村プリンシパル・ファイナンスは，ハウステンボスの集客力を高めるためにクロス・ファンクショナル・チームを編成し，様々な問題点を出し合いながら，再生に向けて戦略を立て実行している[5]。

❷ 診　断

(1) **診断の視点**

本ケースでは，企業が顧客満足を得るために適切なマーケティング戦略を行っているかを中心に診断する。サービス業界を取り上げているため，サービス・マーケティングを中心に考察する。その際，同業界において最もサービス・マーケティングが優れていると考えられる東京ディズニーランドと比較分析を行い，ハウステンボスの問題点を見出し，課題・解決策を導出する。

(2) **問題点**

ハウステンボスの来園者数が減少した原因について，東京ディズニーランドと比較し問題点を挙げる。図表1－2－2に示されるように，東京ディズニーランドと比べて，ハウステンボスは顧客適合が上手くなされていない点が存在する。

図表1-2-2　ハウステンボスと東京ディズニーランドの比較

	ハウステンボス	顧客適合	東京ディズニーランド	顧客適合
①立　地	長崎県佐世保市	×	千葉県浦安市	○
②テーマ	オランダの町並み	○	ディズニー・夢	◎
③ターゲット	中高年中心	○	ファミリー	◎
④初期投資	5,400億円	×	1800億円	○
⑤追加投資	できない	×	常にしている	○
⑥接　客	良い	○	非常に良い	◎
⑦宣伝方法	旅行代理店任せ	△	メディアやリピーター，旅行代理店	○
⑧物販・飲食	物販は売れていない	△	売れている	◎
⑨周辺施設	連携が上手く取れていない	△	地域全体で連携している	○

（出所）筆者作成。

　第一に，立地の問題が挙げられる。東京ディズニーランドは首都圏に近く，その上交通手段も多い。ハウステンボスの場合は首都圏から遠く，交通手段にも恵まれていない。しかし問題は立地が悪いことではない。長崎県は他のアジアの国々からも近いことや，ハウステンボスが九州で一番規模の大きなテーマパークである点など，集客に結びつく機会は存在するが，その機会を生かしていない。その原因は宣伝力不足に加え，集客力のあるアトラクションやイベントが不足している点にあると考えられる。

　次に，周辺施設の状態からわかるように，東京ディズニーランドは周辺施設との連携を図り，他県・他国からの顧客が来園しやすい環境を整えている。一方，ハウステンボスは特に他県からの顧客を必要とするので，周辺施設との連携は必須であるが，園内の宿泊施設以外の施設とはほとんど連携が図れておらず，立地の悪さがより際立っている。

　第二に，テーマの問題が挙げられる。テーマパークにとってテーマは命で

ある。東京ディズニーランドのテーマは，世界で愛されるディズニー，もしくは夢であり，このテーマは日本の顧客にも非常によくマッチしている。ハウステンボスはオランダの町並みがテーマである。日本にいながら外国の雰囲気を味わうことが可能という点で，中高年の顧客を中心に受け入れられている。中高年は子供に比べて経済力があるので，ターゲットとしては最適であるが，子供を持つ夫婦が来て楽しめないという点は問題である。

　第三に，顧客が何を求めてハウステンボスに足を運んでいるかを見直す必要がある。「本物のオランダの町並み」を求めている顧客は，経済的に余裕ができると本場のオランダへ海外旅行をすることになるかもしれない。ハウステンボスのオリジナリティーを顧客は求めている可能性が高い。もう一度，自社のテーマを見直すことにより，自社のドメインを考え直す必要がある。

　第四に，テーマパークと称している限り，遊び心を持った顧客の存在は無視することができない。風景を楽しむことがメインのハウステンボスでは満足できない顧客もいると考えられる。特に子供を持つ親はそうである。

　第五に，投資の問題が挙げられる。ハウステンボスはこの初期投資が大きすぎたために経営が破綻したといっても過言ではない。初期の需要予測が甘かったために，初期投資額を回収するだけの利益を上げることができなかったのである。さらにこの過大な初期投資は，リピーターをつかむためにテーマパークに欠かせない追加投資を不可能にし，来園者数減退を招くという悪循環を生む原因にもなった。

　接客，宣伝方法，物販・販売に関しては，大きな問題点はないが，東京ディズニーランドと比べると顧客に適合できていない部分が多い。特に宣伝方法に関しては旅行代理店に任せている部分が多く，マスコミ等を利用して全国に広く宣伝活動を行っている東京ディズニーランドと比べると影響力が弱い。

　以上のように比較分析を行った結果，初期投資の問題点などを除いた場合，ハウステンボスに大きな顧客を不満にさせる要因はないと思われる。しかし，東京ディズニーランドのように顧客が期待している以上の驚きを与えるよう

なサービスが存在していないことがわかる。

(3) 課題

　問題点を踏まえて課題を挙げる。まず，立地や周辺施設の問題点から考えられる課題は，宿泊型のテーマパークとしての機能を充実させることである。首都圏にある東京ディズニーランドと違い，ハウステンボスは日帰りの顧客を獲得しにくい。また，アジアの国々からの観光客を獲得する機会が存在するので，これらを踏まえて宿泊環境を整えることが課題と考えられる。

　次に，テーマや企業ドメインが適合していない問題点について，もう一度見直す必要がある。オランダを模倣するだけでは不十分であることは確かであり，顧客がハウステンボスに求めている真の価値を知らなければならない。イベント時のハウステンボスの来客数が多いことに着目すれば，顧客はハウステンボスでイベントや記念日などを祝うことを目的にしている割合が高いと考えることができる。顧客のニーズを認識し直すことが課題である。

　また，顧客と積極的に触れ合うことを可能にする接客マニュアルを作成し，サービスの向上を目指さなければならない。それに加え，可能な限りの追加投資を行い，リピーター客を絶やさないために新鮮さを常に取り入れなければならない。サービスや新しい設備で顧客にサプライズを与える必要がある。そのためにはまず，顧客ニーズを見直して集客力を上げ，投資費用を収集しなければならないであろう。

(4) 解決策

　図表1-2-3に示されるように，ハウステンボスの経営再生には多くの解決策が考えられる。図表中，最も多くの線で結ばれた解決策としては，パッケージツアーの充実が挙げられる。ハウステンボスの規模は大きく，丸一日あったほうが満喫できるため，宿泊を含めたツアーを推進することが求められる。また現在では，長崎市観光と組み合わせたツアーが多いが，ハウステンボスのある佐世保市と長崎市は車で2時間ほどかかる距離があるのが問

図表1-2-3　ハウステンボスの抱える課題に対する解決策

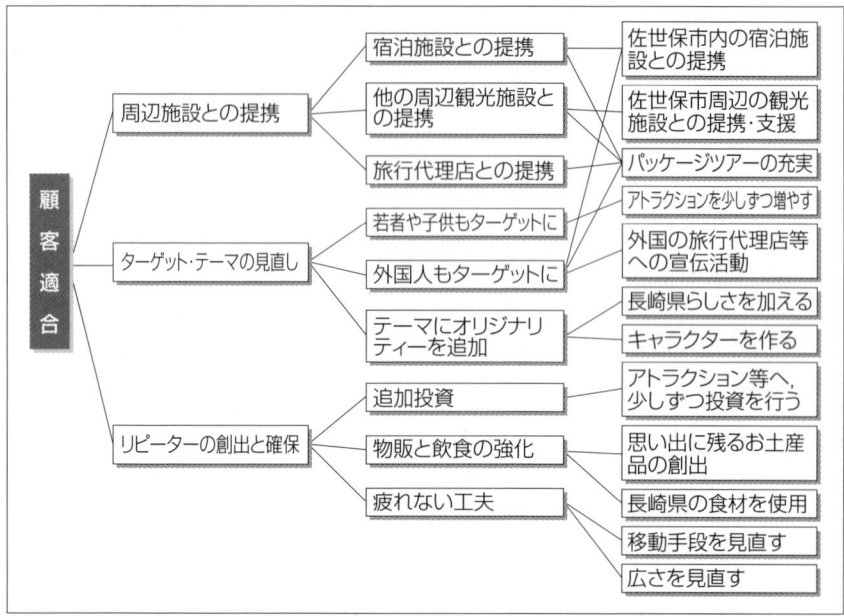

（出所）筆者作成。

題である。したがって，佐世保市周辺の観光施設を充実させる支援も視野に入れ，佐世保市内に何泊か滞在できるようなツアーを充実させることにより，新たなターゲットの創出が可能になると考えられる。

また，子供連れの中高年も新たなターゲットとし，若者や子供が喜ぶアトラクションやサービスへ投資を行うことが策となりうる。その際，その後の長期的な追加投資を見込んで少量ずつの投資を行い，リピーターを創出する。

その他様々な解決策を実行するに当たり最も注意すべき点は，問題点で明らかになったサプライズの提供についてである。真の顧客満足を得るためには，顧客が望んでいる以上のサービスを提供しなければならない。もちろんその前提には，顧客が当たり前に満たして欲しいと考えるニーズを全て満たす必要がある。

したがって，接客マニュアルや経営理念などの見直しを行い，企業全体で

顧客視点のサービスを見直すことが優先と考える。その上でブランド価値を高めるために，キャラクターの創出や飲食の強化，アトラクションの導入などを行うことが有効であろう。サプライズの提供によって，リピーターを維持することが可能になれば，安定した収入と口コミによる新規顧客の創造が期待できる。宣伝活動が不要になるため，コスト削減に繋がるはずである。

❸ 解 説

(1) 関連理論

　本ケースでは，顧客適合を診断するにあたりサービス業界を取り上げ，マーケティング戦略，サービス・マーケティングにおける理論を中心にまとめた。顧客適合とは，企業が顧客の創造と維持を行うための戦略である。まず，顧客のニーズと企業側のシーズをうまく適合させることが基本となる。そのために，製品・市場戦略，競争戦略，ドメイン，ビジネス・システム，経営資源，組織など，様々な戦略的要素を組み合わせることが必要となる。

　製品・市場戦略とは，どのような顧客に，どのような製品（サービス）を提供するか，を決定する戦略のことである。ハウステンボスの再生に当たって，ターゲットと提供するサービスの見直しは必須である。

　サービスは無形財の提供であり，ハウステンボスのようなサービス産業では，サービスにどんな価値を持たせるかが重要になる。サービスが顧客に適合すれば顧客満足を得ることができ，自社の強みとなるだけでなくリピーターを創出することが可能となる。現在ではサービス・マーケティングやサービス・マネジメントなど，サービスに生産性，経済性，価値観を融合した概念が注目を集めており，顧客適合には特に欠かせない概念となっている。

(2) 技 法

　本診断を行うにあたり，ベンチマーキングという手法を利用した。ベンチマーキングとは，戦略や手法等において最も優れた事例や企業（ベストプラクティス）を探し出して分析し，それを「あるべき姿」と置いて自社とのギ

ャップをみつける手法である。そして，そのギャップを埋めるための戦略が必要となる。本ケースでは，あるべき姿に東京ディズニーランドを置き，ハウステンボスとのギャップを探ることによって問題点を特定し，そのギャップを埋めるための課題と解決策を導き出した。

また，問題点から解決策までを導くために，系統図法を使用した。この図法を使う前に，スタートとなるべき問題の要因を十分に掘り下げておく必要がある。その後，目的→手段，目的→手段の順番に具体的な解決策を導いていくのである。この技法を使用することによって，解決策を抜かりなく挙げることが可能となる。

(3) **重要用語**
顧客満足，製品，市場戦略，ベンチマーキング

1）ハウステンボスホームページ。
2）上之郷利昭［1992］6頁。
3）同上書47-48頁。
4）神近義邦［1994］253-257頁。
5）長崎新聞，2004年2月2日。

参考文献

Lovelock,C.H.＝Wright,L.K.［1999］, *Principles of Service Marketing and Management*, Prentice-hall.（小宮路雅博訳［2002］『サービス・マーケティング原理』白桃書房）
柏木重秋［2005］『現代マーケティングの革新と課題』。
神近義邦［1994］『ハウステンボスの挑戦』講談社。
上之郷利昭［1992］『ハウステンボス物語』プレジデント社。
岸川善光［2006］『経営戦略要論』同文舘出版。
河野英俊［2005］『ディズニーランドお客を感動させる魔法の接客サービス』ぱる出版。
米浪信男［2004］『観光・娯楽産業論』ミネルヴァ書房。
長崎新聞，2004年2月2日。
ハウステンボスホームページ＜http://www.huistenbosch.co.jp/top.html＞

第1章 経営システムの診断

3 ドメイン適合

❶ ケース

(1) はじめに

本ケースでは，企業の事業ドメインが適切に設定，もしくは定義されているかを診断する。企業にとって，ドメイン設定は最初に行うべき行為であり，適切にドメインを定義していなければ，その後の戦略や方向性を見失う可能性が高い。株式会社エヌ・ティ・ティ・ドコモ（以下，ドコモ）が成熟段階に入った時期を例に取り，企業とドメインとの関係性を明らかにする。

(2) 企業概要

企 業 名：株式会社エヌ・ティ・ティ・ドコモ
設 立：1992年7月1日
資 本 金：949,680百万円（2005年度，連結）
事業内容：携帯電話・パケット通信サービス，衛星・国際電話サービス，
　　　　　各サービスの端末機器販売など
売 上 高：4,765,872百万円（2005年度，連結）
経常利益：952,303百万円（2005年度，連結）
従業員数：6,013名（2005年度，単独）

(3) ケース

ドコモは，移動通信市場がまだ導入期にあった1992年に，NTTから独立した企業である。当時の移動通信市場は，自動車電話が一部で普及しているのみであった。しかしその後，ポケットベルが女子高生を中心に若者の持ち物となったことにより，移動通信機器は若者の新たなコミュニケーションの手

段として，またファッションの一部として一気に普及した[1]。また，PHS，携帯電話といったさらに利便性の高い製品へ変化を続けていく中で，移動通信機器を持つことが当たり前という文化が，若者だけでなく大人・子どもにまで浸透した。

　その後，順調に業績を伸ばしていたドコモであったが，2001年度の連結決算において，上場以来初の赤字を記録した[2]。主な原因は，海外出資企業の株価下落によるものであった。しかしそれだけが原因ではなく，携帯電話の普及率が伸び悩み始めた時期であったことも事実である。稼ぎ頭であるドコモの業績悪化は，NTTグループ全体に対しても大きな打撃を与えた。

　普及率の限界を感じ始めたのが赤字を記録した2001年頃だとするならば，1992年から10年も経たないうちに，市場は最大に近いところまで拡大したことになる。これはドコモ自身も予想していなかったことであった。普及率を10年かけて2000万台にする，という長期的な目標を掲げていたが，それは5年で達成していた[3]。親会社であるNTTの業績を遥かに上回り，逆に固定電話市場を脅かす存在となっていた。予想外の急成長に，戦略が追いついていかなかったことも業績悪化の原因である。

　ドコモは海外進出を試みているが，上述したように，結局は損失の増大に繋がっている。これは，予想外の普及率増加に危機感を感じ，戦略や技術開発，組織改革等が追いつかない状態で新たな市場へ進出したためである。この頃，ようやく次世代携帯であるFOMAが日本市場に出回り始めていた。

　FOMA（Freedom Of Mobil multimedia Access）は高速通信を可能にした次世代携帯電話であり，画像や音声などを簡単に通信することができる画期的な商品であった。しかし，電波領域の拡大が遅れたことや，デザインや性能が従来のMOVAよりも大きく劣っていたために，普及に時間がかかったのである。

　しかしその後，デザインや性能の向上，電波領域の拡大，また通話料の値下げやパケット通信し放題サービス（パケ放題）の実施などによりFOMAは市場に普及した。しかし，従来のドコモ利用者からの転換が多かったため，

第1章 経営システムの診断

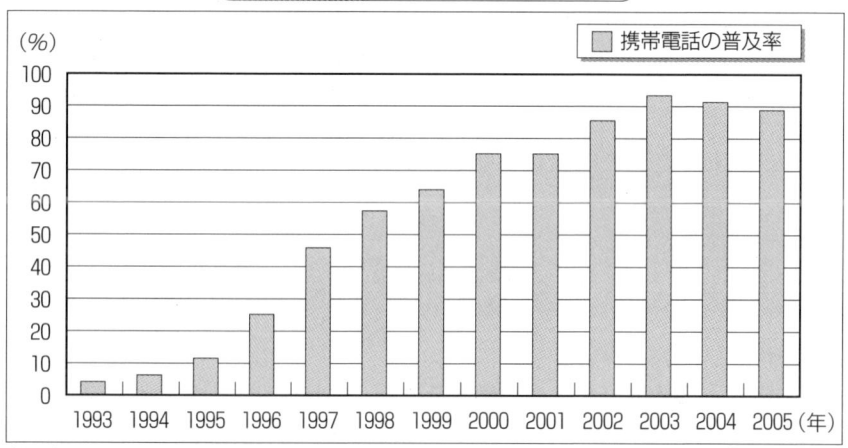

図表1-3-1 携帯電話普及率の推移

（出所）総務省　情報通信統計データベース。

新規顧客の増加は少なく，普及率の問題に対する解決策とはならなかった。

2006年には，携帯電話の加入者数が9000万台を突破した。普及率で言えば，人口の約8割に値する。そのうち，ドコモのシェアは6割前後である。さらに追い討ちをかけるように，規制緩和による新規参入企業の市場参入が明らかとなった。業界3位のボーダフォンを買収したソフトバンクの存在が，ドコモにとって脅威となる可能性が高くなっている。

2006年10月に番号ポータビリティー制度も導入され，ドコモが囲い込んでいた顧客が，電話番号を変えずに簡単に他キャリアへ契約変更を行うことが可能となった。市場自体の伸びも今後見込めなくなった上に，市場内のシェアも脅かされているドコモは，新たな戦略を余儀なくされた。

ドコモは新たな市場を求めて，法人ユーザーへのサービス提供にも力を注いだ。1人1台が実現しつつある今，個人用と会社用の2つの携帯電話を持つ顧客を増やすことができれば，普及率の限界の問題に対処できる。実際に，1人2台以上の携帯電話を持つ顧客は少しずつ増えている。しかし，技術開発が進むにつれて1つの携帯電話が持つ機能が増えており，利便性の追求を考えると1人2台以上の普及は見込みが少ない。

また，価格競争も限界が見え始めている。新規参入企業である「ソフトバンク」の参入は，その価格競争をさらに激化させる恐れがある。ソフトバンクは，パソコンのデータ通信市場で低価格戦略を実行して成功した企業であり，携帯電話市場でも低価格戦略を実行しシェアを拡大しつつある。また，番号ポータビリティー制度により顧客は料金の安い企業へ流れ始めており，auがシェア拡大率のトップに立っている。ブランド力で顧客を囲っているドコモは，顧客流出を防ぐ手立てが必要である。しかし，低価格競争はもはや利益率から考えて限界の状態にあるので，その他のサービスで，顧客を集めなければならないであろう。

　FOMAは，そのサービス面を向上させるために売り出した次世代携帯電話であったが，次世代携帯電話ではauに契約台数を越されている。携帯電話市場は，技術開発のスピードの急速さゆえに，出遅れれば事業機会がなくなる。この厳しい状況を打破する改革が求められている。

❸ 診　断

(1) 診断の視点

　本ケースでは，企業が自社の事業ドメインを適切に定義しているかについての診断を行う。事業ドメインとは，企業の事業領域のことである。携帯電話市場が成熟期に入り，ドコモが新しい事業機会を見失っている原因の1つに，ドメインの問題が関わっていることを明らかにしたい。そのために，榊原清則［1992］が提唱したドメインを構成する三次元モデルを使って分析する。その上で，ドコモの売上げが伸び悩んでいる原因を導き出し，その課題・解決策を探る。

(2) 問題点

　ドコモの売上げが伸び悩んでいる原因の1つは，ドコモの事業ドメインが「携帯電話事業」である点にあると考える。そこで，事業ドメインを構成する三次元モデル[4]を使って，ドコモの事業ドメインを分析する。

第一の次元は，「空間の広がり」と呼ばれるものである。空間の広がりとは，従来最も重要視されてきた次元で，レビットの提唱したドメインの物理的定義と機能的定義の違いで表すことができる。物理的定義とは，提供する製品そのものに重点を置いた場合の事業ドメインの定義のことである。それに対して機能的定義とは，自社が顧客に対してどのような機能を提供しているかに重点を置いた場合の事業ドメインの定義のことである。機能的に定義した方が事業機会が増える可能性が高いため，空間の広がりは広いといえる。ドコモは携帯電話を事業の中心に置いてきたと考えられるため，空間の広がりは狭いと分析することができる。

　第二の次元は，「時間の広がり」と呼ばれるものである。時間の広がりとは，ドメインの定義において過去・現在・将来などの時間的な要素が含まれているか，含まれていないかのことである。将来起こりうる環境の変化に対応可能なドメインの定義がなされていれば，時間の広がりは広いといえる。ドコモの場合，携帯電話が事業の中心であったため，携帯電話市場が飽和状態になった今，売上げが伸び悩んでいる。つまり，将来の環境の変化に対応不可能なドメイン定義であったと考えられるため，時間の広がりは狭いといえる。

　しかし，ドメインは環境の変化に合わせて変更することも重要であり，ドコモの業績悪化はドメインの時間の広がりが狭かったことのみが原因ではなく，環境が変化したにも関わらずドメインを定義し直さなかったことが原因とも考えられる。

　第三の次元は，「意味の広がり」と呼ばれるものである。意味の広がりとは，自社の社員や顧客に自社のドメインがどれだけ理解・支持されているかという次元である。ドメインの定義が適切であったとしても，それを顧客が受け入れてくれなければ事業は成功しないであろう。また，社員全員が自社のドメインを理解し，同じ目標に向かって事業を進めていかなければ事業は成功しないと考えられる。ドコモの場合，携帯電話事業というドメインを全社員が理解し，支持していたと考えられる。また，同様に顧客にも理解・支持されていたからこそ，これまで携帯電話の普及率やマーケットシェアを向

上させ続けてくることができたのだと考えられる。

　以上のように，ドコモの事業ドメインを榊原清則の三次元モデルで分析した結果，空間の広がりと時間の広がりが狭いという問題点が明らかになった。さらに時間の広がりにおいては，元々の定義の仕方が狭かっただけでなく，環境の変化に伴って事業ドメインにおける時間の広がりが狭くなったにも関わらずドメインの定義を見直さなかったために，現在の環境と事業ドメインが適合しなかったとも考えられる。

(3) **課　題**

　ドコモの事業ドメインは，「空間の広がり」と「時間の広がり」が狭いという問題点を踏まえて，以下に課題を挙げる。

　まず「空間の広がり」が狭いという問題点についての課題は，ドメインを機能的に定義し直すことが挙げられる。ドコモはこれまで携帯電話を開発・製造・販売することを事業の中心に置いてきた。携帯電話という製品が事業の中心であったため，ドメインは物理的定義であったといえる。

　では，携帯電話を提供することによってドコモが顧客に提供してきた機能は何であろうか。それは，「離れた所にいる人と人を繋げること」，「人と人との距離をなくすこと」だと考えられる。このような顧客に与えている機能を事業ドメインとして定義することが求められる。ドコモのドメインを「人と人とを繋げる事業」と定義すれば，携帯電話を使って通話だけでなくビジネスや買い物，学習などを可能にすることができる。人と人との距離をなくすということは，交通機関の利用が少なくなるため環境保全にも役立つなど様々なメリットを生む。これらの特徴を生かし，新たな事業機会を得ることが可能となるだろう。

　次に，「時間の広がり」が狭いという問題点についての課題は，将来環境が変わった場合にも事業機会を得ることが可能なドメインへの変換が挙げられる。ドコモはこれまで携帯電話事業にこだわってきたので，現在飽和状態である携帯電話市場において新たな事業機会を得にくい状態である。ドコモが

持っている移動通信技術に着目すれば，ドメインを携帯電話事業に限定せず，「離れた所にあるモノ（人，物，金，情報，動物など）を繋げる事業」と定義することが可能である。つまり，顧客を人に限定する必要がなくなるのである。

このように定義すれば，人と人，人と物，物と物を繋げる様々な事業を展開することが可能となる。前述した機能的定義に加えて，「人」に限定しないドメインを設定することにより，携帯電話市場が飽和状態にあるという現在の問題を解決することが可能となる。また，1つの製品に執着することがなくなるので，将来環境が変化しても新たな事業機会を得ることが可能となる。空間の広がりだけでなく，時間の広がりも広くなるといえる。

(4) 解決策

ここでは，新QC七つ道具の1つであるPDPC法を用いて，具体的な解決策を探る。図表1－3－2に示されるように，スタートをドメインの再定義（離れた所にあるモノを繋げる事業），ゴールを需要の拡大と置き，何と何を繋げるかを切り口として様々な事業の可能性を表した。

ドメインを「離れたところにあるモノを繋げる事業」と定義し，顧客を人に限定しないことによって，図表1－3－2に挙げたような様々な事業展開が期待できる。その際に注目すべきは，多くの事業展開において「位置情報システムの構築」と「ICチップ等による情報管理」が必要とされている点である。ICチップ等を様々なモノに埋め込み，さらに位置情報システムを確立させることによって，事業を携帯電話に限定することなく，人とペット，人と電化製品，企業と製品（商品），企業と車などを繋げる事業を行うことができるようになる。

また，「交通機関の利用量の減少によるCO_2排出量の削減」に繋がる事業が多いことも注目すべき点である。様々な物を繋げるということは，人と人，人と企業，人と製品との距離をなくすことである。つまり，それぞれが近づくための交通機関利用量が減ることになるため，CO_2の削減に繋がる。さら

図表1-3-2　ドコモの具体的な解決策

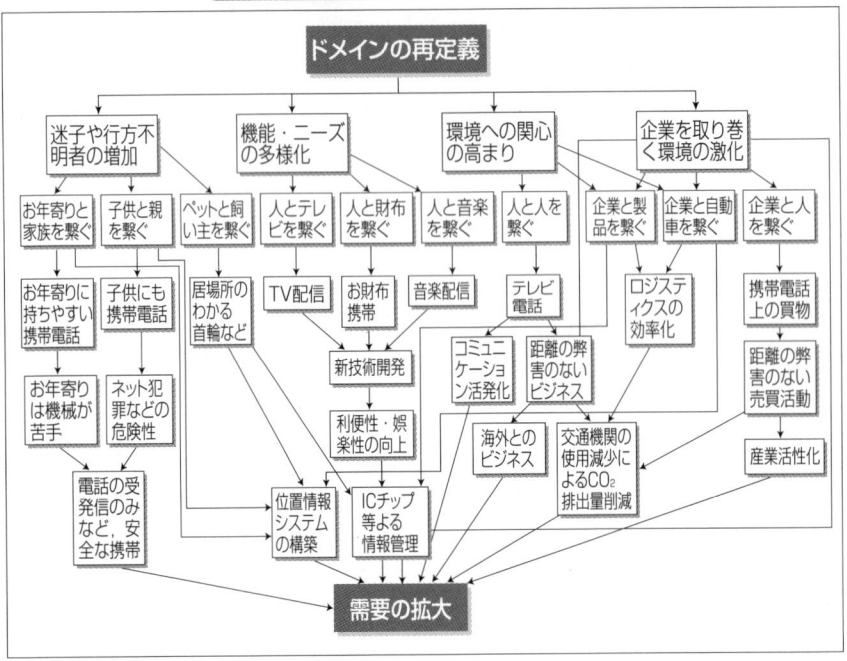

```
                        ドメインの再定義
        ┌───────────┬───────────┬───────────┐
    迷子や行方不    機能・ニーズ    環境への関心    企業を取り巻
    明者の増加     の多様化      の高まり       く環境の激化
```

（出所）筆者作成。

に，企業が自社の製品1つ1つにICチップ等を利用して情報を持たせることができれば，在庫管理が楽になる上，ロジスティクス管理が効率化し，これも無駄なCO_2を削減することに繋がる。その代表例は，自動販売機などの無人販売機器の在庫状況を，業者がリアルタイムに把握・管理することによる無駄なトラック配送の削減であろう。

❸ 解　説

(1) 関連理論

　本診断では，経営戦略の理論を多く利用した。ドメインの再定義は，現在重要視されている経営戦略の1つである。ここで，物理的定義と機能的定義について簡単に説明する。

第1章 経営システムの診断

図表1-3-3　物理的定義と機能的定義

物理的定義	1/4インチのドリル	鉄道会社	映画会社	バレンタイン・チョコレート
機能的定義	1/4インチの穴	輸　送	娯　楽	愛

(出所) 岸川善光 [2006] 93頁。

　レビット [1960] によれば，当時栄えていた鉄道会社が衰退したのは，旅客や貨物輸送の需要が減少したことが原因ではなく，「鉄道事業」という物理的な事業にこだわり，自社の事業ドメインを「鉄道事業」と物理的に定義してしまったことに原因がある。その後，輸送事業の需要が拡大し，トラックや航空機輸送の出現により鉄道輸送のニーズが減少したため，鉄道会社は衰退してしまった。しかし，輸送事業自体は需要が拡大していたので，自社のドメインを「輸送事業」と機能的に定義していたのであれば，衰退どころかさらなる発展を期待できたに違いない。

　ドコモの例に当てはめるならば，「携帯電話事業」と定義することが物理的定義で，「世界中のモノ（人・物・ペット・自動車など）をつなげる事業」と定義することが機能的定義といえる。ドコモの場合，携帯電話の需要の限界がきた時，もしくは他企業が移動通信技術を使った新たな事業を展開した時に，「携帯電話事業」にこだわっていれば，衰退していくかもしれない[5]。

(2) 技　法

　本ケースでは，ドメインが適切に定義されているかを診断するために，ドメインを構成する3つの次元を使って分析し問題点を抽出した。

　また，解決策ではPDPC法を使用した。PDPC法は，目標達成のためのプロセスを図式化し網羅することによって，最善のプロセスを探る手法である。様々な切り口を用いて分析していくことにより，関係性や問題点を新たに発

見することもできる。必要だと思われることを自由に付け加えることが可能なため，切り口を抽出し易い。しかしその際に注意すべき点は，漏れやダブリをなくすことである。MECE[6]と呼ばれる考え方であるが，偏った考え方をしないためにも，全体をきちんと見据えて，均等に切り口を網羅することが重要である。

(3) **重要用語**

ドメインの物理的定義と機能的定義，ドメインの三次元

---

1) 湯浅泉［2000］22-23頁。
2) NTTドコモホームページ。
3) NTTドコモ2010年ビジョン編集グループ［1999］30頁。
4) 榊原清則［1992］41頁。
5) 現在ドコモは「NTTドコモ2010年ビジョン」という目標を掲げ，携帯電話事業にこだわらない新たな事業展開に向け歩み出している。本ケースでは，理論展開の便宜上，このビジョンの内容は省いている。
6) "Mutually Exclusive Collectively Exhaustive" のこと。それぞれが重複することなく，全体集合として漏れがないという意味。

参考文献

伊丹敬之［2003］『経営戦略の論理　第3版』日本経済新聞社。
岸川善光［2006］『経営戦略要論』同文舘出版。
榊原清則［1992］『企業ドメインの戦略論』中公新書。
新美英樹［2003］『モバイルマルチメディア』日経BP社。
湯浅泉［2000］『NTTドコモの挑戦』こう書房。
NTTドコモ2010年ビジョン編集グループ［1999］『「2010年」NTTドコモの未来ビジョン〔MAGIC〕』NTT出版。
日経コミュニケーション，2002年4月4日号，日経BP社。
NTTドコモホームページ＜http://www.nttdocomo.co.jp/＞

第1章 経営システムの診断

4 資源適合

❶ ケース

(1) はじめに
　本ケースでは，企業における経営資源の蓄積と配分について考察する。その中でも経営資源の配分に重点を置き，資源を分散することの危険性を確認する。そこで，「ソニーショック」とよばれる株価下落が起きる2003年までのソニー株式会社（以下，ソニー）の事例を取り上げ，ソニーの資源配分について診断する。

(2) 企業概要
　　企　業　名：ソニー株式会社
　　設　　　立：1946年5月7日
　　資　本　金：624,124百万円
　　事業内容：エレクトロニクス製造・販売，ゲーム，映画，金融事業等
　　売　上　高：7,475,436百万円（2005年度，連結）
　　経常利益：286,329百万円（2005年度，連結）
　　従業員数：158,500人（2005年度，連結）

(3) ケース
　1946年に井深大，盛田昭夫らが東京通信工業を設立した。これが現在のソニーの前身である。その後，1950年に日本で初めてテープレコーダー「G型」を発売したのを始め，世界で初めてトランジスタラジオを販売，また，日本で初めてトリニトロン方式のカラーテレビを販売するなど輝かしい実績を残し，ソニーはエレクトロニクス系企業におけるブランド価値を世界トップレ

ベルに維持してきた。

　例えば，1979年に発売した携帯型ステレオカセットプレーヤー「ウォークマン」は社会現象になるほどの大ヒット商品となった。ウォークマンという名称はソニーのオリジナル商品の名称であるが，現在でも携帯型音楽プレーヤーを一般的にウォークマンと呼ぶ場合がある。ソニーの開発した製品は，文化を創造するほどの力があったのである。

　しかしその後，エレクトロニクス以外の分野での事業展開が目立つようになる。ソニーは1968年に米国の放送局であるCBSと合弁でシービーエス・ソニーレコードを設立し，音楽分野へ進出した[1]。

　続いて1989年に，米国の大手映画会社であるコロンビア・ピクチャーズ・エンターテイメントを買収し，映画分野への進出も果たした。さらに映画製作能力の強化のため，映画製作会社のグーバー・ピーターズ・エンターテイメントを買収し，映画事業の体制を整えた。

　しかし，映画製作費がかさむ一方でヒット作は生まれず，莫大な経費支出を重ねることになった。音楽事業等との相乗効果を期待し，ソニーのエンターテイメント性を高めるために映画事業は重要な分野だと考えての映画会社買収であったが，その効果はなかなか表れなかった[2]。

　その後もゲーム，金融，流通，化粧品，インターネット接続事業，娯楽施設運営など多分野に渡って多角化を展開し，ソニーはコングロマリット企業として成長した。

　また，ソニーは1994年にそれまでの事業本部制を廃止し，カンパニー制を導入した。事業本部制で分割していた19の事業本部を，8つのカンパニーという独立した組織にした。そして，それぞれのカンパニーに「プレジデント」と呼ばれる責任者を置き，事業本部長よりもさらに大きな権限と責任を委譲した。コングロマリット化によって事業領域が拡大し，本社が全社を管理することが困難になったためである。自立的な組織をソニー内に多く存在させることによって，よりスピーディーな経営を行うことが狙いであった[3]。

　しかし，この多角化が後にソニーを苦しめる原因となった。ソニーの本業

図表1-4-1　ソニー売上高・営業利益率（セグメント別）の推移

(単位：百万円)

	2000年	2001年	2002年	2003年	2004年	2005年
エレクトロニクス	4,999,428	4,793,039	4,543,313	4,758,400	4,806,494	4,763,555
	4.94%	−0.17%	0.91%	−0.74%	−0.71%	−0.64%
ゲーム	616,147	986,529	936,274	753,732	702,524	918,251
	−8.29%	8.40%	12.03%	8.96%	6.14%	0.95%
音　楽	571,003	588,191	512,908	487,457		
	3.59%	3.43%	−1.53%	3.89%		
映　画	555,277	635,841	802,770	756,370	773,677	745,859
	0.77%	4.91%	7.34%	4.65%	8.25%	3.67%
金　融	447,147	483,313	509,398	565,752	537,715	720,566
	3.89%	4.57%	4.46%	9.75%	10.31%	26.13%
その他（2004年から音楽を含む）	95,872	91,345	168,970	174,680	379,206	327,205
	−9.77%	−9.39%	−14.78%	−5.74%	1.10%	4.94%

(出所）ソニーホームページ〈http://www.sony.co.jp/〉

であるエレクトロニクス分野の事業の業績が次第に悪化した。「技術のソニー」とまで言われたソニーが，多角化によって本業の技術開発が進まなくなり，海外生産の割合が増えた。これにより技術ノウハウなどの経営資源が流出するといった問題も発生した。

　また，トリニトロン方式のテレビなどで圧倒的なシェアを誇っていたソニーのブラウン管テレビの売れ行きが悪化し，液晶技術開発の遅れから，他社の薄型テレビに大きくシェアを奪われた。

　創業以来，本業として利益のほとんどの割合を占めていたエレクトロニクスの利益が年々下がり，2002年にはゲーム分野の利益に追い越された。また，音楽や映画，金融分野の利益との差も大きく縮まった。

　ゲーム分野では，1994年にソニーグループ内のソニー・コンピュータエンタテイメントが発売した「プレイステーション」，その後継機種「プレイス

テーション2」が世界中でヒットし，爆発的に売れた[4]。しかしその後はヒット商品が生まれておらず，一時期の勢いが失われている。

そして訪れたのが「ソニーショック」と呼ばれる2003年のソニーの株価大暴落である。このソニーショックは，エレクトロニクス事業をリードしてきたパソコン販売などの不振で，ソニーの2003年度連結決算において営業利益，最終利益ともに予想を大きく下回ったことが原因で起こった。

また，上述した本業のエレクトロニクス分野の業績悪化に加え，映画事業やゲーム事業でも利益減少が続き，大幅な赤字となった。「ソニーの成長神話を復活させることは至難の技」という世論が広がったのである[5]。

❷ 診 断

(1) 診断の視点

本ケースでは，企業における経営資源の配分が適切であるかを診断する。まず，ソニーにおける経営資源の配分にはどのような問題点があるかを導きだし，その背景には組織の在り方が関わっていることを明らかにする。その上で，ソニーの今後の課題と解決策を挙げる。

(2) 問題点

ソニーは優れた技術力を武器にしてブランド価値を世界トップレベルで維持してきた。特にその技術力が評価されていたのがエレクトロニクス部門である。したがって，ブランド価値が下がり業績悪化を招いた原因は，エレクトロニクス部門の技術力低下にあると考えられる。

エレクトロニクス部門の技術開発が疎かになった原因を探るために，ボストン・コンサルティング・グループ（以下，BCG）が開発したプロダクト・ポートフォリオ・マネジメント（以下，PPM）を使って，ソニーショックの頃のソニーの資源配分における問題点を導き出す。

図表1－4－2に示されるように，BCGのPPMは，横軸に相対的マーケットシェア（市場占有率），縦軸に市場成長率をとり，それらを組み合わせて，

第1章 経営システムの診断

図表1-4-2 ソニーの事業ポートフォリオ

	花形製品	問題児
市場成長率 高↑↓低	・DVDプレーヤー 　（エレクトロニクス事業）	・液晶テレビ, プラズマテレビ, オーディオ, パソコン, デジタルカメラ（エレクトロニクス事業） ・ネットワーク事業 ・半導体事業 ・金融事業 ・ゲーム事業
	金のなる木	負け犬
	・MDウォークマン 　（エレクトロニクス事業） ・映画産業（製作）	・ラジオ, テープレコーダー 　（エレクトロニクス事業）

高 ←――――― 相対的市場占有率 ―――――→ 低

（出所）近藤修司［1985］103頁に基づいて筆者が作成。

花形製品，金のなる木，問題児，負け犬という４つのグループに区分したものである。

　この図表によると，ソニーショックの頃のソニーには問題児に当たる事業が最も多いことがわかる。問題児は，市場成長率が高いが自社のマーケットシェアが業界２位以下の事業を指す。ソニーは，創業以来築き上げてきたブランド力を利用して，将来性のある市場成長率の高い事業に次々に手を出し，多角化を進めてきたことにより，問題児を多く抱えることになった。

　問題児の事業は，将来の花形製品（事業），金のなる木となる可能性を持つが，成長率が高く他社との競争が激化するため，多額の投資を必要とする。ソニーは多角化に伴い多くの問題児を抱えていたため，経営資源が分散し，全ての分野において十分な投資を行うことが困難となったと考えられる。

　また，問題児の多さからくる経営資源の分散により，花形製品であったエレクトロニクス事業においても十分な経営資源を確保することが困難になった。ソニーはかつて，カラーテレビやMDウォークマンなどのヒット商品を出し，AVやオーディオなどの分野で圧倒的なシェアを誇っていたが，液晶テレビやプラズマテレビ，ウォークマンに代わる新たな携帯オーディオ

(DPAP) などの分野においてソニーは遅れを取り，問題児へ転落している。

　以上のような経営資源の分散による投資支出の増大は，なぜ起きたのであろうか。その原因の1つとして，カンパニー制による意思決定・戦略策定の分散にあると考えられる。

　ソニーは多角化によって様々な経営資源を有効に活用し，相乗効果を発揮させようと考えていた。しかし，それぞれの事業がカンパニーとして独立し，各々が意思決定や戦略策定を行うようになったため，各事業を存続・発展させることが目的となってしまい，ソニー全体からみた戦略や経営資源の配分が疎かになったと考えられる。

(2) 課　題

　業績悪化の真因と考えられるカンパニー制による意思決定の分散の問題に対する課題を挙げる。カンパニー制は，製品や事業別のカンパニーがそれぞれ意思決定，戦略決定の権限を持っている。戦略策定および戦略実施のための組織単位をSBU（Strategic Business Unit：戦略的事業単位）と呼ぶ。カンパニー制は，このSBUを発展させた組織形態である。

　事業部制が日常的な業務管理を主眼にしているのに比べて，SBUは，自立性のある顧客中心の戦略を立案・実行することができるため，環境変化の激しい今日の社会には適している。

　したがって，ソニーは2005年にカンパニー制を廃止しているが廃止する必要はなかったように思われる。重要なことは，ソニー全体の経営資源を適正に分配し，有効に活用して相乗効果を得ることである。

　そのためには，従来のソニーのカンパニー制を見直す必要がある。SBUは本来，全社的な戦略意思決定を目的としているが，ソニーのSBUは，カンパニーごとの権限が強すぎたために，全社的ではなくカンパニー独自の戦略的意思決定が優先されることが多くなっていた。つまり，資源が分散し相乗効果が発揮されなかった。

　以上のことから，分割されたカンパニーに対して指示・管理・評価を行う

機能を本社に確立し，社内における経営資源の適切な配分，また，カンパニー同士で共有し合うべき資源の見極めを可能にする組織体制を整えることが課題であると考える。

(3) **解決策**

上述した課題を基に，具体的な解決策を挙げる。戦略的事業単位を分割する基準としては，価格体系，競争相手，顧客層，研究開発，製造，販売ルート，市場の成熟度などの共通性などが挙げられる[6]。

例えばソニーにおいて，エレクトロニクス部門のDVDプレーヤーと，ゲーム部門のプレイステーションは，DVDを再生するという同じ機能を持っており，研究開発，製造，顧客層，競争相手，販売ルートなどに共通点を見出すことが可能である。また，映画部門で製作した映画のDVDソフトは，DVD再生機能を持った機器を必要とするため，DVDプレーヤーやプレイステーションと顧客層や販売ルートに共通性がある。

このように考えた場合，エレクトロニクス部門，ゲーム部門，映画部門という部門間を越えて，DVDプレーヤー，プレイステーション，映画のDVDソフトの製作・販売の機能をSBUでグルーピングし，資源の共通化によるコスト削減や，相乗効果を期待することが可能となる。

さらには，同じ機能を持ったDVDプレーヤーとプレイステーションの存在により，ソニー内のエレクトロニクス部門とゲーム部門が競争するという事態を避けることができる。また，DVDソフト，DVDプレーヤー，プレイステーションが売れることによって，映画館の運営が厳しくなるという対立も防ぐことができる。この３つをSBUでグルーピングしたならば，自社の花形製品であるDVDプレーヤーを伸ばすために，映画のDVD化を促進し，映画館運営の事業からは徹底するというような選択も可能である。

現在，ソニーでは，携帯電話と音楽，映画，ゲームの融合やパソコンとTV，携帯電話との融合など，相乗効果を発揮する製品の開発が少しずつ進んでいる。また，戦略立案を専門とする機能を本社に置くなど，戦略的事業

単位による事業展開を行うことができる組織変革を行っているように思われる。

以上のように，全社的な資源の有効活用と適切な資源配分が可能な組織体制になれば，前述したPPMの有効活用が可能となる。例えば，花形製品であるDVDプレーヤーは，資源を集中させ，成熟期に入り金のなる木になるまでシェアを維持する必要がある。

また，問題児に経営資源を集中させて花形製品を作らなければならない。そのためには，分散した資源をソニーの従来の強みであるエレクトロニクスに集中させる必要がある。特に液晶テレビや携帯オーディオの研究開発に注力し，もう一度トップシェアを獲得・維持しなければならないであろう。経営資源の選択と集中を図り，ソニーブランドを復活させることが重要である。

❸ 解 説

(1) 関連理論

経営資源とは，企業活動をするうえで必要な資源や能力のことである。経営資源は，一般的に，①ヒト（人的資源），②モノ（物的資源），③カネ（資金的資源），④情報（情報的資源）の4つに区分される。これらの経営資源は，無限に存在するのではなく有限の存在である。したがって，本診断においては資源配分や選択と集中という概念を中心にまとめた。

経営戦略を策定し，実行する場合，経営戦略の内容と企業が保有する経営資源・能力がフィットしていなければ，その戦略は有効な成果を生み出すことはできない。すなわち，経営戦略の実行のためには経営資源・能力の裏づけが欠かせない。経営戦略と経営資源がうまくマッチした状態を経営資源適合と呼べば，経営資源適合は，経営戦略の策定・実行において必須の要件であるといえる。

また，戦略を基準とした組織を編成することによって，適切な資源配分が可能になるという視点から，SBU制の必要性について述べた。従来の高度成長期においては，製品・工場・技術などの共通性のみで事業を分割すればよ

かったが，現在の複雑な市場においては，競合関係やマーケットなどを加味した戦略的な単位で分割しなければならない。

SBU制の導入にはいくつかのパターンがある。以下に4つの例を挙げる。
① 組織とは一致させず戦略立案・検討単位として導入。
② 事業部制の組織の上に，さらにSBUのスタッフ組織を置く。
③ SBUに合わせてライン組織を変更。または，SBUに合わせたカンパニー制を導入。
④ 機能別のライン組織に対して，マトリックス組織としてSBU単位のスタッフ，あるいは戦略委員会を設置[7]。

(2) 技　法

ソニーにおける経営資源の配分についての問題点を明らかにするために，プロダクト・ポートフォリオ・マネジメント（PPM）を使用した。PPMとは，多角化した製品・市場・事業分野に対して，経営資源の配分を適正化する手法のことである。PPMの手法にはコンサルティング会社によっていくつかの種類あるが，本診断ではボストン・コンサルティング・グループ（BCG）の提唱したPPMを利用する。

図表1-4-3　BCGにおけるPPMの例

花形製品	問題児
市場シェアの維持のため必要資金も多いが，収益も多い。シェアが維持できれば「金のなる木」になれるが，だめなら「負け犬」になる。	成長率が高いため資金を食う。また，マーケットシェアも低いために収益も上がらない。「花形製品」になるか「負け犬」になるか肝心の戦略が必要。
金のなる木	負け犬
資金の必要量も少なく，マーケットシェアも大なるため，収益も多い。有効な資金源および利益源となる。	キャッシュフロー面では，持ち出しになっている。基本的には中止されるべき事業であろう。

縦軸：市場成長率（高↑低↓）
横軸：相対的市場占有率（高←→低）

（出所）近藤修司［1985］103頁。

BCGでは，横軸に相対的市場占有率を取り，自社の強みを測定する代用特性とし，縦軸に市場成長率を取り，事業の魅力度を測定する代用特性として，それらを組み合わせて，花形製品，金のなる木，問題児，負け犬という4つの現象に区分している。

　図表1－4－3に示されるように，PPMは特にキャッシュフロー・マネジメントに焦点を当てたツールであり，それにより，経営資源の蓄積・配分の適正化を図るものである。PPMを製品・市場戦略そのものとみることは誤りである。

(3) **重要用語**
　資源配分，PPM，選択と集中，SBU

　1）ソニー株式会社ホームページ。
　2）東北大学経営学グループ［1998］133頁。
　3）板垣英憲［2004］53頁。
　4）同上書63頁。
　5）同上書71頁。
　6）近藤修司［1985］98頁。
　7）同上書99頁。

参考文献
板垣英憲［2004］『戦略カンパニーの軌跡と出井伸之』秀和システム。
伊丹敬之［2003］『経営戦略の論理　第3版』日本経済新聞社。
岸川善光［2006］『経営戦略要論』同文舘出版。
近藤修司［1985］『新版　技術マトリクスによる新製品・新事業探索法』日本能率協会。
東北大学経営学グループ［1998］『ケースに学ぶ経営学』有斐閣。
日本経済研究センター［2005］『日本企業競争優位の条件「強い会社」を創る制度改革』日本経済新聞社。
ソニー株式会社ホームページ＜http://www.sony.co.jp/＞

第1章 経営システムの診断

5 組 織 適 合

❶ ケース

(1) はじめに

　企業は，環境の変化に対応するために，常に戦略を革新していかなければ生き残れない宿命を持つ。そのためには，イノベーションが発生しやすい柔軟な組織が必要とされる。本ケースでは，変化の著しい今日の環境において，企業はどのような組織変革が必要とされるかについて考察する。

(2) 企業概要

　企 業 名：株式会社ミスミ
　設　　立：1963年2月23日（本社の100％子会社となったのは2005年4月）
　資 本 金：850百万円
　事業内容：金型用部品の企画販売など
　売 上 高：81,509百万円（2004年度）
　経常利益：10,780百万円（2004年度）
　従業員数：690人（2004年度，連結）

(3) ケース

　株式会社ミスミ（以下，ミスミ）は，金型用部品やFA（ファクトリーオートメーション）用部品を中心に企画・販売する流通商社である。自社を「購買代理商社」と称し，従来の「販売代理商社」とは性格の違う事業展開を行ってきた。また，「持たざる経営」の先駆者であり，アウトソーシングを効率よく活用している企業である。

43

〈購買代理商社〉

　ミスミは，メーカーの製造した製品を顧客に販売するという従来の販売代理店とは違う「購買代理店」と自社を位置づけている。ミスミのいう「購買代理店」とは，基本的な視点を顧客に置き，顧客が求めているものを顧客の代わりに開発・調達・供給するというものである。売れそうな製品を予測してユーザーに売りつけるのと違い，ユーザーが求めているものを調達し販売するので，確実に売れるというメリットがある。

〈カタログ販売〉

　ミスミは，1977年に業界で初めてカタログ販売を導入し営業部を廃止した。従来，金型部品市場では，同時に大量購入することが当然とされており，部品を購入した企業に在庫があふれていることはよくある光景であった。ミスミはこれを解消するために，それまで特注品が当然であった金型部品の標準化を行った。そして，いつでも安くて品質の良い製品を納期厳守で提供することを約束したカタログでの販売を広めた。

〈持たざる経営〉

　「購買代理店」としての役割を果たすためには，常に変化し続ける顧客のニーズに柔軟に対応することが可能な組織が必要であるため，1つ1つのニーズに応える機能を全て自社で保持するのは困難である。そのためミスミは，ビジネスパートナーとなる企業と協力し，「持たざる経営」を展開することがミスミにとっての重要なコンセプトになると考えた。

　自社で工場を持たないことにより，余分に製品を作ることがなくなり，無理に顧客へ売りつけるような営業をする必要もなくなる。必要な製品を，必要な時に，必要な分だけ集めることによって，購買代理店という役割を果たすことが可能になった。さらに，「人材」という資源も余分に持つべきではないという考えであり，必要最低限の人数しか社員を置いていない[1]。

〈チーム制〉

　上述したように，ミスミは「持たざる経営」を徹底しており，社員も余分に持つべきではないと考えている。そこで1994年に導入したのが「チーム制」

という組織制度である。ミスミの「チーム制」は，事業ごとに1つのチームを編成して，事業を展開していくというものである。そして例外なく1年ごとにそのチームは解散させ，新たなチームを編成する。

チームには「ユニットリーダー」，「チームリーダー」，「チームメンバー」が存在し，ミスミの社員であれば必ずどこかのチームでこの3つのうちの1つを担当しなければならない。

ユニットリーダーは，事業企画を提案すれば社員の誰もが立候補することができる。事業企画は経営戦略会議で審議され，そこで事業ごとにユニットリーダーが選ばれる。そしてユニットリーダーがチームリーダーを，チームリーダーがチームメンバーを選出する。どのチームリーダーからも選ばれなかった社員は仕事がなく，退職ということになる。毎年この新チーム編成が行われるので，社員は気が抜けない状態である。

しかし近年ではこのような危機感は薄れてきている。年月が経つにつれ，自分が選んでもらえるチームがどこであるのかわかってくる。それに加えて，違う事業のチームで働く際には，新たな知識や能力を必要とする可能性が高いので，同じチームで働く方が楽だと考える社員が増えた。

また，ミスミは年俸制を導入しており，社員はチームの業績によって処遇を決められる。実力が評価され，1年ごとにチームとしての結果が出るので，自分たちの事業を成功させるために社員（外部の人間も含む）は全力を注ぐ。

〈組織革新〉

ミスミは，2001年に株式会社ミスミグループ本社に商号を変更し，全社管理業務を行う人員を5倍に増やすことを決定した[2]。この頃のミスミは売上げが減少し始めていた。上述したように，事業を成功させることに注力してきたミスミは，事業部門の権限が強かったが，管理業務を行う人員を増やすことにより，本社機能の強化を図ったのである。ミスミは全体の進むべき方向を見失わずに，上からバランスの良い指示を出すことを可能にした。

また，「持たざる経営」を続けてきたミスミであるが，2004年に駿河精機株式会社（以下，駿河精機）を株式会社ミスミグループ本社の完全子会社と

図表1-5-1　ミスミグループ組織図

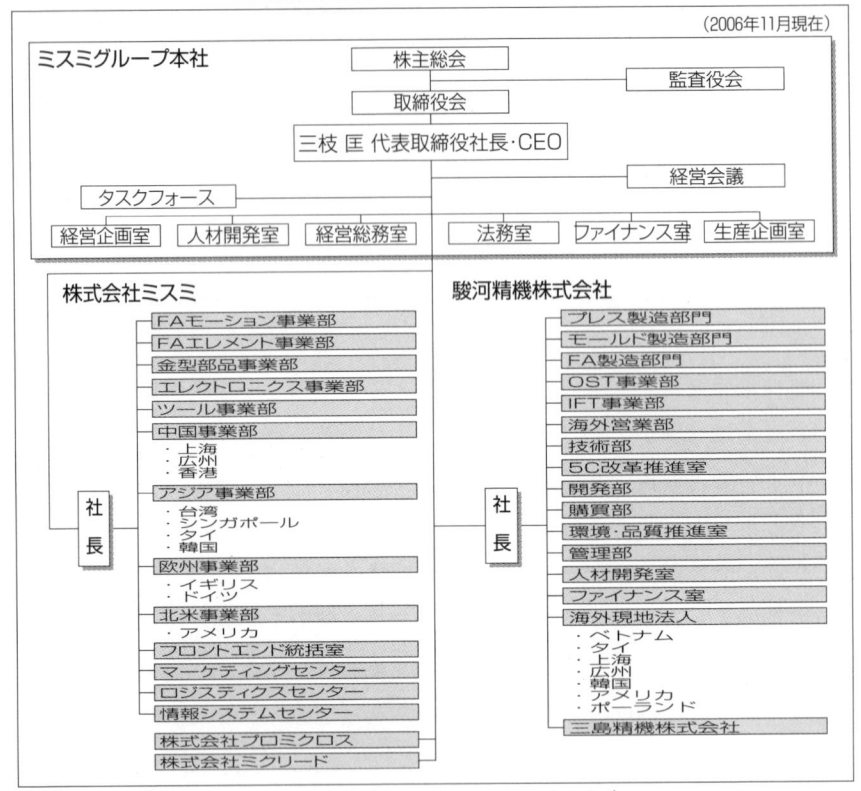

（2006年11月現在）

ミスミグループ本社
- 株主総会
- 取締役会
- 監査役会
- 三枝 匡 代表取締役社長・CEO
- タスクフォース
- 経営会議
- 経営企画室
- 人材開発室
- 経営総務室
- 法務室
- ファイナンス室
- 生産企画室

株式会社ミスミ（社長）
- FAモーション事業部
- FAエレメント事業部
- 金型部品事業部
- エレクトロニクス事業部
- ツール事業部
- 中国事業部
  - 上海
  - 広州
  - 香港
- アジア事業部
  - 台湾
  - シンガポール
  - タイ
  - 韓国
- 欧州事業部
  - イギリス
  - ドイツ
- 北米事業部
  - アメリカ
- フロントエンド統括室
- マーケティングセンター
- ロジスティクスセンター
- 情報システムセンター
- 株式会社プロミクロス
- 株式会社ミクリード

駿河精機株式会社（社長）
- プレス製造部門
- モールド製造部門
- FA製造部門
- OST事業部
- IFT事業部
- 海外営業部
- 技術部
- 5C改革推進室
- 開発部
- 購買部
- 環境・品質推進室
- 管理部
- 人材開発室
- ファイナンス室
- 海外現地法人
  - ベトナム
  - タイ
  - 上海
  - 広州
  - 韓国
  - アメリカ
  - ポーランド
- 三島精機株式会社

（出所）ミスミグループ本社ホームページ〈http://www.misumi.co.jp/〉

し，最先端のテクノロジーや生産システムなどの技術・情報を自社で保有することとなった。

❷ 診　断

(1) 診断の視点

　従来の日本型組織では環境に対応することができない企業が多くなる中，近年，柔軟性がある自立性の高い組織が求められている。ミスミは以前まで「持たざる経営」と「チーム制」により自立性の高い組織を築き上げてきたよ

うに思われたが，それらが崩れ，組織革新を行う結果となった。本ケースでは，その原因を探り，真に自立性の高い組織とはどういうものかを示しながら，今後のミスミがとるべき組織体制について考察する。

(2) **問題点**

　チーム制を導入して以降，事業チームに大きな権限を持たせて事業を成功させることに注力してきたミスミが，本社機能を充実させなければならなくなった原因を探るために，まずチーム制の分析を行う。

　図表1-5-2に示されるように，序列という概念から組織を整理した場合，4つのタイプに分けることができる。これは，序列を重視するか，機能を重視するかの縦軸と，序列が固定的であるか，流動的であるかの横軸とで組織を分類したものである。

　ミスミはチーム制を導入した当初，序列よりもその社員が果たす機能を重視し，なおかつ誰でもチームリーダーが好きな事業チームを選べるような序列流動的組織を目指していた。これは④のサッカー型組織と表現される「機能重視＋機能流動的」な最も自立性の高いと考えられる組織である。

　導入後1，2年の間はこのようなサッカー型組織として柔軟な組織を築き

図表1-5-2　序列という概念による組織の整理図

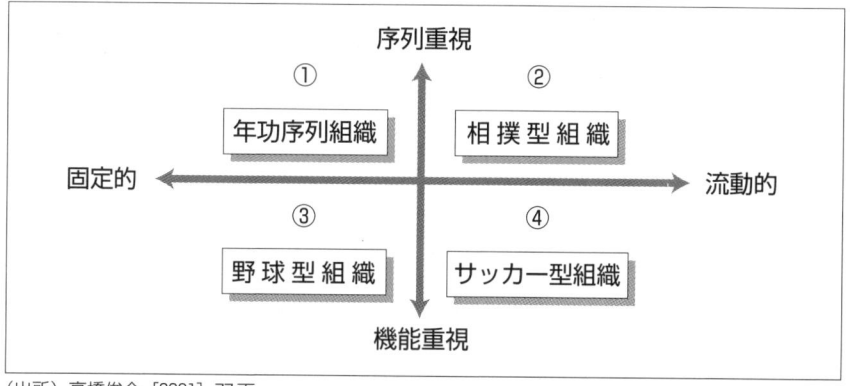

```
                    序列重視
                      ↑
          ①          |          ②
     年功序列組織      |      相撲型組織
                      |
   固定的 ←――――――――――+――――――――――→ 流動的
                      |
          ③          |          ④
      野球型組織       |     サッカー型組織
                      |
                      ↓
                    機能重視
```

（出所）高橋俊介［2001］77頁。

上げることに成功していたのであるが，慣れが生じ始めた3年目頃からこの組織に変化が出てくる。リーダーになる社員は同じ人間に決まってきていた。

さらに，同じチームに立候補する社員が増え，序列・地位・事業メンバーは流動的ではなく固定的に変化していった。これは③の野球型組織と表現される「機能重視＋機能固定的」な組織といえる。現在でも年俸制により社員の機能や能力を重視してはいるが，同じ仕事や同じ地位に就く社員が増えたので，社員の機能が流動化しなくなった状態なのである。

ミスミは序列や機能を流動化させることによって，社員全員が能力を発揮することができる場を提供してきたが，現在のような組織の状態では，逆にチーム制が裏目に出てしまう可能性がある。それは，序列や機能が固定的であるチームが，自分達のチームの業績を上げることだけに注力してしまい，会社全体としての方向性を見失ってしまう危険性があるからである。

ではなぜ，社員が同じチームの同じ役職を選択するようになってしまったのであろうか。最も大きな原因は，事業チームに選ばれなければ，リストラ同様の措置をとられることへの危機感の増大であろう。違う事業チームに移行するには新たな知識と能力を必要とするため，リストラされないためにも同じチーム・役職を選択するのではないかと考えられる。

ミスミが事業チームに必要のない人間をリストラのような厳しい形で処分する理由は，「持たざる経営」を徹底しようというミスミの理念にある。つまり，人材という資源を持たない方が身軽な組織となり，柔軟に環境変化に対応できると考えていたからである。しかし，野球型組織になってしまっている今，社内に埋もれている知識や能力といった資産が有効に活用されておらず，環境や顧客のニーズの多様化に対応するために必要な問題解決能力をミスミは失っているといえる。ミスミが現在抱えている様々な問題に対する真因は，「持たざる経営」を過剰に徹底してきたことに原因があると考える。

(3) 課　題

「持たざる経営」にこだわりすぎていたことを問題点として捕らえた上で，

課題を挙げる。

　2004年に駿河精機を子会社化し,「持たざる経営」を徹底してきたミスミが「持つ経営」を行う組織に転換しようとしている兆しは伺える。しかし,問題点で明らかになったように,人材という資源に対してはまだ「持たない」状態が続いているといえる。人材は労働力としてだけでなく,多くの知的財産や能力を持った貴重な見えざる資産であり,企業にとって一番大きな財産といえる。無駄を省こうとするため,社員に対する待遇が厳しくなり,社員は短期的な成果を上げることを求めるようになったのではないか。

　これを解決するために,2つの課題を挙げる。

　第一に,年俸制の仕組みを見直すことが挙げられる。年俸制は,1年間の業績のみを報酬に反映する仕組みであるため,社員の短期的利益を求める志向を生んだと考えられるからである。また,前年度と違う事業チームや新たな事業のチームに移行する場合も,年俸制の存在を考えるとリスクが高すぎて躊躇してしまう原因になった可能性が高い。

　しかし,イノベーションが発生しやすい柔軟な組織を作るためには,序列や地位を重視する報酬制度に変えることなど論外であり,本当の意味での成果主義を実現する報酬制度に変革することが求められる。

　第二に,本社機能をさらに充実させ,挙手制でリーダーを募るやり方を残しつつも,そのリーダーが本当に適正であるかを本社側が的確に判断する必要性が考えられる。また,チームリーダーはチームメンバーを選抜し,手本になる存在であるので,会社全体の方向性や利益を見据えた上で事業を成功させることに注力し,さらにチームメンバーを上手く動かすことができる人材に育てるための教育制度を整える必要がある。ミスミでは,「社員は自分で成長していくもの[3]」という考えで教育は行ってこなかったが,組織の要となるリーダーの育成は本社が担うべきであると考えられる。

(4)　**解決策**

　上述した2つの課題を基に,解決策を挙げる。

第一に，真の成果主義を反映した報酬制度への変革をすべきだという課題に対する解決策を挙げる。成果主義を実現するために必要なことの1つに，「いつまでに何をすればいくらもらえるのか」を明確にする必要があるが，ミスミはこれを明確に示し社員全員が把握していたと考えられる。しかし，その内容が1年後までにどれだけ事業チームの業績を上げられたかがメインであったため，社員は1年間の利益ばかりに目を向けてしまった。
　そこで，解決策の1つとして成果申告型の評価基準が挙げられる。サッカー型組織を作る場合，一人一人の目標やチームの目標は前提として決めるだけであって，その目標達成のためその社員がどれだけ貢献したか，またチームや会社に必要な知識をどれだけ創造したかなどが評価基準に入れられるべきであり，これらは見極めにくいため自己申告型にすべきである。つまり，目標を達成したかしないかではなく，目標に向かうまでの過程を評価すべきだというものである。そうすれば，新たな事業に取り組んだ場合でも評価が得やすく，また，新規事業や新たな知識も創造されやすい。
　自己申告された評価は，チームリーダーが的確に判断する必要がある。そのため，チームリーダーは常にメンバーの仕事の状況を見ていなければならず，また何がチームもしくは会社のために有益であり必要であるかを正確に把握していなければならない。また，チームメンバー同士でそれぞれの仕事の状況を把握し合い，評価し合うことができる仕組みもつくる必要がある。
　第二に，リーダーの育成が必要だという課題に対して，具体的にどのようなリーダーを育成する必要があるかについて考察する。
　従来の日本型組織の場合，上からの命令や指示が絶対であり，チームリーダーは本社からの指示に，チームメンバーはチームリーダーからの指示に従えばよかった。しかし上述したように，チームメンバーはそれぞれの仕事のやり方や目標を決められるべきではなく，リーダーは，メンバーが自分で状況に応じて判断する能力を高めるための手助けをすべきなのである。
　そのためにリーダーがすべきことの1つとして，質問という手段が挙げられる[4]。命令するのではなく，「君はその仕事を何のためにしているのか」な

どの質問を常に投げかけることによって，メンバーは自分の目標ややるべき仕事について振り返ることが可能となり，その繰り返しによって自分で状況に応じて判断する能力が身につく。

また，上述した報酬制度の改革を行う場合，リーダーはメンバー個人の貢献度を的確に評価することが求められるため，高度なスキルが必要となる。チームもしくは会社の目標を的確に理解し，長期的な目で本当に有益なものを見極める必要があり，目に見える形で現れていない場合でもどれだけ貢献度があるかを判断する能力が必要となる。

その他にもリーダーに求められる能力はあるが，優先的に必要だと考える能力を挙げた。上述したようなリーダーに適した人材を社内や外部から調達することは困難であり，本社のリーダー育成・教育は急務であると考える。

❸ 解　説

(1) 関連理論

ミスミを診断するにあたり，従来の日本型組織ではなく，また単なる事業部制組織や成果主義組織でもない，高橋俊介［2001］の提唱する真の意味での自立的組織への改革が今後のミスミには必要であると判断したため，本診断では，自立的組織という概念を使用した。環境変化の激しい社会で生きる今日の企業の多くに求められる組織の概念であると思われる。

高橋俊介［2001］によれば，従来の日本型ピラミッド型組織を改革する際にフラット組織に改革しようとする例が増えているが，それは間違いだという。ピラミッド型組織とは序列が重視され階層が積み重なった組織であり，フラット組織とは階層が少ない組織のことである。ただ階層をなくせばよいのではなく，組織は自立的であるべきで，自立性を求めていく中で自然とフラットな組織になっていくという考えである[5]。

自立性が高いということは，本社や経営トップだけでなく，事業部門などの顧客と直接関わる下の組織がそれぞれにソリューション（問題解決）能力を持っており，上からの命令を待つだけの組織ではない状態のことをいう。

全ての組織で自立的組織が適しているわけではないが，環境変化の激しい現代では，多くの企業が自立的組織であることが望ましいと思われる。

(2) **技　法**

　ミスミのチーム制が崩れかけ，組織が硬直している原因を探るために，高橋俊介［2001］の提唱している序列という概念から見た組織の整理図を利用して，ミスミの組織状態を分析した。これは序列を重視するか，機能を重視するかの縦軸と，序列が固定的であるか，流動的であるかの横軸とで組織を分類したものである。序列よりも機能を重視し，その機能が流動的である組織が最も自立的な組織だとされる。

(3) **重要用語**

　組織革新，イノベーション，自立的組織，見えざる資産

1 ）奥中恭樹［1997］164頁。
2 ）ミスミグループ本社ホームページ。
3 ）奥中恭樹［1997］42頁。
4 ）高橋俊介［2001］150頁。
5 ）同上書22-25頁。

参考文献
伊丹敬之［2003］『経営戦略の論理　第三版』日本経済新聞社。
伊丹敬之他［2004］『ケースブック　経営戦略の論理』日本経済新聞社。
奥中恭樹［1997］『ミスミの人事革命』東洋経済新報社。
岸川善光［2006］『経営戦略要論』同文舘出版。
高橋俊介［2001］『組織改革』東洋経済新報社。
株式会社ミスミ，株式会社ミスミグループ本社有価証券報告書　平成16年度版。
株式会社ミスミ・ミスミグループ本社ホームページ＜http://www.misumi.co.jp/＞

第2章 経営管理システムの診断

　本章のケースは，『経営診断要論』の第5章で考察した内容と対応している。すなわち，経営管理システムは，下記の分類基準によって体系化することができる。
　・機能（活動）：研究開発，生産，マーケティング，などの機能別管理
　・経営資源：ヒト，モノ，カネ，情報，の経営資源別管理
　『経営診断要論』では，機能（活動）別の経営管理は，業務システムとして取り上げるので，ここでは主として経営資源による分類基準に準拠する。それに総合経営管理を追加して経営管理システムの体系とした。
　経営管理システムの機能としては，『経営診断要論』では，下記の2つを主要な機能として取り上げた。
① 経営システム全体の円滑な運営
　　—フィードバック・コントロール（フィードバック＋フィードフォワード）
　　—効果性の向上
　　—効率性の向上
② 経営システム全体の革新（イノベーション）

―技術革新
　　　―経営革新
　本章では，総合経営管理について1ケース，人的資源管理システムについて1ケース，財務管理システムについて1ケース，情報管理システムについて1ケース，法務管理システムについて1ケース，合計5つのケースを取り上げる。
　第一に，総合経営管理システムとして，日産自動車株式会社（以下，日産）をケースとして診断を行う。日産は，拙編著『イノベーション要論』の「はじめに」で述べたように，カルロス・ゴーン社長の指揮のもと，まさに乾坤一擲のイノベーション・プロジェクトの成功によって，鮮やかに甦り，多くの人々に感動を与えた。しかし，最近では再度かげりが見受けられる。そこで，本ケースでは，日産について機能面，マネジメント・プロセス面から問題点，課題，解決策を考察する。
　第二に，人的資源管理システムについて，株式会社リクルート（以下，リクルート）をケースとして取り上げる。本ケースでは，個人価値の最大化と企業価値の最大化の整合性がとれているか，というやや抽象的な視点から診断を行う。リクルートの人的資源管理システムは，多くの先進性を有するが，経営管理層の強化などいくつかの課題について考察する。
　第三に，財務管理システムについて，株式会社ダイエー（以下，ダイエー）をケースとして診断を行う。本ケースでは，ダイエーの財務管理を資金調達と資金運用の両面から分析する。1970年代に大きく発展し，一時期小売業においてわが国ナンバーワン企業になったダイエーがなぜ躓いたか，財務指標の読み方など基本的な事項について考察する。
　第四に，情報管理システムとして，アマゾン・ジャパン株式会社（以下，アマゾン）をケースとして取り上げる。本ケースでは，情報システムの構築方法および情報システムの活用の2つの面から診断を行う。
　第五に，法務管理システムとして，雪印乳業株式会社（以下，雪印乳業）をケースとして診断を行う。法務管理システムの診断は，近年その重要性を増している。本ケースでは，特に，コーポレート・ガバナンスおよびコンプライアンスの視点から問題点，課題，解決策について考察する。

＊ケースとして選択した日産，リクルート，ダイエー，アマゾン，雪印乳業のホームページを公表情報の1つとして参照した。記して謝意を申し上げる。

1 経営管理システム

❶ ケース

(1) はじめに

　経営管理は，企業活動の全体を対象とする総合経営管理と，研究開発，生産，マーケティング，ロジスティクスなど個別の機能を対象とする機能別管理に分かれる[1]。本ケースでは総合経営管理の視点で診断を行う。

(2) 企業概要

　　企　業　名：日産自動車株式会社（以下，日産）
　　設　　　立：1933年12月26日
　　資　本　金：605,813百万円
　　事業内容：自動車の製造・販売
　　売　上　高：9,428,292百万円（2005年度，連結）
　　経常利益：845,872百万円（2005年度，連結）
　　従業員数：33,025名（2005年度，単独）182,273名（2005年度，連結）

(3) ケース

　日産の国内シェアは，1974年の34％をピークに減少し続けていた。1999年には19％にまで落ち込み，25年もの間シェアが下がり続ける中で，日産では過度の経費削減が行われた。微々たる金額である光熱費や出張費用の切り詰めで，社員は疲労感を募らせ組織は生気を失った。

　1998年度の自動車事業における実質有利子負債残高は２兆1000億円にも及び，日産は運転資金すら枯渇しそうな状況に陥った。

〈カルロス・ゴーンの就任〉

　1999年にフランスの自動車メーカー・ルノーと資本提携し，日産にルノー側から送り込まれてきたのがカルロス・ゴーン氏であった。1999年10月にゴーン氏は明確な再建計画として，2000年度～2002年度の3カ年計画「日産リバイバルプラン（以下，NRP）」を発表した。2001年にはゴーン氏が社長兼CEOに就任し，ゴーン氏主導による日産の再建が始まった。

〈日産リバイバルプラン（NRP）〉

　NRPの具体的な内容は，①埼玉県の村山工場など5工場を閉鎖，②取引部品会社を1145社から約半分の600社に減らし，購買コストの20％を削減，③世界各国の従業員数2万1000人を削減し，14万8000人から12万7000人に減らす，④有利子負債1兆4000億円を7000億円にする，⑤中核事業以外の不採算事業や株式および資産の売却などであった[2]。

　また，工場閉鎖や削減目標とは別に，資源の再配分についても具体的な目標が示された。①新製品22種を売り出し日産ブランドの再建に努める，②テクノロジーへの再投資を行う，③年間投資額を2100億円から3100億円に増やすなどである[3]。これらの策により2000年度には黒字化を達成することを明言し，さらに2003年までに営業利益率4.5％以上を達成し，有利子負債1兆4000億円を7000億円に削減することを計画目標として明確に定めた[4]。

　過剰・余剰資産の削減による莫大な特別損失によって，1999年度の当期純損失は6843億円を計上したが，2000年度決算では宣言どおり黒字転換に成功し，ＮＲＰは，1年前倒しで完了した。

〈日産180・日産バリューアッププログラム〉

　2002年に発表された「日産180」は，「1」がグローバル販売台数を100万台増加させ，「8」は自動車業界においてトップクラスとなる8％の売上営業利益率を達成し，「0」は有利子負債を0にするという意味である。売上の増加，コスト削減，品質とスピードの向上，ルノーとのアライアンス（提携）の最大化を柱にこれら目標を達成し，販売実績は過去最高を記録した。

　現在は，2005年に発表された「日産バリューアッププログラム」が進行し

ている。①3カ年の各年度においてグローバルな自動車業界の中でトップレベルの営業利益率の維持，②2008年度において，グローバル販売台数420万台の実現，③同計画期間中平均で投下資本利益率（ROI）20％の達成の3つが具体的な計画内容となっている[5]。

〈マネジメント体制の改革と維持発展〉

当時の日産は，部門と部門のつながりが分断されていたため，組織の細部にまで戦略が浸透しきれず，組織全体として統一された意思を持つことができなかった。「技術の日産」というほど技術，開発部門の持つ権限が大きく，また分野ごとの縦割組織であったため，社内は風通しが悪く円滑なコミュニケーションが図られていなかった。

そこで，組織全体の問題を解決するために，部・課を横断してクロス・ファンクショナル・チーム（以下，CFT）が結成された。事業の発展や購買などのテーマを徹底的に議論し，NRPのベースもCFTによって練り上げられた。明示されたコミットメントが組織全体で共有され，以前は個々で解釈が異なっていた戦略に対する理解の統一が図られた。現場では，共通のコミットメントに対する問題提起，問題解決，実行力，フィードバック機能を持たせるためにバリューアップチーム（V-UP）が編成されるなど，組織の総合力を高める仕組みが施された。

2000年には，マトリックス組織が導入された。日本，北米，欧州，その他の4つに地域を分け，マーケティング・販売，商品企画，技術・開発，生産，購買，経理・財務，人事，コーポレート・サポートなどに職務内容を分け，地域軸と機能軸によるマトリックス組織となった。社員は，自分の所属する地域と職務の2つの責任を負うこととなる。

人事制度も社員のモチベーションが高められ，同時に部門全体の業績が向上するよう成果主義を取り入れた公平な評価制度が導入された。個人の業績だけではなく部門全体で年ごとに定められた目標を達成しなければならない評価制度で，個人の利己主義を生まないよう調整されている。

また，改革前は日産ほどの大会社が倒産するはずが無いという漠然とした

図表2-1-1　日産の復活劇

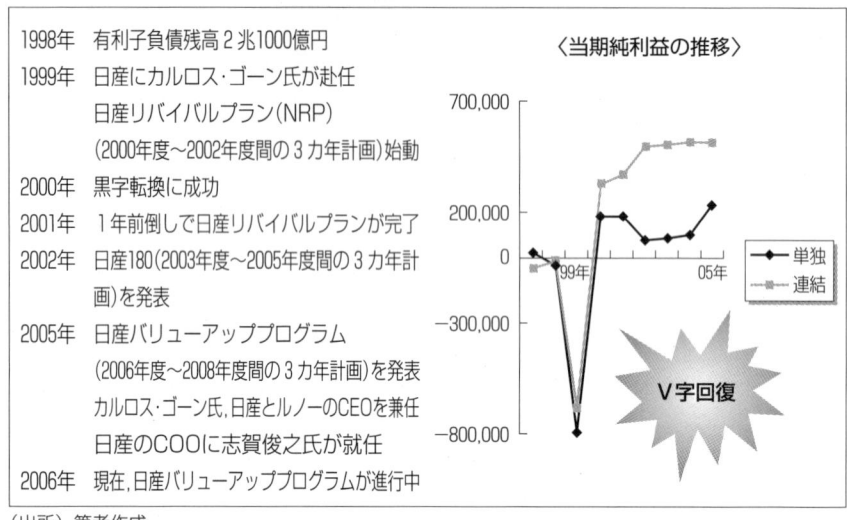

1998年	有利子負債残高2兆1000億円
1999年	日産にカルロス・ゴーン氏が赴任 日産リバイバルプラン(NRP) (2000年度～2002年度間の3カ年計画)始動
2000年	黒字転換に成功
2001年	1年前倒しで日産リバイバルプランが完了
2002年	日産180(2003年度～2005年度間の3カ年計画)を発表
2005年	日産バリューアッププログラム (2006年度～2008年度間の3カ年計画)を発表 カルロス・ゴーン氏,日産とルノーのCEOを兼任 日産のCOOに志賀俊之氏が就任
2006年	現在,日産バリューアッププログラムが進行中

〈当期純利益の推移〉 単独／連結　V字回復

(出所) 筆者作成。

意識が蔓延しており，変化や革新の阻害要因となっていた。ゴーン氏は，日産の再建に当たり，社員の意識改革を重視した。組織風土に対する大きな変革によって日産に対する大きな改革を成し遂げた。

〈リーダーの交代〉

　2005年5月から，ゴーン氏は日産とルノーのCEOを兼任し，日産のCOOには志賀俊之氏が就任した。日産は，グローバルベースで見ても，営業利益率はトップクラスを誇っている[6]。しかし，業績好調なトヨタに対して，現在の日産は低迷気味である。ゴーン氏がルノーのCEOを兼任するということは，日本への滞在時間が少なくなり物理的に遠ざかるということである。ゴーン氏の強力なリーダーシップの影響力が弱まるとも考えられる。

　今後はさらなる発展・飛躍を目指し，成長のスピードを維持・加速させなければならない。カリスマ的リーダーが存在しなくとも，強く躍進できるような管理体制へと移行する必要がある。

❷ 診　断

(1) 診断の視点

　経営管理システムの診断は，経営資源と機能の2つの面からの診断が一般的である。日産の経営資源面での課題は，NRPや日産180によって大幅に改善されたといえる。過剰資産の処理や財務体質の健全化は果たされ，莫大な負債など目に見える問題は解消された。本ケースでは，機能面から分析し，マネジメント・プロセスやPDS（Plan-Do-See）の視点からの考察を加える。

(2) 問題点

　企業は，部門や課の機能が全体として整合性を持っていなければ正常に機能しない。CFTによって分断していた機能につながりが形成され，日産の経営管理システムは正常化した。しかし，日産がより成長するためには，経営管理システムの機能の質を高める必要がある。

　今までの改革は，トップダウン型の改革であった。CFTによって，部門や課を越えた共通の問題について取り組むことは必要である。しかし，CFTだけでは，部門や課を越えて活発にコミュニケーションが取れるほどには部門や課のつながりは強化されない。

　強力なリーダーシップによってではなく，革新が内部から生起されるような組織へと転換する必要がある。社員同士の活発なコミュニケーションによってボトムアップ型で革新（イノベーション）が起こるようにしなければならない。革新に対する抵抗は，ゴーン氏の意識改革によって取り払われたが，業績がいったん安定したことや強力なリーダーが兼任という形で遠ざかったことによって，変化や改革に対する抵抗が再び現れる可能性がある。

　これまでの改革は，組織の再編成や過剰資産の処理が行われた。日産は，経営管理システムの骨子が作られた段階であり，変化に対して自己を変化させる力をシステムとしてしっかり内部に構築する必要がある。

(3) 課　題

　経営管理では，環境変化に適応するよう企業の構造の全部もしくは一部を変更する革新と，企業構造を最も効率的に稼動させる効率化の2点が大きな課題となる[7]。

　日産の経営管理システムは前述したように改善すべき点がある。安定した収益を上げられるようになった状況に安心し，現状で満足するような風土が生まれないよう，革新を継続することが重要な課題である。

　日産の改革は，組織文化や意識の改革が成功したことによって，達成できたといえる。今後も，組織文化や社員の意識に対するアプローチが大変重要となる。特に，CFTのように改革への高い意識を持つ社員は，動機付けを行わなくても高いモチベーションを維持できる。しかし，他の社員には業績の伸び悩みやゴーン氏の不在がもたらす影響が比較的大きい。何らかの方法で，社員に対する動機付けを行う必要がある。

　また，企業は図表2-1-2に示されるように，PDSサイクルが円滑に回るよう調整する必要がある。日産の場合，経営管理層の上位者や，CFTは高い意識の社員によって構成されており，PDSサイクルは比較的円滑に機能している。階層間のPDSサイクルは，CFTの導入により連結されている。今後は，現場レベルでもPDSサイクルを円滑に回す取り組みが必要となる。V-UPチームの導入など，すでに取り組みは始まっており，今後の課題はその仕組みをシステムとして組織に定着させることである。

図表2-1-2　マネジメント・サイクルと経営管理の階層

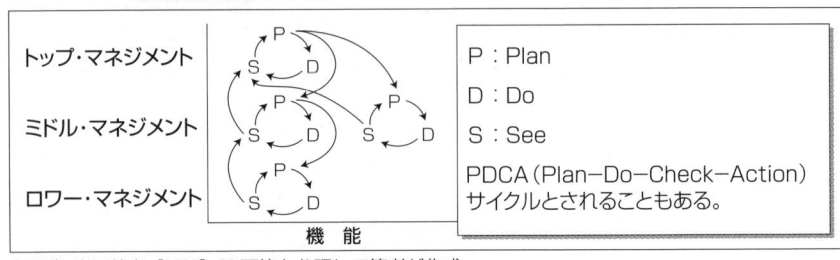

トップ・マネジメント
ミドル・マネジメント
ロワー・マネジメント

機　能

P：Plan
D：Do
S：See
PDCA（Plan-Do-Check-Action）サイクルとされることもある。

（出所）岸川善光［1999］90頁等を参照して筆者が作成。

(4) 解決策

　部門や課の機能を全体の経営目標に連動して効果的に発揮させるための解決策を導き出すために，マネジメント・プロセスの視点から考察を加え解決策を導き出す。

　経営管理は，図表2－1－3に示されるように，計画設定―組織編成―動機付け―統制の4つのプロセスから成っている。設定した計画・目標は，達成するために適切な組織編成（職務分割，部門編成，人員配置，責任・権限），実行段階で，動機付け（リーダーシップ，コミュニケーション，誘因）によって実際に人材を動かし，統制（業務の測定，達成度分析，是正措置）を行う必要がある。

　経営管理の階層によって，管理過程の重要度と職務内容は異なっている。前述したように，個々人の能力を最大限に発揮させるためには，動機付けが欠かせない。特に，ロワー・マネジメントにおける動機付けは重要であり，人事制度の改革によって成果主義が導入されたが，成果主義の制度には弊害がつき物である。社員の不満を汲み取ることや制度に対する進言が自由にできるよう調整する必要がある。

　また，それぞれの部署の機能を高めるためには現場でリーダーシップを発揮でき，日常業務の効率化について計画設定や統制を行える人材が必要であ

図表2-1-3　経営管理体系とマネジメント・サイクル

〈経営管理の階層〉	マネジメント・プロセス				階層による職務内容の違い
	①計画設定	②組織編成	③動機付け	④統制	
トップ・マネジメント	革新				長期的・全社的・戦略的
ミドル・マネジメント	↓効率化				↕
ロワー・マネジメント					短期的・現場的・業務的

（出所）岸川善光［1999］89頁等を参照して筆者が作成。

る。計画設定は，中長期的なプランの設定だけではなく，図表2－1－3に示されるように，日常的な業務の効率化がミドル・マネジメント，ロワー・マネジメントの役割である。それができる人材の育成・能力開発を強化すること，そうした人材を獲得し，適切に配置する必要がある。リーダーシップを発揮できる人材の育成や，中途採用などにより能力のある人材を組織内へ積極的に取り入れなければならない。

　自由な社員同士のコミュニケーションの場として，情報ネットワークを利用しコミュニケーションを促進するような機会を創造することが必要である。また，デスクの配置や部屋など物理的な環境もコミュニケーションをとりやすい開放的なものにする必要がある。情報が全社的に双方向に通じる機会や手段を設けることによって，部門・課を超えてのコミュニケーションを活発化させ，社員の持つ情報を共有できる開放的な風土を醸成することも可能となる。社員一人一人の能力を最大限に引き出すことで，より組織が活性化すると考えられる。

　最後に，高められた機能や個々人の能力が全体として整合性を持つよう，指針となる目標の設定，つまりは中長期的なビジョンを持った戦略の設定も重要となる。あるべき姿を描くことで，戦略に対する理解は高まる。指針となるあるべき姿を描くと，組織全体でベクトルを揃えることができ，組織の総合力が高まる。そして，その戦略は社員の組織の問題に対する進言や，発想などの細かな意見が反映されなければならない。革新がまだ終っていないことを社員に意識させ，ボトムアップ型でイノベーションが生起されるような組織へと転換することが望まれる。

❸ 解　説

(1)　関連理論

　経営管理システムは，投入から産出にいたる生産活動の有効性を高めるための諸措置の全体である。図表2－1－4に示されるように，その機能をフィードバック・コントロールと呼ぶ[8]。

図表2-1-4　企業システムの基本構造

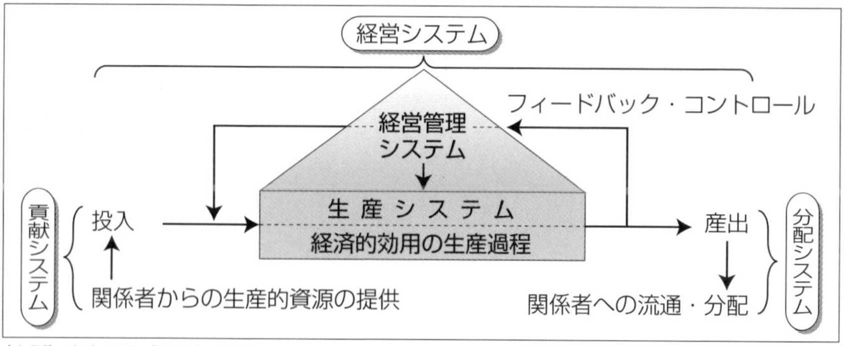

（出所）森本三男［1995］36頁。

　また，現場レベルの職務を経営者が率先して行うことは，規範を示しているようで，一見よいことのように思われるが，それは経営者の役割ではない。経営管理システムが円滑に機能するように，計画設定，組織編成，動機付け，統制を実施することが，経営者の役割である。階層ごとに異なる職能や，PDSサイクルのような経営管理の理論についてもよく理解する必要がある。

　ゴーン氏は，機能していなかった様々な生産活動に関わる機能を大規模な改革によって，円滑に機能するよう再構築した。今後日産は，前述したような施策によって，さらにシステムの有効性が高まるよう取り組む必要がある。

(2) **技　法**

　企業は，計画設定，組織編成，動機付け，統制などの機能によって運営され，PDSサイクルが相互かつ有機的に連結されていなければ全体と個の整合性を保持できない[9]。本ケースでは，経営管理システムをPDSサイクルやマネジメント・プロセス別に細かく分析した。

(3) **重要用語**

　フィードバック・コントロール，マネジメント・サイクル（PDS）
　マネジメント・プロセス（計画設定，組織編成，動機付け，統制）

1) 岸川善光［1999］78頁。
2) カルロス・ゴーン［2001］181頁。
3) 同上書181頁。
4) 同上書180頁。
5) 日産180の目標数値は，同上書198頁を参考。達成数値や業績及び日産バリューアップに関する具体的な数値は，2005年4月25日発表の日産ホームページの報告資料「日産，2004年度も過去最高の業績を達成　新中期計画「日産バリューアップ」を発表」を参考。
6) 経済産業省［2006］163頁参考。
7) 森本三男［1995］48頁。
8) 同上書36頁。
9) 岸川善光［1999］89頁。

参考文献

カルロス・ゴーン著，中川治子訳［2001］『ルネッサンス再生への挑戦』ダイヤモンド社。
岸川善光［1999］『経営管理入門』同文舘出版。
岸川善光［2002］『図説経営学演習』同文舘出版。
岸川善光編［2004］『イノベーション要論』同文舘出版。
岸川善光［2006］『経営戦略要論』同文舘出版。
森本三男［1995］『経営学入門（三訂版）』同文舘出版。
週刊東洋経済，2003年7月26日号，東洋経済新報社。
週刊東洋経済，2004年5月15日号，東洋経済新報社。
日経ビジネス，2005年1月31日号，日経BP社。
経済産業省［2006］「2006年版ものづくり白書（ものづくり基盤技術振興基本法第8条に基づく年次報告）」。
経済産業省ホームページ<http://www.meti.go.jp/>

2 人的資源管理システム

❶ ケース

(1) はじめに

　株式会社リクルート（以下，リクルート）は，人的資源を強い基盤として事業を展開している。次々と人材を輩出するリクルートの人的資源管理システムは，会社自体が弱体化する恐れも考えられる。リクルートの人的資源管理システムを分析し，人的資源管理システムのポイントを確認したい。

(2) 企業概要

　企 業 名：株式会社リクルート
　設　　立：1963年8月26日
　資 本 金：3,002百万円
　事業内容：①総合人材サービス
　　　　　　②情報誌・インターネット・携帯などによる情報提供サービス
　売 上 高：443,672百万円（2005年度，単独）
　経常利益：130,295百万円（2005年度，単独）
　従業員数：5,873名（2005年度，男2,513名，女3,360名）

(3) ケース

　リクルートは，企業と人，もしくは企業と企業を結びつける場を，情報誌・インターネット・モバイルなど多彩なメディアを通じて提供している企業である[1]。就職，転職，進学，資格，趣味，お稽古，住宅，リゾート，旅行，自動車，結婚，育児，地域生活など人生・生活の様々なシーンをカバーする事業を展開している。就職・転職の場面で多くの人が利用する『リクナ

ビ』や『リクナビNEXT』，結婚・育児の情報が得られる『ゼクシィ』や『赤すぐ』，旅行情報誌『じゃらん』など，人生の様々なステージ，生活の身近な場面をサポートするサービスを提供している。

〈社員の自己実現・満足と企業成長〉

　リクルートの人的資源管理システムの特徴の1つに，RINGという制度がある。RINGとは，Recruit Innovation Group の略で新規事業提案制度である。経営に対する提言部門（コスト削減やビジネスプロセス改善などを提言），新規事業を提案する2つの部門に分けて募集され，社員が自由に応募できる。新規事業部門は，受賞すると実際に新ビジネスとして事業化される。受賞プランが事業化されたものとしては，『ゼクシィ』やフリーペーパーの『R-25』などがある[2]。

　新規事業提案制度は，個人の中にあって表面化されないアイディアやノウハウを全社的に共有することを可能にしている制度である。そこから，社内制度の問題点や硬直化などの不合理性を排除し，新たな機会を見出すことが可能となる。他にもまた，シーガルコンテストという，1年に1度営業マンが自らの営業活動とその成果を論文で紹介し，その影響度の大きさを競うコンテストがある。自己実現の場としてだけでなく，個々人の持っている表面化されていない知的資源を，組織で共有化し，絶えず発展・成長が期待できるシステムの構築に努めている。

〈社内外転職〉

　2000年に導入された公募制社内転職制度（Career-Web）は，入社3年以上の社員を対象とした社内転職システムである。公募している部署と個人の合意で，より個人が活躍できる場，能力を発揮できる部署に異動できる。この制度の導入には，「社内に市場原理を持ち込むと，社員は自分の能力や社内での位置づけを直視し，キャリア形成に役立てられるようになる[3]」との思惑がある。

　社員が社外に活躍の場を探求できるのも，リクルートの人的資源管理システムの特徴である。Frontierという退職時のキャリア支援金制度は，勤続6

年もしくは5年以上であれば，正規退職金とは別に年収1年分が与えられる。独立・転職を支援する組織のため，リクルートでは定年退職を迎えた者が1人もいない。早期に退職して独立・転職を果たした人材には，企業のトップや重要な役職に就いた人材，転職先の企業・組織に大きく貢献している人材が多い。しかし，独立後にリクルートの良きビジネスパートナーとなる場合もあるが，競合企業としてリクルートと同じ土俵で争うこともあり，リクルートにとってのジレンマとなっている。

〈従業員の能力開発〉

リクルートの能力開発プログラムは，①スキル・ナレッジ開発，②イノベーション強化，③マネジメント強化の3つの柱から成っている。スキル・ナレッジ開発は，職務に応じて必要なスキルを身につけられるプログラムである。イノベーション強化プログラムは，思考，プレゼン能力，コミュニケーション能力を高めるプログラムに加え，異業種の幅広い知識を身につけるプログラムである。マネジメント強化プログラムでは，マネジメント階級に応じて必要な能力の教育・研修があり，職務レベルに対応した能力を身につけることができる。

他に，特色のある制度としては，社外派遣プログラム（Business View制度）がある。数名を半年～3年間，国内外の企業に出向させる制度で，異なる業界・組織に身をおき，リクルートにない視点や物事の考え方・仕事の進め方を吸収し，「革新・創造性」を育成することを目的としている。2004年10月に新設されたキャリア支援制度（B-Quest制度）は，ビジネスマンとしてのステップアップや仕事以外で実現したい夢を叶えたい，といった希望を持つ社員が会社に籍を残したまま，最長2年間程度の長期休暇をとることができる制度である。この制度を利用した社員が，異質な視野や発想を組織にもたらすことを期待している。B-Quest制度は，まだ導入の初期段階であり，組織への効果は不明確なところも多い。

〈様々な知識の蓄積，共有化〉

リクルートは，経営理念に「個の尊重」が明言されており，人材の価値を

重んじる社風がある。当然,採用にも力を入れており,採用後のミスマッチの最小化に努めている。その個人が,最大限に能力を発揮するのに自社が最適かという点をじっくり見極めるようにしている。

また,リクルートではCareer View職(契約社員制度)での採用枠を広く設けており,異能の人材やレベルの高いスペシャリストの能力を組織内に取り込もうとしている。2000年7月にCV職の採用を開始してから,3年半の時点でCV職は1,500人を超え,全社員の3分の1を占めるに至った[4]。

現在では,『Hot Pepper』を筆頭に,フリーペーパー事業,エリア事業を支える柱として多くのCV職の社員が活躍している。

〈人的資源管理システムの概要〉

リクルートは,図表2-2-1に示されるように,個人の価値の最大化により企業価値は最大化すると考えている。人的資源管理システムも,個人と企業の両者が相互に影響し合い価値を高めあえるように,構築されている。

図表2-2-1　リクルートの人的資源管理システム

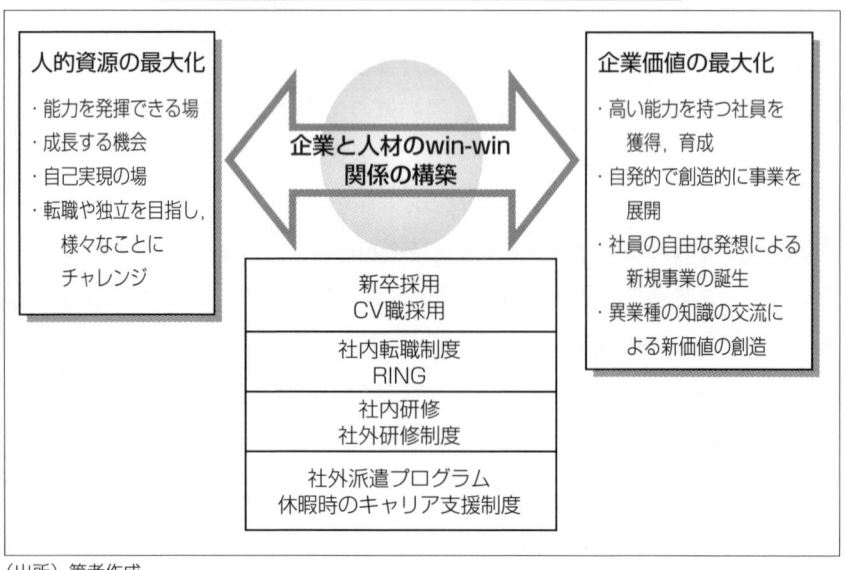

人的資源の最大化	企業と人材のwin-win関係の構築	企業価値の最大化
・能力を発揮できる場 ・成長する機会 ・自己実現の場 ・転職や独立を目指し,様々なことにチャレンジ	新卒採用／CV職採用 社内転職制度　RING 社内研修／社外研修制度 社外派遣プログラム／休暇時のキャリア支援制度	・高い能力を持つ社員を獲得,育成 ・自発的で創造的に事業を展開 ・社員の自由な発想による新規事業の誕生 ・異業種の知識の交流による新価値の創造

(出所)筆者作成。

❷ 診　断

(1) 診断の視点

　人的管理システムを診断する際，一番重要なことは，個人の価値の最大化と企業利益の2点が整合性を持っているかという点である。①社員の個々の能力を最大限に引き出せるよう調整されているか。②それによって組織は活性化しているかのという2つの視点からケースを分析する。

(2) 問題点

　リクルートの人的資源管理システムを，人的資源管理の診断チェックリストで分析する[5]。人的資源管理システムが，個人の能力が最大限に発揮され，それによって組織が活性化するよう構築されているかという視点でリクルートの人的資源管理システムを分析すると，図表2－2－2に示されるように，いくつかの項目に関して問題があることが分かる。

　リクルートは，定年退職を迎えた者がいないほど，人材の入れ替わりサイクルが早い企業である。社員の多くが，転職・独立するため，長期的視点に立った後継者の育成に関する取り組みが弱いと考えられる。リクルートは，早いサイクルで人材が入れ替わることによって，多種多様の知識が融合しあい次々と新たなビジネスを創造してきた。このサイクルはリクルートの強みであるが，長期的ビジョンを持ち企業の指針となる経営戦略を策定する経営管理者層の人材の獲得という面で弱みともなる。

　リクルートは，社員の個性を尊重し，伸ばそうとする社風や様々な制度が設けられている。Business View 制度やB-Quest 制度のような新たな取り組みもなされている。能力開発やキャリア育成に関して，積極的に取り組んでいることが伺える。しかし，これらの新制度の効果はまだはっきりとは現れていない。この点も問題点としてあげられる。

　また，社員がやりたいことを自由にできる風土がリクルートにはあるが，社内でできることには限りがある。多種多様な人材の能力をより企業価値の

図表2-2-2　人的資源管理システムの分析

チェック項目	評価	チェック項目	評価
①経営理念に明確な人間観が盛り込まれているか	○	⑥小集団活動を採用しているか	○
②それが組織全体に浸透しているか	○	⑦採用，配置，教育訓練，昇進昇格などの施策に「適正」が配慮されているか	○
③能力開発制度やキャリア開発制度を採用しているか	○	⑧後継者育成計画はあるか	×
④社内人材公募制を設けているか	○	⑨長期的にこの問題を考えているか	×
⑤社員の職務に対する満足感はあるか	△	⑩中途採用者の管理のための具体的制度や管理技術を持っているか	○
チェック項目		評　価	
⑪社員の活性化のためにどのような具体策を講じているか		個々の能力が最大限に発揮されるよう，個の存在を重視して人的資源管理システムが構築されている。	○
⑫小集団活動はどの程度自主的に行われているか		全面的に自発的で，社員一人一人に自由が認められている。	○
⑬小集団活動は組織開発に貢献しているか		小集団活動（RINGなど）によって，リクルートの組織は活性化している。	○
⑭経営者のための自己啓発プログラムはあるか		マネジメント強化が能力開発に組み込まれている。	○
⑮OJTはOff-JTと効果的に結び付けられ，相乗効果を上げているか		新制度（Business ViewやB-Quest）の効果が不明確である。制度の効果の測定や改善を要する。	△

（出所）筆者作成。

向上と結びつく形で発揮させるためには，社内で社員の能力を発揮できる場をもっと広く設ける必要がある。

(3)　課　題

　リクルートは，意図的に人材を早いサイクルで入れ替えている。これは，組織の硬直化を防止し，多種多様な人材のスキル・ノウハウを組織内に取り入れられるなど優れている面が多い。リクルートは人材を早いサイクルで循環させることによって，発展を遂げている企業である。人材活用のサイクルが円滑に回り，強い人材を基盤として，独特の風土・制度・組織体質などに

よりリクルートは成長してきた。若々しい組織体質を保ち，多くの知識の融合によって新たなビジネスを創造してきた。多種多様な人材が組織に流入することは，知識創造という観点からも重要である。

しかし，人材が社外に独立や転職といった形で流出すると，マネジメント層の人材の獲得が困難になる可能性がある。リクルートのビジネスが，個々の社員の発想やアイディアによって生まれ，展開されるものであっても，やはり企業の指針を示すマネジメント層に高いマネジメント能力を持つ社員を確保すること，育成することは大変重要となる。

そして，企業成長と結びつく領域で，社内に新たな場や機会を開拓・拡大できるか検討しなければならない。社内に，個人の能力が発揮できる場をより多く設け，個々の人的資源を最大限，組織内で活用できるよう調整しなければならない。

また，人材の能力開発の場を社外に広く設け，より異業種の知識・能力が組織内に取り入れられるようにする必要がある。Business View 制度やB-Quest制度の効果を測定し，より効果的に組織が活性化するようシステム化する必要がある。

社内転職については，それぞれの部署で仕事にやりがいや意義を持たせ，常に職務に魅力を持たせなければ，優秀な人材が部署からいなくなる。社外に転職・独立する前に社内でより多く自己実現，成長が与えられるように，それぞれの部署の職務の魅力を常に高めるようにしなければならない。

(4) 解決策

マネジメント層の人材を強化するために，リクルートから独立・転職した人材をマネジメント要員として再び迎え入れるような制度や，マネジメントに関する高い専門知識を有する人材を取り入れる制度を整える必要がある。長期的な経営戦略の指針と整合性のあるマネジメント層の人材育成・開発・獲得が必要となる。

リクルートは，個の能力を最大限に引き出す能力開発や能力を発揮できる

場の提供は，見事に組織文化として定着しており，多種多様な知識・能力を組織内に取り込む取り組みは，すでに制度化され実行されている。新規事業の立ち上げなどその成果も上がっている。

今後は，中長期的な経営戦略のビジョンと連動した形で，Business View 制度の利用を推進し，リクルートに帰ってきた社員が獲得した異業種の知識や能力を組織内で共有し，ビジネスに活かすプロセスを強化しシステム化することが求められる。

社員に新たに能力を発揮する機会・場を提供し，ビジネスに活かすためにも，戦略的な方向を示し，それに対応する人的資源管理システムを構築しなければならない。今後は，そうした能力が最大限に発揮できる機会・場を拡大することが重要となる。情報関連事業においては，紙媒体からインターネットやモバイルコンテンツへの移行が進んでおり，リクルートの事業もその影響を受けて変化している。人材の獲得と人材の能力開発・育成もそうした動きに対応させる必要がある。従来のビジネスフィールドを越えた新規事業の開発や，国外での事業展開を視野に入れた経営戦略と，それと連動した人的資源管理が求められる。

Business View 制度や B-Quest 制度のような新たな取り組みの長期的な戦略との連動を強め，新制度を利用した社員が社内に戻って能力を発揮できる場として，新たな事業の立ち上げや，国外への事業展開にも積極的に取り組む必要がある。

❸ 解　説

(1) 関連理論

人的資源の能力の20％～90％は動機付けによって左右されると言われている[6]。人的資源管理においては，個人の能力を最大化する能力開発と，その能力が発揮できる場・機会の提供が重要なテーマとなる。そして，その能力を発揮する場・機会を企業の成長につながる形で計画的にシステム化する必要がある。こうした人的資源管理，ヒューマン・リソース・マネジメント

第2章 経営管理システムの診断

図表2-2-3　ヒューマン・リソース・マネジメント（HRM）型組織

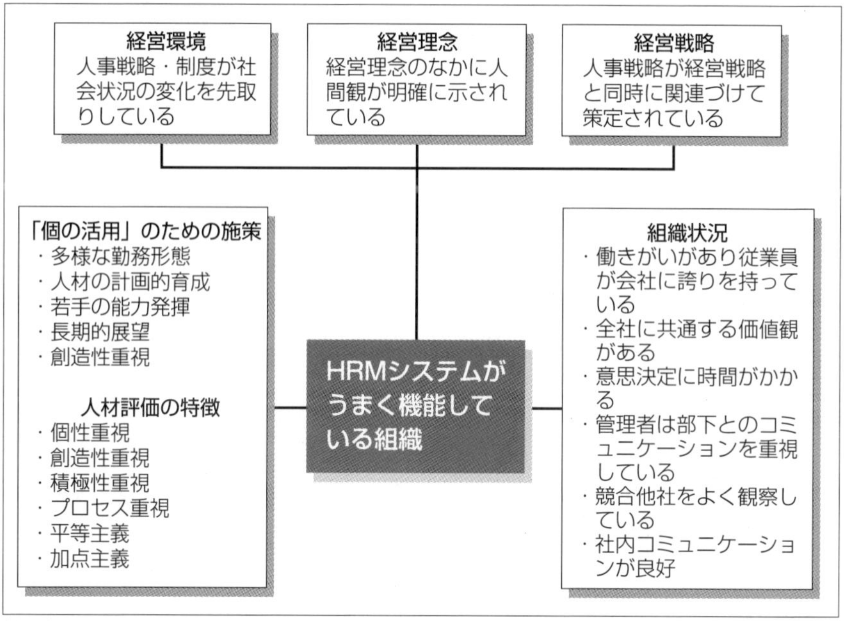

経営環境
人事戦略・制度が社会状況の変化を先取りしている

経営理念
経営理念のなかに人間観が明確に示されている

経営戦略
人事戦略が経営戦略と同時に関連づけて策定されている

「個の活用」のための施策
・多様な勤務形態
・人材の計画的育成
・若手の能力発揮
・長期的展望
・創造性重視

人材評価の特徴
・個性重視
・創造性重視
・積極性重視
・プロセス重視
・平等主義
・加点主義

HRMシステムがうまく機能している組織

組織状況
・働きがいがあり従業員が会社に誇りを持っている
・全社に共通する価値観がある
・意思決定に時間がかかる
・管理者は部下とのコミュニケーションを重視している
・競合他社をよく観察している
・社内コミュニケーションが良好

（出所）日本経営診断学会編［1994］177頁。

（HRM）の考え方は，図表2－2－3に示されるように，従来の福利厚生を充実させて社員の満足を高めようとする手法とは異なっている。

　経営学における人間性の追求は，古くから様々な角度から行われてきた。個を尊重し，個の力を最大限に引き出すという人間性を尊重したHRMの考えが重要となる。

(2) **技　法**

　本ケースでは，ケースの人的資源管理システムが企業成長と個人の満足が整合性を保持できているかという視点から分析した。そこで，診断のチェック項目もその視点から作成した。人的資源管理システムを分析する場合は，他にも社員の満足度や動機付けの効果，適正診断などを細かく行うことも必要となる。そして，全体として個人と企業の間に効果的かつ有効な関係が構

築されているかどうかを診断することが重要となる。

(3) **重要用語**

HRM，個の尊重，適正診断，能力開発

---

1) リクルートホームページ
　＜http://www.recruit.jp/company/business/index.html＞から引用。
2) 『ゼクシィ』はブライダル情報誌，『R‐25』は25歳男性をメイン・ターゲットとし，記事（時事問題など）や広告を中心とした情報誌（フリーペーパー）である。
3) 日経ビジネス，2000年8月28日号，28頁。
4) リクルートホームページ
　＜http://www.recruit.jp/company/history/year/2000.html＞を参照。
5) 日本経営診断学会［1994］175頁-235頁を参考にチェックリストの項目を作成。
6) 同上書176頁。

参考文献

Eugene,M.=Nic,B.［1995］, *The Essence of Human Resource Management*, Pearson PTR.（伊藤健一＝田中和雄監訳［2000］『ヒューマン・リソース・マネジメント』税務経理協会）
荒川進［1985］『リクルート情報合衆国』講談社。
井上照幸＝山田博文［1989］『リクルートの政治経済学』大月書店。
岸川善光［2002］『図説経営学演習』同文舘出版。
小池和男＝猪木武徳編著［2002］『ホワイトカラーの人材形成―日米英独の比較』東洋経済新報社。
佐藤博樹＝藤村博之＝八代充史［1999］『新しい人事労務管理〔新版〕』有斐閣。
日本経営診断学会編［1994］『現代経営診断事典』同友館。
野田荘一［2005］『なぜ，リクルートは強い人材を輩出できるのか』実業之日本社。
リクルート・ナレッジマネジメントグループ［2000］『リクルートのナレッジマネジメント1998～2000年の実験』日経BP社。
リクルートホームページ＜http://www.recruit.jp/＞

3 財務管理システム

❶ ケース

(1) はじめに

　本ケースでは，株式会社ダイエー（以下，ダイエー）を取り上げ，財務管理システムの診断を行う。資金の調達と運用の視点から事例を分析し，ダイエーの財務管理システムの問題点を挙げ，課題および解決策について考察する。

(2) 企業概要

　　企　業　名：株式会社ダイエー
　　設　　　立：1957年4月10日
　　資　本　金：56,517百万円
　　店　舗　数：209店舗（2006年6月末日現在）
　　事業内容：スーパーマーケット，専門店を展開する小売業であり，カード事業や不動産業などその他の事業にも進出している[1]。
　　売　上　高：1,431,508百万円（2005年度，連結）
　　経常利益：24,268百万円（2005年度，連結）
　　従業員数：6,979名（2005年度，連結）

(3) ケース

〈多角化路線の始まり〉

　ダイエーは，1970年代に大きく発展した小売業で，全国的に事業を展開している。ダイエーによる価格破壊は，日本の流通を大きく変え，消費者の購買スタイルに大きな影響を与えた。流通革命の主役として高い売上げを誇っていた時代には，勝ち組として大きく注目を浴びていた。1980年2月の決算

で，ダイエーは業界初となった1兆円を超える売上高を記録した。

1980年代から1990年代前半は，本業以外の事業への進出も目覚しく，プロ野球，ホテル，旅行，出版，金融などの事業分野にも進出した。

ダイエーは，衣食住関連の幅広い商品を扱い，日用品や食品の格安販売によって顧客を掴み，売上高を着実に増加させていった。総合スーパーをはじめ，食品スーパーのグルメシティ，ディスカウントストアのトポス，Dマート，KOU'Sさらにディスカウントストアを大型化したハイパーマートなど，それぞれの業態で店舗数を増加させていった。ところが，1980年代前半に，すでに業績不振の既存店が続出し，売上高も伸び悩んでいた。

〈ダイエーの拡大路線〉

しかし，ダイエーは拡大路線を変更しなかった。コスト削減のために，売り場の人員削減が進められた。1980年代後半，日本はバブル経済期に突入した。株式や土地の価値は異常な上昇を始め，ダイエーは銀行から借入れた資金で土地を購入し，店舗を建て，周辺地価の上昇によって上がった担保力でさらに銀行から資金を借り入れる，といったサイクルで資金を調達・運用していた。

当時の社会的な動向として，不動産の保有が推進され不動産の有効活用（土地インフレの利用）を促す風潮にあった。多くの人が「地価は上がり続ける」と根拠の無い確信を持っていた。土地があれば銀行から資金を調達できるという認識すらあった。ダイエーは，新浦安における「USE」開発，日本初の開閉式ドームとショッピングセンター・ホテルが融合した大型複合施設など，大型投資によるプロジェクトに次々と着手していった。

〈バブル経済の終焉〉

ダイエーはバブル経済の頃から営業利益と経常利益が低下し始め，1995年には業績の悪化が表面化し連結当期純損失を計上し，この年をピークに首位を誇ってきた売上高が減少し始めた。低価格＝顧客ニーズの式は薄れ，ダイエーの低価格一辺倒の戦略では，顧客を掴めなくなっていた。業績の悪化が表面化し始め，ダイエーはバブルの崩壊と共に衰退の道を歩み始めた。

第2章 経営管理システムの診断

図表2-3-1 ダイエーとイトーヨーカ堂の財政状態の変化

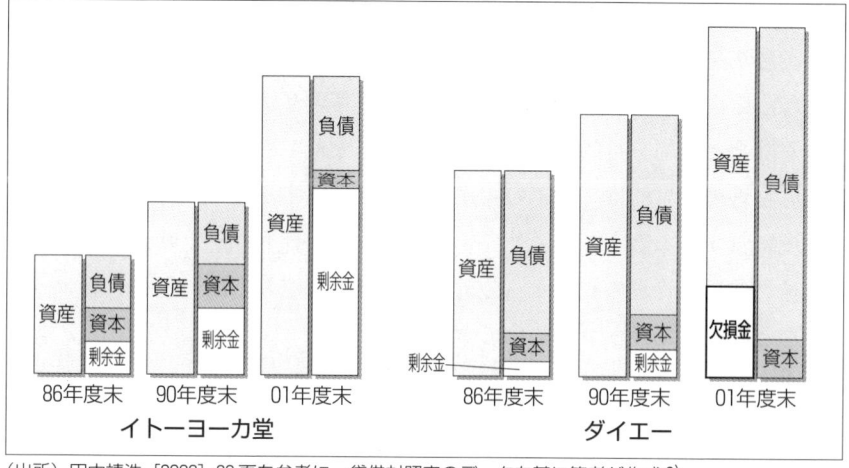

（出所）田中靖浩［2003］69頁を参考に，貸借対照表のデータを基に筆者が作成[2]。

　図表2－3－1に示されるように，①土地の資産価値が上昇し始めた1986年，②バブル期終焉の1990年，③欠損金を計上した2001年でダイエーの財政状態は大きく変化した。バブルが終焉を迎えた頃，同じくスーパーであるイトーヨーカ堂と比較して，ダイエーは自社所有の土地・建物の割合が高く，資産・負債ともに拡張しており，ダイエーの財務は大幅に膨張していた[3]。

　バブル崩壊後は，ダイエーはマイナス成長が始まり，1998年ごろからは資産の売却に着手している。優良子会社のローソン株，リクルート株を売却するが，2000年度末までにグループ全体で抱える有利子負債は2兆円を超えており，赤字の既存店舗も多く再建は極めて困難であった。

〈事業の再建〉

　2002年に，ダイエーは産業再生機構の主導によって，再建計画を推進することを決定した。産業再生法の適用及び産業再生機構からの支援を受けて，非主力事業の譲渡や，不振部門の縮小など再建に取り組んでいる。「ごはんがおいしくなるスーパー」というキャッチフレーズを掲げ，ロゴも長年使われてきたものからオレンジ色のハートマークをあしらったものに変更された。

❷ 診　断

(1) 診断の視点

　財務とは資本の調達と運用を意味し，財務管理とは資本の調達と運用にかかわる計画と統制を目的とした経営管理の1分野であると定義される。よって，財務管理の目的は「資本の調達と運用を管理することによって企業目的の達成に資すること」である[4]。本ケースでは，ダイエーの財務管理を資本の調達と運用の管理の視点から分析する。資金調達の方法やキャッシュ・フローなどの視点でケースについて考察する。

(2) 問題点

　具体的な財務データを基にダイエーを分析する。ダイエーの経営が悪化し始めた時期には，図表2－3－3に示されるように，流動比率・当座比率・自己資本比率の数値が理想値を下回っている。これらは企業の安全性を図る指標の1つである。ダイエーの場合は理想値を遥かに下回っており，短期的な支払能力が低い。

　次に，自己資本比率を見てみる。自己資本比率によって運転資金を銀行からの借入や社債によって賄っているのか，株主からの資金調達や蓄積してある利益によって賄っているのか，といった資金調達の方法を見ることができる。ダイエーの自己資本比率は，標準値およびイトーヨーカ堂の数値と比較して低く，運転資金の調達が借入金に偏っており，このことからも財務の安全性が低かったことが伺える。図表2－3－1に示されるように，グラフにして2社を対比するとダイエーの負債が膨大に膨らんでいることがわかる。イトーヨーカ堂の財政状態も拡大しているが，ダイエーとは対照的に負債はさほど増加せず財力（剰余金）を蓄えていることがわかる。

　売上高営業利益率や売上高経常利益率は，収益性を診断する指標の1つである。これらのダイエーの数値を標準値およびイトーヨーカ堂の数値と比較すると，ダイエーの本業における収益性，経常的な企業活動における収益性

図表2-3-2　ダイエーとイトーヨーカ堂の業績の推移

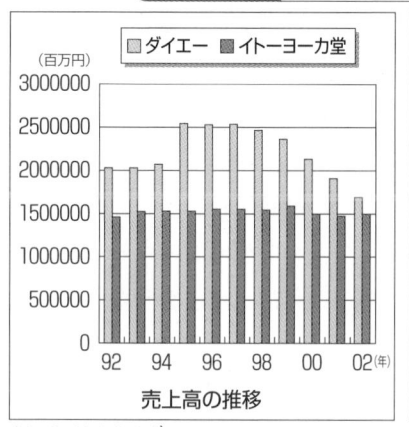

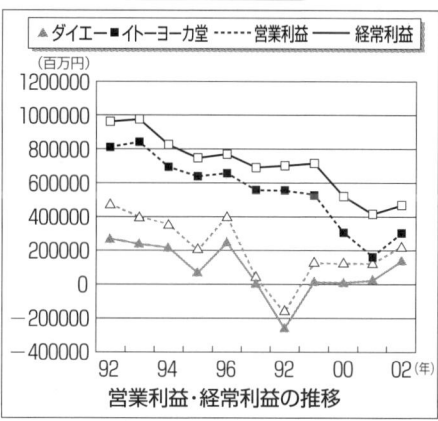

（出所）筆者作成 5)。

図表2-3-3　1995年のダイエーとイトーヨーカ堂の財務データ

	流動比率	当座比率	自己資本比率	売上高営業利益率	売上高経常利益率
ダイエー	47.42%	16.78%	21.07%	0.80%	0.28%
イトーヨーカ堂	135.59%	78.69%	71.78%	4.11%	4.88%
理想値・標準値	200%が理想とされる	100%以上が理想とされる	50%以上が理想値とされる	3〜5％前後	2〜4％前後

（出所）筆者作成。

が共に低く，収益性の面からもダイエーの経営状態が悪化していたことが分かる。

　図表2－3－1に示されるように，ダイエーの総資本は十数年間のうちに大きく膨張してきた。事業拡大のためには投資が必要であり，他人資本（借入金や社債など）に拠る資金調達も選択肢の1つである。しかし，ダイエーの場合は，1995年時の売上高営業利益率や売上高経常利益率，売上高・利益の推移のグラフからも分かるように，収益性が低下し続け，膨れ上がった借入金を返済できる体力がなくなっていた。

　ダイエーは，中長期的なビジョンに対してリスク・マネジメントや本業に

対する資金の運用方法が上手くいかず，集成型（コングロマリット型）多角化に猛進して失敗してしまった。低価格が絶対条件になってしまい，売上げが伸びないならコストを削減するといった近視眼的な意思決定になっており，企業目的の達成に資するために資本の調達と運用を管理するという財務管理の中核的機能が上手く働いていなかった。財務データから自社の実情を読み取り，中長期的な戦略的意思決定の伴った資金の調達・運用の管理をすることが大切であり，数値にとらわれず数値から事業の実態を読み取り実際に現場の問題点を探し出さなければ財務管理の本来の目的は達成されない。

(3) 課 題

　ダイエーの資金調達は他人資本（借入金）による調達に大きく偏っている。バブル期に地価の上昇を利用した投資活動によるキャッシュ・フローで資産を増大させたのはいいが，営業活動による健全なキャッシュ・フローが無く借金を返済することができずにいる。他人資本に依存しない資金調達の方法に切り替えることと，収益構造を改善して営業活動におけるキャッシュ・フローを高めることが課題となる。

　もし，投資の結果として，収益が得られたのであれば問題はない。しかし，バブル景気の終焉とともに取得した資産の価値は激しく下落し，手元には不良債権が残っただけとなり，投資に対するリターンが得られなかった。ダイエーが保有する土地や建物などの自前の資産は，バブル期前後に大幅に増大しており，そのほとんどが帳簿上は純利益に含まれるが，収益を生まない不良資産である。

　不良資産を貸借対照表上から控除するとダイエーの本当の財政状態が判る。本来の財政状態を認識した上で，健全な財政状態への転換策を講じる必要がある。こうした余剰資産の処理がダイエーの再建上の課題である。余剰資産を処理し，収益構造を改善させ，負債を返済することがダイエーの課題である。

(4) 解決策

 ダイエーの再建は，図表2－3－4に示されるように，まず保有する有価証券や土地・建物などの余剰資産を処理することから始まる。借金の返済や本業の建て直しのために資金を調達する必要がある。実際に，すでに多くの株式や施設が譲渡・売却されている。ダイエーが営業活動によって得られる資金は，膨れ上がった借金に対してはごく僅かでしかない。借金を返済しようにも資金が無く，収益性を高めるために本業を強化したくてもやはり資金が無い。そこで，余剰な資産を処理し得られた資金で，借金を返済するとともに，本業を強化するための資金にも回すのである。

 そして，図表2－3－4に示されるように，収益構造を改善させることによって，他人資本に偏っていた資金調達の方法を改善し，自己金融や増資に

図表2-3-4　ダイエーの再建

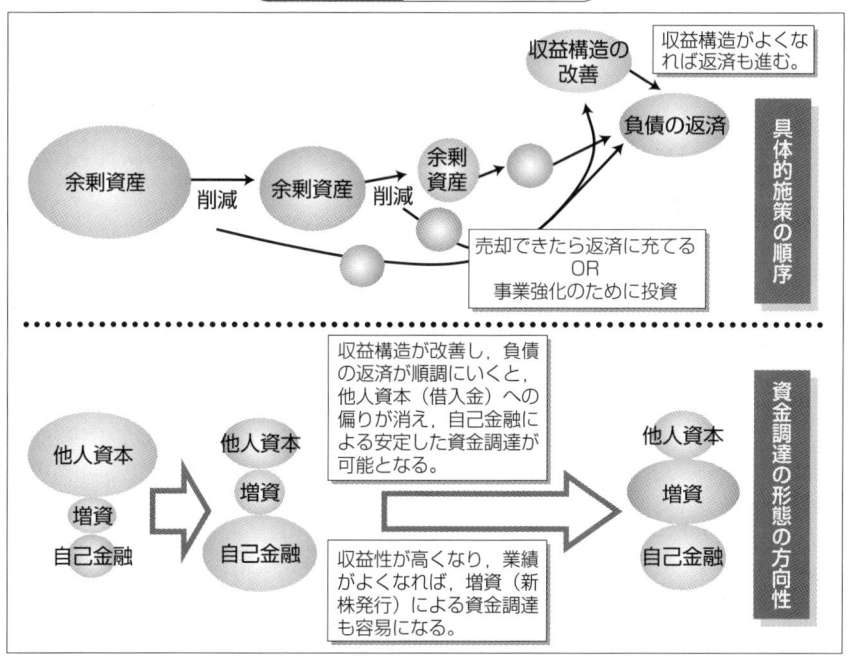

(出所) 筆者作成。

依るものへと転換させるのである。他人資本は借金であり，ゆくゆくは返さなければならない。営業活動によるキャッシュ・フローを高めことは，自己金融の強化であり，自己金融による資金調達で営業活動に必要な資金を賄えるようになれば，安定した収益を上げられるようになる。

例えば，研究開発の機能を拡充させるために，もしくはロジスティクスの効率化のためのプロジェクト費用が必要となった場合，安定した収益を上げられるようになっていたら増資による資金調達も可能となる。もちろんそのためには，本業に対する明確な戦略的なビジョンやビジネスの成長性がなければならない。

余剰資産の整理が終わっても，営業活動によるキャッシュ・フローが見込めるようになっていなければ意味がない。負債の返済と同時進行で本業の収益性を高め，成長軌道に乗せなければならない。

❸ 解 説

(1) **関連理論**

資金の調達源泉には，図表2－3－5に示されるように，大きく2つに分けられる。自己資本と他人資本である。貸借対照表の貸方を見れば，その比率を知ることができる。

ダイエーのように，間接金融（他人資本）による資金調達に傾倒し過ぎると危険である。間接金融を利用してはいけない，というわけではない。財務管理では，どこから資金を調達し，どういった計画で運用するのかという財務計画が大変重要となる。

また，本ケースで触れた財務分析の指標や式はわずかであるが，実際に財務診断を行う場合には，財務分析に関する様々な数値の出し方や，日銀方式，中小企業庁方式についての理解が必要不可欠となる。

第2章 経営管理システムの診断

図表2-3-5　資金の調達と運用

```
            ┌ 自己金融（内部金融）┬（内）利益留保（当期利益・積立金・貸倒引当金の増加，各種引当金
            │                    │     および長期負債性引当金の増加など）
            │                    ├（内）資産償却による回収資金など
自己資本 ────┤                    ├（内）資産処分金融
            │                    └（内）計画変更・支出削減努力による資金節約
            │
            └ 増資（新株発行）───┬（外）株主割当，特定第三者割当，公募
                                  └（外）有償・無償抱合せ
                                       額面発行，時価発行，中間発行
                                       引受グループ ┬ 一般株主，従業員持株制度，取引先，金融機関，生
                                                    │ 命保険，損害保険，証券会社，中小企業投資育成会社，
                                                    └ ベンチャー・キャピタル，資本市場（証券取引所）

            ┌ 金融機関借入れ ┬（外）長期借入金（証書借入れ，手形借入れ）
            │                ├（外）短期借入金（証書借入れ，手形借入れ）
            │                └（外）手形割引，当座借越，インパクト・ローンなど
            │ 取引先借入れ ｛（外）販売先借入，仕入先借入れ，業界団体借入
            │ 企業間信用　 ｛（外）買掛金，手形振出
他人資本 ────┤ 社債の発行（公募債・私募債）｛（外）国内債・外国債の発行（普通社債，転換社債，新株引受権
            │                                         付社債）
            │ 現先取引 ｛（外）債券売買取引
            │ リースの利用（外）
            │ 不動産抵当証券の利用（外）
            │ 社内預金の利用（内）
            │ CP発行（外）
            │ 土地信託（外）
            │ ファクタリング（外）
            └ 債券の証券化（外）

                                            （注）（内）：内部資金，（外）：外部資金
```

（出所）日本経営診断学会編［1994］497頁。

(2) 技　法

　企業の財務管理システムを診断する場合，標準値や同業他社とそれぞれ財務数値を比較し，業界標準と自社の数値を照らし合わせてみることによって，問題点を発見することができる。

　また，数字を見て安直に結論を導き出さず，数値が示す企業の状態をしっかり読み取ることが大切である。コストが高い→コストをカットする→そのために冷暖房を制限するといった安易な判断では，根本的な問題を解決することにはならない。なぜコストが高いのか，どの部分に無駄があるのかと，数字だけでなく実際の企業経営の状態から理解しなければ意味が無い。

　数値データが，作成者の意図で変動することも理解しておかなければならない。経常利益，営業利益だけをみると，一見健全な財政状態の企業であっても，不良資産によって利益が大きく計上される場合もある。様々な分析手

法を身に付けると共に，分析したデータから企業の実態を見抜く力が必要である。

(3) **重要用語**

財務計画，キャッシュフロー，投資・リターン，間接金融，直接金融

1）ダイエー2005年度有価証券報告書の事業内容を参考。
2）データは単独ベース，資本は株主の出資（資本金，資本準備金）。
3）田井修司＝久保建夫＝奥村陽一［1991］76-78頁。
4）菊井高昭＝竹本達廣［1996］2頁。
5）ダイエーおよびイトーヨーカ堂有価証券報告書の連結財務諸表の数値から作成。

参考文献

金子智朗［2002］『日経BP実践MBA③　MBA財務会計』日経BP社。
菊井高昭＝竹本達廣［1996］『財務管理と診断―現代商業診断基礎講座③―』同友館。
岸川善光［2006］『経営戦略要論』同文舘出版。
田井修司＝久保建夫＝奥村陽一［1991］『ダイエー・コープこうべ』大月書店。
田中靖浩［1999］『経営が見える会計』日本経済新聞社。
田中靖浩［2003］『不景気に効く会計』日本経済新聞社。
日本経営診断学会編［1994］『現代経営診断事典』同友館。
ダイエー有価証券報告書（1986年度〜2002年度）。
イトーヨーカ堂有価証券報告書（1992年度〜2002年度）。

4 情報管理システム

❶ ケース

(1) はじめに

　IT（情報技術）の発達が，ビジネスにもたらすインパクトは多大なものがあり，情報管理の重要性は増している。アマゾン・ジャパン株式会社（以下，アマゾン）をケースに取り上げ，情報管理システムについて考察する。

(2) 企業概要

　　企 業 名：アマゾン・ジャパン株式会社
　　本　　社：Amazon.com, inc.（アマゾン・ドット・コム・インク，米国）
　　設　　立：1994年7月5日
　　事業内容：インターネットによる書籍などの物品販売
　　売 上 高：8,490百万ドル（2005年度，連結）
　　営業利益：432百万ドル（2005年度，連結）
　　従業員数：約12,000名（2005年度，連結）

(3) ケース

〈アマゾンの沿革〉

　アマゾンは，本のオンライン販売から事業をスタートさせ，現在では電化製品やソフトウエア，CD，DVDなどの幅広い商品をオンラインで取り扱う企業として急成長を遂げてきた。2000年11月に，日本でもAmazon.co.jpとして営業を開始しており，書籍事業は特に好調である。

　アマゾンの創業は，インターネットの幕開け期に当たる。創業者のジェフ・ベゾスは，優秀な技術者が獲得できるシアトルを本拠地とし，そこで得

られた数人の優秀な技術者により，アマゾンの開業準備は整えられた。

アマゾンには，当初から「顧客がオンラインで求めるあらゆるものを検索，発見できるサイト」というビジョンがあった[1]。扱う商品を短期間で拡大するための投資額が収益を大きく上回り，売上高は好調に伸び続けていたが，創業から莫大な赤字を計上し続けていた。

しかし，2003年には黒字に転換し，急成長のための投資が実を結んだ。膨大な支出には，販売促進や宣伝費用は殆ど含まれてない。アマゾンは，広告や宣伝に金を掛けずに，値引きして顧客満足を高める方針を貫いていた。圧倒的な安さで顧客の口コミにより広く存在を認知されるようになった。

〈アマゾンのサービス〉

米国アマゾンでは書籍の割引率の上限は，米国の大手書店の60％を上回る65％を実現している[2]。その他の商品も大幅な割引がされ，低価格による商品の販売を大きな売りにしている。また，ベストセラー上位100冊は24時間以内の配送となっている。さらに，1,500円以上の買物（米国アマゾンでは25ドル以上）をすれば無料配送の対象になる。

アマゾンのサービスは，モノを売りたい個人や企業にとっても，便利なものである。図表2－4－1に示されるように，販売したい商品を持っていれば個人・法人を問わず，アマゾンのサイト上（マーケットプレイス）に出品することができる。販売力が弱い中小の古書店などが，保有する在庫の販売を委託でき，アマゾンは販売できる商品群を増やすことができる。

アマゾンには，企業や個人のサイト上にリンクを貼ってもらい，顧客がそのリンクからアマゾンに訪れ実際に買物すると，紹介料として価格の一部が入るアソシエイト・プログラム（アフェリエイト）がある。インターネット上のいたるところにアマゾンに通じるリンクを貼り，集客力を高めている。

〈アマゾンの情報管理システム〉

アマゾンの情報管理システムは，アマゾンの急成長に伴い進化してきたが，その原型は早いうちから形成されていた。構築されたデータベースには，莫大な量の情報が収集されており，顧客のサイト閲覧履歴や購買履歴から購買

図表2-4-1　アマゾンのビジネス・モデル

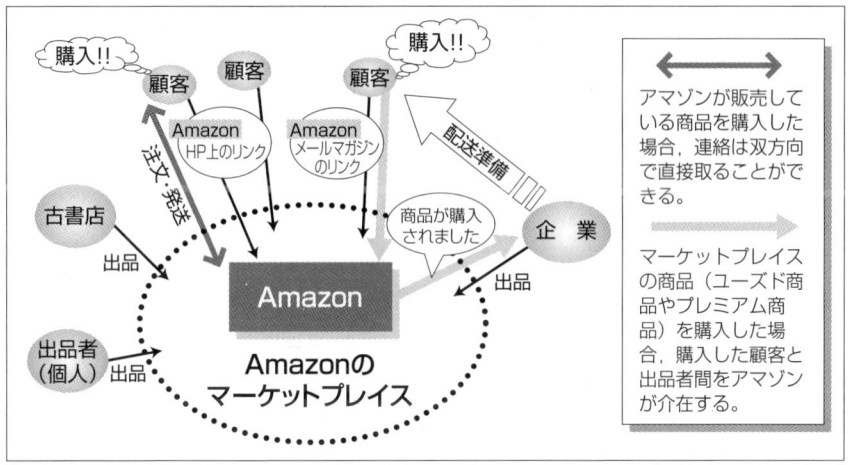

（出所）筆者作成。

行動のパターンを分析することができる。この詳細な購買行動のデータを基に，「この商品を買った人はこんな商品も買っています」と，個人の興味にあった関連商品の紹介記事が出るリコメンデーション機能がつけられている。顧客が欲しいものをすぐ見つけられる便利な機能である[3]。

　書籍情報も，著者名，書名，テーマ，出版年，キーワードの5つのカテゴリーにより書籍の検索ができるようになっている。また，発送までに要する時間は，在庫情報と対応して24時間以内，2日以内，2～3日以内，1～2週間以内，3～4週間以内，4～6週間以内などに分類されている。

　そして特筆すべきは，ワンクリックで注文が完了するシステムである。このワンクリック・システムはビジネス・モデル特許を取得するほど優れたシステムである。当時は，顧客の確認を行ってから，注文を成立させるのが常識であった。ワンクリックで注文が完了するシステムは，特許侵害で訴えられた米国の大手書店 Barnes and Noble が立てた証人の技術専門家が，「私は，ワンクリック注文方式を簡単に思いつけない」と証言するほど，革命的なものであった[4]。アマゾンは，商品の低価格にこだわり，コストを抑えている

が，ビジネスの中核となる技術面では，しっかりコストを掛けている。

〈アマゾン・ジャパンのビジネス〉

　米国アマゾンとアマゾン・ジャパンでは，異なる点がある。大きく異なっているのは，日本には，再販制度（再販売価格維持制度）があり，書籍・CDなどの著作物は全国どの地域でも同一価格で販売されている点である。そのため，アマゾン・ジャパンは著作物の割引販売はできない。日本でのシェア獲得は，その他のアマゾンの利便性や豊富なマーケットプレイスの安いユーズド商品などの魅力により達成されたものである。

　他にも日本でビジネスを展開するに当たり，米国と違いインターネット上でのクレジットカード決済が日常化していなかったため，配送業者に料金を支払う代引き配送やコンビニ決済のサービスが考えられた。本社の米国アマゾンが中心となり，従来のシステムに手が加えられ，日本の特質に合わせたシステムが構築された。インターネット上でビジネスを展開するアマゾンにとって，システムはビジネスの中核であり，本社の技術開発部門が中心となり慎重に開発・運用されている。

　また，日本のアマゾンでは，問い合わせは全てe-mailとなっている。アマゾンのサイトは，サイト上で顧客自身が問題を解決できるよう設計されており，どうしても解決できなかった時に，やっと問い合わせアドレスが表示される[5]。そのため，ヘルプページの内容が多すぎ，必要な情報が見つけにくく，電話だと数分で済むはずの用件に何倍もの時間が掛かり不便である。

　プログラムの調子が悪いときなど，緊急を要する場面では，e-mailのやり取りでは迅速な対応ができず，出品者の取引に支障をきたすことになる。そこで，2001年にコール・センターを札幌に設置している。だが，問い合わせ窓口の中心はe-mailとなっており，電話での受付があることはサイト上ではわからないようになっている。薄利多売のビジネス・モデルのため顧客からの問い合わせに割けるコストが限られているのである。

❷ 診　断

(1) 診断の視点

　情報管理システムの診断を，情報システムの構築方法と情報システムの活用の2つの面から行う。その2点をさらに細かく分けて項目ごとにケースの情報管理システムと照らし合わせて，アマゾン・ジャパンの問題点を究明し，課題と解決策について考察する。

(2) 問題点

〈情報システムの構築〉

　アマゾンの場合，情報システムの構築には明確な利用目的が創業時からあった。技術者が中心となっての創業であったため，ビジネスのビジョンをよりクリアに反映したシステムを構築することができた。ビジネスの展開に合わせて機能の変更・追加が容易であった。新たな機能を生み出し，創業時は画期的で独自性の高いシステムであり，システム自体も競争優位性の源泉となっていた。

　アマゾンは，顧客個人に対してダイレクトにマーケティングを行うワン・トゥ・ワン型のマーケティングを行い，顧客のニーズを掴みこれまで成長してきた。サイトの閲覧履歴，購買履歴のような顧客データの収集・蓄積・加工・活用のプロセスはシステム化され有効的に構築されている。ところが，ビジネスの領域が様々な国や地域に広がり，ビジネスの成長も著しい伸びを見せる中で，アマゾン・ジャパンでは情報の処理能力が，処理すべき量に追いつかなくなっているようである。ビジネスが成長し処理能力が追いつかなくなっており，顧客情報には反映されない顧客の要望や不満をキャッチする仕組みが不十分である。

〈情報システムの活用〉

　アマゾンは，顧客個人の趣味や興味を細かく把握し，ワン・トゥ・ワン・マーケティングによるビジネスを展開している。その効果は急激な成長から

伺える。膨大な情報を手にし，それをビジネスの基盤としてさらなる拡大を目指している。アマゾン・ジャパンも進出から数年で，認知度は高まり業績は好調である。

　ところが，米国アマゾンのような電話によるカスタマー・サービスは，事業規模の急拡大によって困難であり，顧客に対する十分なフォローができていない。e-mailでのやり取りが煩わしく電話での対応を望む顧客は多いと考えられる。特に，パソコンやインターネットに慣れない顧客にとっては，パソコンだけではなく直接に人と繋がっていると感じられる電話による対応が喜ばれると考えられる。顧客の購買行動に関わる情報だけでなく，充実したカスタマー・サービスによる顧客の要望や不満を社内に吸い上げる仕組みが欠落している。

　また創業時，アマゾンの存在は，ネットビジネスにおける革命的な存在であり，見事な情報システムの戦略的活用を成し遂げた。ところが，現在，日本では類似のネットビジネスを展開する企業・サイトは数多く見受けられる。売っている本という商品の特質から，他のサイトとの差別化を図ることは難しい。現時点では，アマゾンのサイトほど使い勝手が良く，システム的にも優れているもの，豊富な情報が掲載されている他のサイトは少ない。しかし，薄利多売のビジネスでは前述したようにカスタマー・サービスや処理能力を高めるための費用を捻出することはできない。

(3) 課　題

　情報システムの構築と活用の2つの視点から分析し，ビジネスの急拡大に情報の処理速度が追いつかなくなっていること，顧客の購買行動以外の情報の収集ができていないこと，薄利多売のビジネスの3点がアマゾン・ジャパンの問題点となる。上述した問題点を踏まえると，情報の処理速度を高めること，顧客の購買行動以外の情報を収集する仕組みを構築すること，薄利多売の体質に対する対策を考えることなどが課題となる。

　アマゾンは，使い勝手の良いサイトで顧客を定着させ，認知度を高める戦

略によりビジネスを確立させた。完成度の高いサイトを広く認知させ，競合他社に対して強い競争優位性を獲得することができた。ビジネスの成功は，短期間でビジネスを急成長させる戦略が有効であったことを示している。

　日本でも，この戦略によって成功を収めている。しかし，ある程度ビジネスが確立され，現在は，提供するサービスの質を高める段階を迎えている。アマゾンのビジネスが，インターネット上ですべての取引が完結するのに対して，日本には人がコンビニの店頭で介在する「セブンアンドワイ」や電話での問い合わせも可能な「ビーケーワン」といったサイトがある。

　現在は，高い技術や顧客の定着率で優位性を保持できても，このまま対策を講じなければシェアを奪われる危険性がある。今後は保持する莫大な顧客情報や技術力を武器に新たなサービスやビジネスの可能性を模索する必要がある。

　また，取り扱う商品を拡大するには，書籍販売のノウハウ以外にも，それぞれのカテゴリーごとに障壁や取り組むべき課題も多く存在している。小さくて軽い本とは違い，流通面での課題も多い。在庫を持ちすぎると赤字が膨らみ健全な財政状態を保つのが難しくなるし，書籍と違いアフターサービスを必要とする製品の販売は，流通・アフターサービスの面でコストが発生する。薄利多売のビジネスだけでは，ビジネスの拡大は難しい。

(4)　**解決策**

　アマゾンの課題に対する解決策は，図表2-4-2に示されるように，いくつかの方向性が考えられる。まず，人材の拡充は緊急を要するものであり，コストが掛かってもサイトの運営とコール・センターの機能を拡充させるための人材の獲得と，長期的な視野を持った人材の育成の2点に取り組む必要がある。

　システムの改善も同様である。システムはアマゾンのビジネスの核である。システムの改善はすべての国・地域に共通した問題の解決と，それぞれの国・地域の特性に対応した対策の両面からの取り組みが必要である。アマゾ

図表2-4-2　アマゾンの診断図

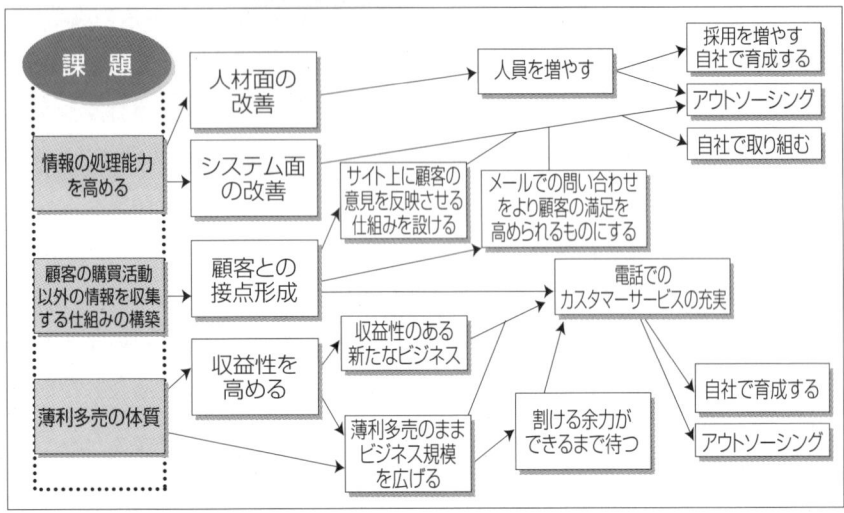

```
┌─────────────────────────────────────────────────────────────────┐
│   ╭──────╮                                    ┌採用を増やす  ┐  │
│   │ 課 題│    ┌人材面の┐──────┬→┌人員を増やす┐─┤自社で育成する│  │
│   ╰──────╯    │ 改善   │      │  └──────────┘ ├アウトソーシング│  │
│               └────────┘      │                └自社で取り組む ┘  │
│  ┌情報の処理能力┐  ┌システム面┐ ┌サイト上に顧客の┐┌メールでの問い合わせ┐│
│  │  を高める    │─┤の改善    │─┤意見を反映させる├┤をより顧客の満足を│
│  └──────────────┘  └──────────┘ │仕組みを設ける  ││高められるものにする│
│  ┌顧客の購買活動┐  ┌顧客との  ┐ └────────────────┘└──────┬────────┘│
│  │以外の情報を収集│─┤接点形成  │                          ↓        │
│  │する仕組みの構築│  └──────────┘  ┌収益性のある  ┐ ┌電話での       ┐│
│  └──────────────┘                │新たなビジネス │→│カスタマーサービス│
│  ┌薄利多売の体質┐ ┌収益性を┐────┤               │ │の充実         ││
│  │              │─┤高める  │    └──────────────┘ └──┬───┬────────┘│
│  └──────────────┘ └────────┘  ┌薄利多売のまま ┐┌割ける余力が┐│自社で育成する││
│                                │ビジネス規模   ├┤できるまで待つ│└──────────┘│
│                                │を広げる       │└────────────┘│アウトソーシング││
│                                └───────────────┘               └──────────┘│
└─────────────────────────────────────────────────────────────────┘
```

（出所）筆者作成。

ン・ジャパンでは電話での問い合わせを受け付けていない分，サイト上でより顧客の意見を収集できるようにするべきである。

　では，実行段階でアウトソーシングか，自社で取り組むのかについて考える。コール・センターは，アウトソーシングという手段も考えられるが，アマゾンのサービスを理解していなければ十分な顧客へのフォローができないため自社で取り組む方が良い。システムに関しては，アマゾンの強みとなるものであり，アウトソーシングの選択肢は考えられない。

　次に，収益性に関しては，現在の成長軌道を維持することが何より大事である。そして，資源を投入する余裕ができるまで待つのではなく，システムと人材への投資は将来への投資として早急に行うべきである。同時に，新たなビジネスの可能性を追求し，具体化することが求められる。

　人材の育成は時間がかかるため，コール・センターが機能するまでには時間を要するが，顧客の要望や不満に関してはe-mailですでに届いているものをデータベース化するなどすぐにできることもある。定期的に，サイト上で

改善してほしい点はあるか，どういったところが使いにくいかなどのアンケートを実施するなどの対策も考えられる。

❸ 解　説

(1)　関連理論

　経営情報システムの診断は，システムの構築方法や活用方法などの切り口から分析する。情報技術の発達によって，図表2－4－3に示されるように，企業のマーケティングは大きく変化してきている。アマゾンは，年齢や性別などの大雑把な顧客データではなく，「○○を購入した顧客」というように膨大な数の顧客に対して，個人の趣味や興味に合わせたワン・トゥ・ワン・マーケティングを行っている。それは，情報技術の進展，インターネットの普及によって可能となった。自社完結型ではなく，ネットワークを形成し，顧客や取引業者などとの間に関係性を構築することが大変重要である。

(2)　技　法

　企業の経営情報システムは，情報技術の進展に大きな影響を受ける。技術の発達や経営戦略，費用面での制約など様々な要因を考え，その上で自社に

図表2-4-3　ワン・トゥ・ワン・マーケティング

マス・マーケティング 対 ワン・トゥ・ワン・マーケティング

マス・マーケティング		ワン・トゥ・ワン・マーケティング
顧客獲得（Customer-getting）	→	顧客維持（Customer-keeping）
販売・取引（Transaction）	→	関係づくり（Relationship）
販売促進中心（Promotion）	→	顧客サービス中心（Customer Service）
市場シェア（Market Share）	→	顧客シェア（Customer Share）
製品品質志向	→	クオリティ中心（顧客を満足させる性質）
To Automate	→	To Informate
集中処理志向	→	分散協調志向
マネジメント志向（Management）	→	エンパワーメント志向（Empowerment）
"Cure"型	→	"Care"型
モノローグ（Monologue）型	→	対話（Dialogue）型

(出所) Peppers,D.=Rogers,M.［1993］訳書 vi 頁。

あった経営情報システムの構築方法，利用目的，活用方法を決定しなければならない。

(3) 重要用語
ワン・トゥ・ワン・マーケティング，関係性の構築

1）アマゾン・ジャパン・ホームページ＜http://www.amazon.co.jp＞「スタッフ募集関連ページ」。
2）日経ビジネス，2003年4月28日号，108頁。
3）松本晃一［2005］38頁。
4）知的財産用語辞典「ビジネス・モデル特許の事例」
　　＜http://www.furutani.co.jp/office/ronbun/BS/BS17.html＞。
5）2006年からアマゾンのホームページの特定商取引法に基づく表示という項目が設けられ，電話番号が明記されるようになった。また，e-mailアドレスも以前よりわかりやすく表示されるようになった。

参考文献

Peppers,D.=Rogers,M.［1993］, *THE ONE TO ONE FUTURE*, Doubleday.（井関利明監訳［1995］『ONE to ONEマーケティング』ダイヤモンド社）
Spector,R.［2000］, *AMAZON.COM*, Random House Business Books.（長谷川真実訳［2000］『アマゾン・ドット・コム』日経BP社）
岸川善光［1999］『経営管理入門』同文舘出版。
岸川善光［2006］『経営戦略要論』同文舘出版。
TAC中小企業診断士講座［2002］『スピードテキスト4　経営情報システム/新規事業開発』TAC株式会社。
日本経営診断学会編［1994］『現代経営診断事典』同友館。
松本晃一［2005］『アマゾンの秘密―世界最大のネット書店はいかに日本で成功したか』ダイヤモンド社。
日経ビジネス，2003年4月28日号，日経BP社。
日経ビジネス，2005年10月31日号，日経BP社。
アマゾン・ジャパン・ホームページ＜http://www.amazon.co.jp＞

5 法務管理システム

❶ ケース

(1) **はじめに**

　企業は，オープンシステムであり，様々な社会的責任を担っている。当然，その企業活動は法令遵守の精神に即し行われなければならない。本ケースでは，コーポレート・ガバナンスやコンプライアンスの視点でケースを分析し，問題点を特定し課題および解決策について考察する。

(2) **企業概要**

　　企 業 名：雪印乳業株式会社（以下，雪印乳業）
　　設　　立：1950年6月10日
　　資 本 金：8,668百万円
　　事業内容：乳製品・食品等の製造，販売
　　売 上 高：280,057百万円（2005年度，連結）
　　経常利益：9,142百万円（2005年度，連結）
　　従業員数：1,489名（2005年度，単独）

(3) **ケース**

　2000年6月に雪印乳業による食中毒事件が発生し，それから間を置かず2002年1月には，子会社の雪印食品による牛肉偽装事件が発覚した。2つの事件には，業界全体の腐敗や，行政の指導・監視の実態など，様々な背景に拠るところも大きい。

　食中毒事件の後に，雪印乳業は牛乳，乳飲料，ヨーグルト事業を，全国農業協同組合連合会，全国酪農協同組合連合会の牛乳関連事業と統合し「日本

ミルクコミュニティ」を設立して切り離した。その製品は「メグミルク」のブランド名で販売されており，雪印ブランドの牛乳は市場から姿を消した。子会社の雪印食品も，牛肉偽装事件の後に解体された。

〈雪印乳業による食中毒事件の概要・事実〉

　大阪での食中毒事件を起こす以前にも，雪印乳業は1955年に北海道の八雲工場製の脱脂粉乳による食中毒事件を起こしている。それから約50年，2000年6月に，「低脂肪乳」による食中毒事件が発生した。

　食中毒症状の報告が入ったのが6月27日で，雪印乳業が商品回収に乗り出したのは，2日後の29日であった[1]。対応が遅れたこともあり，雪印乳業の製品を摂取して，食中毒を起こしたという届出は14,780名に上った[2]。

　食中毒の症状が出ていると消費者からの連絡が入った時点では，社員はそのクレーム情報を上司へ報告せず，大阪工場長も保健所から入ってきていた食中毒症状の情報を報告しなかった。そのため，社長の石川哲郎には雪印乳業に直接入ってきた情報も，保健所からの情報も伝わらなかった。

　会見中の工場長の発言で，製造過程に汚染があった事実が明かされ，同時にその事実を石川氏が知らなかったことが判明し，雪印乳業側の危機感の無い態度もあって，社会の雪印ブランドに対する信用は傾くこととなった。

　食中毒の原因は，大阪工場の製造過程に汚染があったとされていた。清掃記録がきちんと残っておらず，3週間も食中毒の原因箇所は，清掃されていなかった。杜撰な清掃・衛生管理の状況が世間の知るところとなった。事件発生から5日後の7月4日，「低脂肪乳」以外の2品目についても汚染の事実が判明し，またもや対応が遅れたために，「低脂肪乳」以外は安全と思っていた消費者の手に，汚染の疑いがある商品が渡り，被害はますます拡大した。

　8月に入って，食中毒の原因が汚染製品の原料である北海道・大樹工場製の脱脂粉乳にあることが判明した。雪印乳業と保健所の検査で判明しなかったのは，雪印乳業が意図的に隠蔽した可能性や，検査への非協力的な姿勢に原因があった。大樹工場では，つららの落下により配線がショートし，停電事故が発生していた。大樹工場は，脱脂粉乳の原料が入ったタンクを高温の

第2章 経営管理システムの診断

まま放置し，黄色ブドウ球菌が増殖したにもかかわらず，大阪工場に出荷し，汚染された原料が混入し大規模な食中毒事件を引き起こすこととなった。

食中毒事件により，設計者の意図と反する製造過程の勝手な組換えや，屋外での不衛生な成分調整作業，返品や賞味期限切れ商品を日常的に再利用していた事実などが次々と明かされ，品質・食の安全に対してのモラルの無さが世間に知れ渡った。次々に出てくる事実に，長年かけて築かれた雪印ブランドに対する世間の信頼は大きく崩れていった。

雪印乳業はエリア事業部制をとっており，東京のほか北海道にも本社機能を持たせていた[3]。また，工場からの情報がトップに伝わるまでに，多くの部署を経由するようになっており，責任と権限のバランスが上手く取れていなかった。上司に迅速に情報を上げて判断を仰ぐべき事態も事業部長が判断していた点や，上司の権限が強く従業員の自発的な発言が許されない風土だったことも，事件の発生・被害の拡大に大きく関係していたと考えられる。

図表2-5-1　食中毒事件の概要

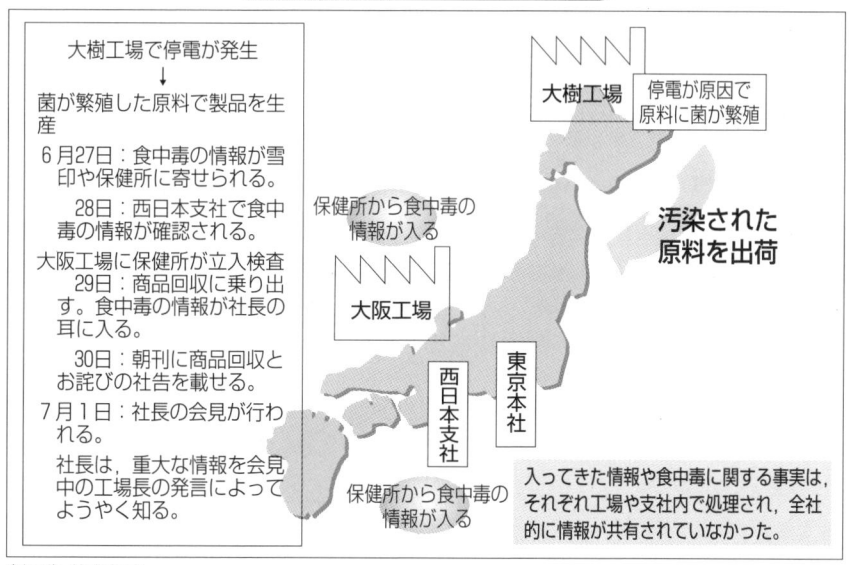

大樹工場で停電が発生
↓
菌が繁殖した原料で製品を生産
6月27日：食中毒の情報が雪印や保健所に寄せられる。
28日：西日本支社で食中毒の情報が確認される。
大阪工場に保健所が立入検査
29日：商品回収に乗り出す。食中毒の情報が社長の耳に入る。
30日：朝刊に商品回収とお詫びの社告を載せる。
7月1日：社長の会見が行われる。
社長は，重大な情報を会見中の工場長の発言によってようやく知る。

大樹工場　停電が原因で原料に菌が繁殖

汚染された原料を出荷

保健所から食中毒の情報が入る

大阪工場

東京本社

西日本支社

保健所から食中毒の情報が入る

入ってきた情報や食中毒に関する事実は，それぞれ工場や支社内で処理され，全社的に情報が共有されていなかった。

（出所）筆者作成。

〈雪印食品による牛肉偽装事件の概要・事実〉

　雪印乳業の子会社である雪印食品の牛肉偽装事件が発覚したのは，2002年1月のことである。まだ，人々の脳裏に雪印乳業が起こした大規模な食中毒事件の記憶が鮮明な，事件から2年後の出来事であった。

　牛海綿状脳症（BSE）感染牛が国内で確認され，関連業界は大きな打撃を受けていた。国は救済措置として，全額国の負担により，国産牛肉の買い取りを実施した。雪印食品は，国の買い取り制度を悪用し，280トン・1億9600万円に上る牛肉を国産と偽って買い取らせていた。雪印食品の起こした詐欺事件により，雪印ブランドはさらに信用を失うこととなった。

　事件は，雪印食品を大手取引先としていた西宮冷蔵の告発により発覚した。偽装の恒常化や偽装の事実について，西宮冷蔵側に口止めしていたことなどが明らかになった。BSEによって在庫はだぶつき，大量の在庫が発生するのは仕方ない状態なのに，上層部は在庫を減らすよう圧力をかけていた。

　そうした不正が蔓延していた原因には，不透明な人事の存在も挙げられる。公平な評価制度が設けられておらず，専制的な企業風土から不正を是正しようとする声は握りつぶされていた。雪印食品の幹部が，親会社である雪印乳業からの天下り人事の受け皿となっていたことも，事件と大きく関わっていた。雪印食品の組織体質は，親会社と同様に不透明なものだった。

❷ 診　断

(1) **診断の視点**

　会社法の改正で，コーポレート・ガバナンス（企業統治）やコンプライアンスの面が強化された。多発する不祥事や企業による事件・事故がその背景にはある。そこで，法務管理システムの中でも，近年重視されているコーポレート・ガバナンスやコンプライアンスの面からケースを分析し，なぜ不祥事が起こったのか，今後不祥事を起こさないためにはどうすべきなのかを考察する。

(2) 問題点

　食中毒事件は，原因が大阪工場の製造ラインの汚染にあるとしていたが，調査が進むにつれ，大樹工場での停電事故による原料の汚染に原因があると判明した。食中毒事件は，工程上の問題や組織的問題など様々な問題が発覚し，原因の究明にも時間がかかるなど，複雑な事件となった。発覚時点から段階を分けて考えると，①食中毒の発生，②対応の遅れによる被害の拡大，③原因の究明といった三段階で事態は進行していったといえる。この3点が雪印問題の真因を究明する切り口となる。

　牛肉偽装事件も，倫理性を大きく問われる事件であった。なぜ，偽装をしたのか，しかもなぜ外部告発によってしか事件が発覚しなかったのか。組織に深く根ざす問題を解決するために，この真因を追究する。

図表2-5-2　雪印の食中毒事件，牛肉偽装事件の真因究明

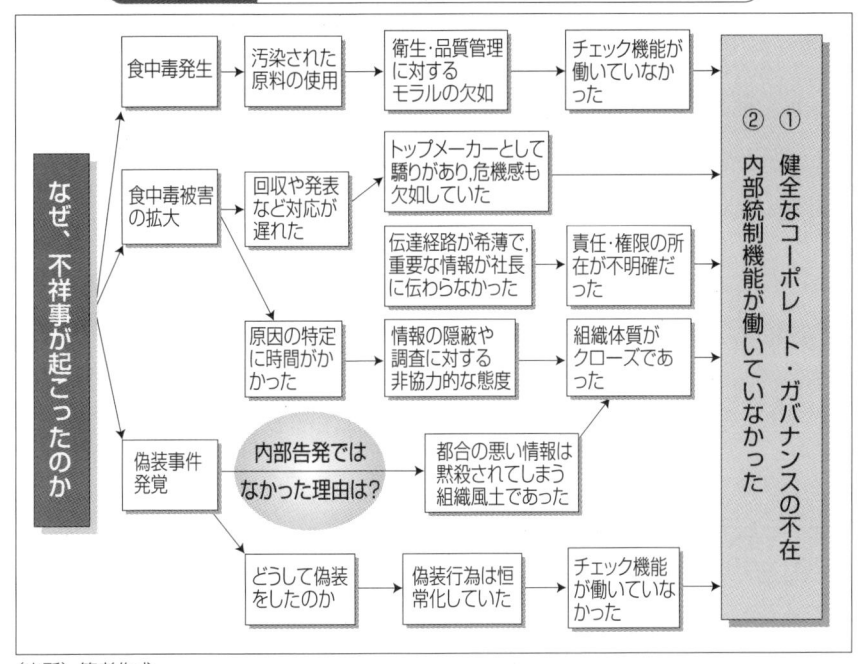

なぜ、不祥事が起こったのか

- 食中毒発生 → 汚染された原料の使用 → 衛生・品質管理に対するモラルの欠如 → チェック機能が働いていなかった
- 食中毒被害の拡大 → 回収や発表など対応が遅れた
  - → トップメーカーとして驕りがあり，危機感も欠如していた
  - → 伝達経路が希薄で，重要な情報が社長に伝わらなかった → 責任・権限の所在が不明確だった
- 原因の特定に時間がかかった → 情報の隠蔽や調査に対する非協力的な態度 → 組織体質がクローズであった
- 偽装事件発覚 → 内部告発ではなかった理由は？ → 都合の悪い情報は黙殺されてしまう組織風土であった
  - どうして偽装をしたのか → 偽装行為は恒常化していた → チェック機能が働いていなかった

→ ①健全なコーポレート・ガバナンスの不在
→ ②内部統制機能が働いていなかった

（出所）筆者作成。

図表2-5-2に示されるように，突き詰めていくとチェック機能の不全，責任・権限の所在の不明確さ，クローズドな組織体質などに原因があることがわかる。さらに，それは①コーポレート・ガバナンスの不在，②内部統制機能が働いていなかったことが真因であると考えられる。

内部統制機能が働いておらず，日常的に賞味期限切れ製品の再利用などが横行しており，汚染された原料が使用され食中毒を発生させる事態となった。責任や権限も不明確なため，明確な情報伝達の経路を持っておらず，食中毒への対応や原因の特定を遅らせる原因ともなった。また，エリア事業部の負の面が露呈する形となり，組織構造が内部統制システムの機能を大きく阻害していたといえる。

牛肉偽装事件においても，チェック機能が働いていないため，偽装行為は恒常化し，大規模な詐欺事件を起こすこととなった。クローズドな組織体質で，都合の悪いことを隠蔽する風土が醸成され，事件も外部から告発されるまで表面化しなかった。両事件とも監査役が効果的に機能しておらず，コーポレート・ガバナンスにおいて大きな穴があったといえる。内部統制システムの役割の1つであるコンプライアンスに対する取り組みが甘いばかりか，不正が横行するような組織体質であり，今後はコンプライアンス経営への取り組みを強化しなければならない。

(3) 課題

雪印乳業・雪印食品では，内部統制システムが機能しておらず，内部統制機能の役割であるコンプライアンスが組織内で徹底されていなかった。事件によって，組織に根ざした問題が浮き彫りにされ，組織の構造を抜本的に見直さなければならないことも明らかになった。透明度が高く，風通しのよい組織へと転身しなければならない。

2006年5月に改定された新会社法では，企業の規模に関わらずコーポレート・ガバナンスの機能，内部統制システムの質の向上が求められている。上場していない企業でも大企業に分類される企業と委員会設置会社は，具体的

な「内部統制」の基本方針を決定・開示する義務も明言されている。会社の機関設定の自由度が高められており，自社に合った機関の設置方法を選択し，より効果的なガバナンスの形態へシフトすることが望まれる。コーポレート・ガバナンスの健全性を保持し，コンプライアンスを社内で徹底させなければならない。

　また，機関設定を整えるだけでは，形骸化し本来の機能を発揮することは困難となる。最適な機関設定による組織の再構築と，社員の意識改革によって，不正を未然に防ぐ健全なガバナンス体制へと変わる必要がある。

　経営者のセルフ・ガバナンスによって，企業不祥事が発生するケースは多い。監査機能が働かずガバナンスの暴走を止めることができなくなるのである。本ケースの場合も，食中毒事件では権限を強く持ちすぎた支社や工場の人間による情報の隠蔽が事件を大きくした。コーポレート・ガバナンスの目的はそのような暴走が起きないようにすることである。そのために新会社法では，内部統制システムの構築が強調されている。

(4) 解決策

　では，どのような組織に転換すればよいのか。「統制環境」「リスクの評価と対応」「統制活動」「情報と伝達」「モニタリング（監視活動）」「IT（情報技術）への対応」の6つの切り口から具体的な解決策を考察する[4]。

　第一に，統制環境を作るために，組織に属するすべての人間に影響を与える経営理念や社風などを変革する必要がある。明確に経営理念の中でコンプライアンス経営に対する考えを示し，経営陣から非正規社員まですべての社員にその精神が浸透するように，組織風土を変革しコンプライアンス経営が徹底されるような環境に変える必要がある。

　第二に，事業活動において想定されるあらゆるリスクについて，発生した場合の対応を考えておく必要がある。リスクの評価を行い，どの程度のレベルであれば事業部長や社長に情報を上げるのかなど，リスクレベルの設定とそれに合わせた対応も決めておく必要がある。

第三は，統制活動である。雪印乳業には，危機管理マニュアルのようなものは存在しており，食中毒に関する事項も明言されていた。ところが，実際に事件が発生した時には混乱した組織の実情を社会に露呈する形となった。責任と権限の所在を明確に示し，緊急時に，迅速な対応や意思決定が行える体制を整える必要がある。統制活動は，リスクの評価と連動して行う必要がある。

　第四は，情報と伝達である。組織を再編しクローズドな組織をオープンで，対内外的に透明性のあるものにしなければならない。衛生管理，品質管理を徹底するためには，上司に社員一人一人が自発的に発言し，問題点を指摘できる開放的な組織に転換しなければならない。また，普段の命令系統以外にも，緊急時や不正行為に気づいた場合，事業部の壁を超えて直接に情報を発信できる仕組みづくりも不可欠である。そして，その制度は情報の発信者の匿名性が守られるような仕組みでなければならない。

　第五に，内部統制システムの有効性を監督するモニタリング（監視活動）が必要となる。独立性を持ち，内部統制システムが効果的に機能しているかをチェックする役割が必要となる。法務部門・内部監査部門を強化し，チェック機能を強くすることが大切である。

　最後に，IT（情報技術）への対応についてである。企業を取りまく環境は，情報化の流れによって大きく変化している。ITが業務の効率化に大きな役割りを果たす反面，顧客情報の流失といった，ITに関する不祥事も多発している。ITの効果的な利用によって業務の効率化を図り，社内のコミュニケーションの促進や緊急時の情報伝達経路を確保する一方で，ITによる不祥事を未然に防ぐ仕組みを確立しなければならない。

　また，経営者の責任が強く問われるようになっており，自社側ではない第三者の監督・監査により，馴れ合い経営にならないようにする必要がある。経営陣を監督する監査役の形骸化が問題となっており，外部からの監督・監査を受けることで，組織に危機感を取り戻せるようガバナンス機関を構築し直すべきである。地域や株主などによる経営への提言を進んで取り入れる方

法も考えられる。特に雪印ブランド発祥の地，北海道の市民からの支援は篤く，雪印ブランドに対する関心も高い。

❸ 解説

(1) 関連理論

　社会の中で事業を営む以上，企業には社会的責任を全うする義務がある。図表2-5-3に示されるように，社会的責任の階層において法的責任は低次の責任であり，企業や事業の規模にかかわらず最低限，果たさなければならない責任である。

　2006年5月より施行された新会社法では，コーポレート・ガバナンスや内部統制システムの面が大きく強化されている。法改正の流れは，コーポレート・ガバナンス，内部統制システムの強化へと進んでいる。それを抜きにしても法令違反が発覚すれば，企業は大きな打撃を受ける。社会の信用を失い，存続が危ぶまれることとなる。企業は法令違反をすることで大きなしっぺ返しを受けることになる。企業の発展・存続のためにコーポレート・ガバナンスやコンプライアンスの問題は避けて通れない。

(2) 技法

　コーポレート・ガバナンスや内部統制システム，コンプライアンスについての議論は近年盛んであり，様々なフレームワークがすでに示されている。

図表2-5-3　社会的責任の階層構造

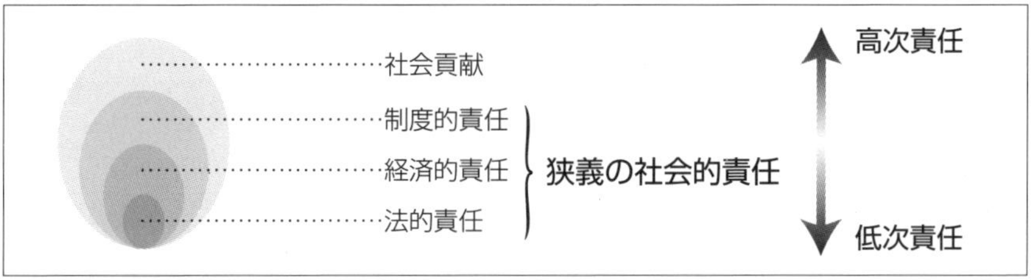

階層構造：社会貢献／制度的責任／経済的責任／法的責任（経済的責任と法的責任を含めて狭義の社会的責任）。上が高次責任，下が低次責任。

(出所) 森本三男 [1994] 319頁。

ここでは，米国のトレッドウェイ委員会支援組織委員会（COSO）が示した枠組みを基に作られた我が国の内部統制基準を参考にした。

(3) **重要用語**
コーポレート・ガバナンス，内部統制システム，コンプライアンス，企業の社会的責任

---

1) 6月29日に回収に向け動き出したが，30日に朝刊で回収とお詫びの社告が掲載されるなど実質的には本格的な回収は30日からとなった。
2) 雪印食中毒事件に係る厚生省・大阪市原因究明合同専門家会議の最終報告を参照。
3) 産業新聞取材班［2002］33頁。
4) 米国のトレッドウェイ委員会支援組織委員会（COSO）が1992，94年に公表した報告書「Internal Control - Integrated Framework（内部統制―統合的枠組み）」で提示されたフレームワークを基に作成された金融商品取引法における内部統制基準の基本的要素がこの6つである。

参考文献
石島隆監修［2006］『図解内部統制のしくみがまるごとわかる』ナツメ社。
岸川善光［1999］『経営管理入門』同文舘出版。
岸川善光［2002］『図説経営学演習』同文舘出版。
黒田清彦＝藤村知己＝菊地雄介＝受川環太＝松岡啓祐＝高橋真弓共著［2006］『レクチャー新・会社法』法律文化社。
近藤光男［2004］『コーポレート・ガバナンスと経営者責任』有斐閣。
産業新聞取材班［2002］『ブランドはなぜ堕ちたのか』角川書店。
原田恒敏［2005］『新「会社法」と経営の仕組み―会社設立から内部統制，適正開示まで―』中央経済社。
藤原邦達［2002］『雪印の落日―食中毒事件と牛肉偽装事件―』緑風出版。
北海道新聞取材班［2002］『検証・「雪印」崩壊　その時，何がおこったか』講談社文庫。
森本三男［1994］『企業社会責任の経営学的研究』白桃書房。

第3章

業務システムの診断

　本章のケースは,『経営診断要論』の第6章で考察した内容と対応している。本章で取り上げる業務システムには, ビジネス・システム, ビジネス・モデル, ビジネス・プロセス, バリュー・チェーン（価値連鎖）, サプライ・チェーン（供給連鎖）, ディマンド・チェーン（需要連鎖）, ロジスティクスなど, 多くの類似概念が存在する。

　『経営診断要論』では, 業務システムの基本機能として, 最も機能の範囲が広い製造業をモデルとして, 下記の6つの機能を取り上げている。
① 研究開発（R＆D）
② 調　達
③ 生　産
④ マーケティング
⑤ 物　流
⑥ 顧客サービス

　業務システムは, 価値生産システムともいえる。ここで価値とは, 顧客機能の充足, 顧客ニーズの充足など, 顧客にとって経済的効用のことである。拙著『経営戦略要論』では, 上述したビジネス・システムについて,

「ビジネス・システムとは,顧客に価値を届けるための機能・経営資源を組織化し,それを調整するシステムのことである」と定義しており,本章の業務システムは,このビジネス・システムとほぼ同義に近い。しかし,本書第2章で経営管理システムを分離して考察するので,上記の機能を業務システムという概念として独立させた。

本章では,研究開発管理について1ケース,調達管理について1ケース,生産管理について1ケース,マーケティング管理について1ケース,ロジスティクス管理について1ケース,合計5つのケースを取り上げる。

第一に,研究開発管理について,シャープ株式会社(以下,シャープ)をケースとして診断を行う。シャープは,研究開発においてわが国を代表する先進企業であり,大きな問題点・課題は公表資料では見当たらない。そこで,本ケースでは,開発における技術活用,製品化における経済性を重視した生産設備の立地にテーマを絞って考察する。

第二に,調達管理について,株式会社ファーストリテイリング(以下,ファーストリテイリング)をケースとして取り上げる。本ケースでは,調達機能の内,適正在庫の最低ラインの引き下げ,外注先選定におけるQCD(品質・コスト・納期)について診断を行う。

第三に,生産管理について,ファナック株式会社(以下,ファナック)をケースとして診断を行う。生産管理の重点は,品質管理・原価管理・工程管理であるので,これらの領域における問題点,課題,解決策について考察する。

第四に,マーケティング管理について,アサヒビール株式会社(以下,アサヒ)をケースとして取り上げる。アサヒは「スーパードライ」の成功により,一時期,キリンビールを窮地に追い込んだ。近年,アサヒのマーケティング管理は,やや精彩さを欠いている印象が強い。マッカーシーの4Pの観点から問題点,課題,解決策について考察する。

第五にロジスティクス管理について,花王株式会社(以下,花王)をケースとして診断を行う。花王はいうまでもなく,わが国を代表するロジスティクス先進企業であり,他企業のベンチマーク企業としても有名である。花王のロジスティクスに問題点はあるのか。共同配送などロジスティクスの最主要課題ではないが,花王の対応について考察する。

＊ケースとして選択したシャープ,ファーストリテイリング,ファナック,アサヒ,花王のホームページを公表情報の1つとして参照した。記して謝意を申し上げる。

第3章 業務システムの診断

1 研究開発管理

❶ ケース

(1) はじめに

　本ケースでは，研究開発管理について考察する。研究開発における事業ごとの技術活用のあり方と，研究開発拠点の選定について診断する。

(2) 企業概要

　　企　業　名：シャープ株式会社
　　設　　　立：1935年
　　資　本　金：204,675百万円
　　事業内容：液晶関連製品，その他白物家電製品の製造販売
　　売　上　高：2,797,109百万円（2005年度，連結）
　　経常利益：150,852百万円（2005年度，連結）
　　従業員数：55,100名（連結）

(3) ケース

　シャープ株式会社（以下，シャープ）は，1912年に早川徳次によって，東京で錠前会社・早川兄弟社として創業された。1915年にはシャープ・ペンシルを発明し成功を収めた。1925年にラジオの生産に乗り出して以来，家電メーカーとして企業活動を営んできた。

　当時シャープのモットーは「よそがマネをする商品を作れ」であった。ユニークなアイディアに基づいた製品が生み出され，一定の評価を得ていた。しかし，コア・テクノロジーやキー・デバイスをもっていないため，新製品の開発を計画しても，キー・デバイスの調達先から計画が漏れ，他社に

模倣されてキャッチアップされる，といったことが常態化していた[1]。

〈TFTカラー液晶の技術流出〉

　TFTカラー液晶パネルの技術は，シャープの開発後，他の日系メーカーが相次いでキャッチアップをした。当時，技術の発展により電子部品に関しては，製造技術は製造装置に大半のノウハウが納められるようになり，製造装置さえ買えば容易に同じ製品を製造できるようになっていた。

　日系メーカーの中には，アジア勢と技術提携をする企業があり，関連技術の流出が起こった。一部の日本人技術者がアジアのメーカーに雇われて技術指導まで行っているなかで，資金力に長けたアジア勢の一角が，大型の設備投資で日本製の製造装置を購入して，低コスト品を大量投入し，価格破壊を引き起こした。その結果，パソコンやモニター用のカラー液晶市場は，アジア勢が席巻する事態となった。

　シャープが特許訴訟をしている間にも，アジア勢の製品は次々と海外や日本国内に輸出された。そして，シャープが長期の裁判で時間と労力を割いているうちに，市場は模倣品で占有された。

　この失敗をふまえて，シャープがとっている戦略がブラックボックス化である。ブラックボックス化でシャープが取り組んでいることは，①製造装置を自社でつくる，②原材料をオープンにしない，③設計技術を隠すなどが挙げられる[2]。ブラックボックス化の真の目的は，液晶パネル製造ノウハウの流出防止である。特に歩留まり（良品率）向上に関連するノウハウである。

〈液晶パネルの課題〉

　液晶パネルは，表示装置なので，表示面積そのものが付加価値である。したがって表示面積を縮小するほど付加価値が下がる。液晶パネルの表示面積を縮小して，利益を確保するためには，表示面積（1インチ）当たりの原価低減が必要である。

　原価低減の手段としては，次の3つが挙げられる。①材料コストを低減すること，②製造工程における良品率を上昇させること，③生産設備に対する投資を増加させずに，生産設備の処理能力を増やし，生産量当たりの償却負

担を減らすことである[3]。

　第一に材料コストは，材料メーカーの努力に負うところが大きく，その成否は液晶パネル・メーカーの手中にない。

　第二に製造工程における良品率の向上は，100％を超えることはない。また良品率の向上だけで，部品1個当たりの製造コストを低減するのには限界がある。

　第三の製造設備の処理能力向上は液晶の場合，技術的に最もコスト低減に有効である。新技術の導入によって処理能力を継続的に上昇できれば，これに伴って電子部品の機能当たりの単価を継続的に下げることができる。

　ただ継続的な基板面積の増大といっても，一般的に先端電子部品の製造工場でより機能を高めようとすると，その設備に対する投資額は大きくなる。実際に半導体LSIの場合，世代交代ごとに設備投資額は大きくなっていった[4]。

　良品率の向上は，前述のように，コスト低減に有効な手段ではないとされている。しかし，製品差別化においては，有効な手段である。液晶における製品差別化は，画面の大型化やそれに伴う1インチ当たりの単価低減である。

　液晶パネルは，ガラス基板から切り出されて製造される。ガラス基板が大型化するほど，面取数（切り出せる液晶パネルの数）が増加し，コストの低減ができる。しかし，ガラス基板のサイズの大型化は難しい。基板の大型化に伴って，良品率が低下するからである。良品率が低いと，技術的には大型の液晶パネルを製造できるが，量産できず製品化を行えないということが起こる[5]。

　つまり，液晶パネルの技術が流出しても，良品率向上のノウハウが流出しなければ，他社が大画面の液晶を製品化できない。液晶パネル市場では，利益率の高い製品を製造するためには，大画面化が基本になっている。液晶パネル業界で先行投資を続けるシャープのブラックボックス化は，各企業の研究開発における，利益率の高い製品を開発できる企業と，利益率の低い製品しか開発できない企業の二極化を促進するものといえる。

図表3-1-1　シャープの経営指標の推移

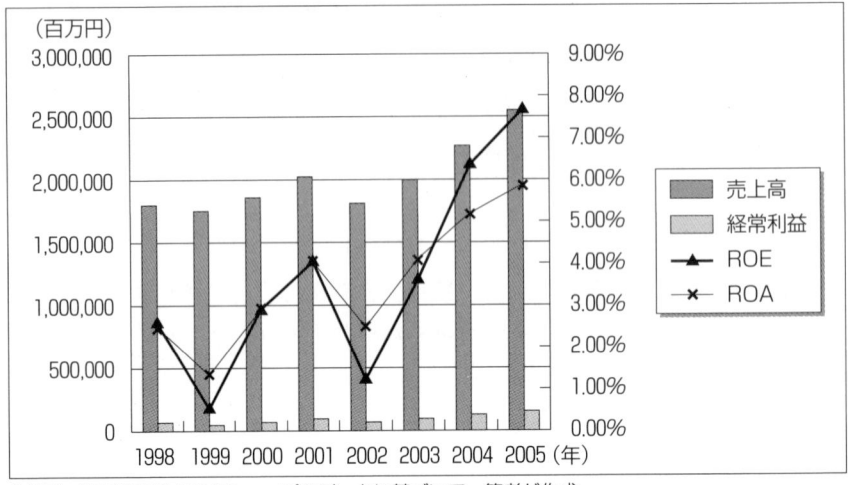

（出所）金融庁EDINETのシャープのデータに基づいて，筆者が作成。

❷ 診　断

(1) 診断の視点

　研究開発の機能には，研究（基礎研究，応用研究），開発（製品開発，技術開発），製品化（設計，試作，生産技術支援）がある。本ケースでは，研究開発における利用技術の調達と管理，製品化における経済性を重視した生産設備の立地について診断する。

(2) 問題点

　ここでは問題点を，新QC七つ道具の1つである連関図法を用いて，事象から真因を導き出す。プロセスとしては，まず事象を「液晶画面の大型化」「ブラックボックス化」「模倣品が主流」と定義し，それを基に，原因追求を繰り返すことによって，真因を明らかにする。

　真因としては，技術的限界，製造工程管理の難しさ，液晶の用途があくまで見ることに限られていることが明らかになった。

第3章 業務システムの診断

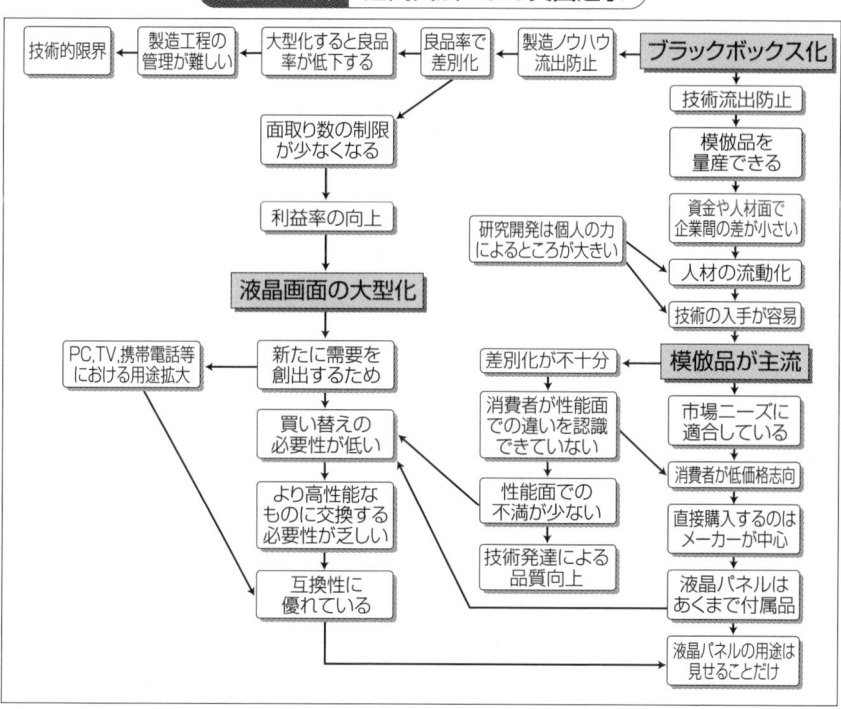

図表3-1-2　連関図法による真因追求

```
技術的限界 ← 製造工程の      大型化すると良品   良品率で    製造ノウハウ      ブラックボックス化
            管理が難しい     率が低下する      差別化      流出防止
                        ↓                              ↓            ↓
                   面取り数の制限                               技術流出防止
                   が少なくなる                                     ↓
                        ↓                                     模倣品を
                   利益率の向上                                 量産できる
                        ↓                                         ↓
                   液晶画面の大型化 ← 研究開発は個人の力           資金や人材面で
                                    によるところが大きい         企業間の差が小さい
                        ↓                           ↘              ↓
    PC,TV,携帯電話等  新たに需要を                               人材の流動化
    における用途拡大  創出するため                                    ↓
                        ↓          差別化が不十分 →          技術の入手が容易
                   買い替えの        ↑
                   必要性が低い     消費者が性能面              模倣品が主流
                        ↑         での違いを認識
                   より高性能な     できていない              市場ニーズに
                   ものに交換する       ↑                    適合している
                   必要性が乏しい   性能面での
                        ↑         不満が少ない              消費者が低価格志向
                   互換性に           ↑
                   優れている       技術発達による            直接購入するのは
                        ↓         品質向上                   メーカーが中心

                                                             液晶パネルは
                                                             あくまで付属品

                                                             液晶パネルの用途は
                                                             見せることだけ
```

（出所）田原宏［1981］220頁を参考に筆者が作成。

(3) 課　題

　問題点で明らかになった真因を基に，課題を出し，経済性，技術可能性，緊急性の観点から検討する。まず，技術的限界と製造工程管理の難しさに対しては，液晶画面の大型化自体をやめるべきなのではないのかという課題が出てくる。課題を経済性の観点から評価すると，将来的に大型化した液晶自体の需要が頭打ちになる可能性がある。大型の液晶の用途としては，テレビ用が大半を占める。大型化自体は差別化の材料であるが，購入の際，顧客は価格や住宅環境も考慮する。際限なく画面の大型化をしても住宅環境に制限される。また，販売価格も飛躍的に高くなるので，購買層は限られてくる。

　実際に，大型化によって差別化をはかるシャープの国内市場シェアはトッ

プである。しかし，米国，欧州市場においては，安価な液晶をPRするサムスンやフィリップスなどのほうが，市場シェアが大きい。海外において顧客が価格を重視している証拠である。大型化は，既存の生産設備の流用は困難であるため，採算を考えれば，大量生産によるコストダウンが必要になる。しかし，大型化すればするほど，顧客層が狭くなるので悪循環に陥る。

　技術可能性の観点から評価すると，大型化による差別化ができなくなるため，より一層の製造コストの低減が求められることになる。この場合，ブラックボックス化は，足かせになる可能性が高い。外部と技術・ノウハウをクロスライセンス等で相互利用をするほうが，コスト低減に有利だからである。

　緊急性の観点から評価すると，緊急性は非常に高いといえる。これまで，第6，第7世代のガラス基板の大型化を進めるのに比例して，研究開発費が急増している。いずれは，大型化によるコスト低減額を，大型化のための研究開発費が上回る可能性がある。

　次に液晶の用途があくまで見ることに限られていることに対しては，どこまで液晶の軽量化・小型化を進めるかという課題が出てくる。課題を経済性の観点から評価すると，液晶の軽量化は，シャープ単独の努力では実現が難しい。小型化は，既存のガラス基板を流用すればよく，達成が容易である。しかし，液晶は小型化すればするほどに，競争相手が増えて，利益率が低くなりがちである。（購入者が個人からコスト志向の強いメーカーになるため）。緊急性の観点から評価をすると，緊急性は低いといえる。新たに技術を開発，追加投資をする必要性が低く，小型化に伴うコスト面での競争が激化するため，シャープの優位性を生かしきれないからである。

(4)　**解決策**

　ここでは，前述の課題を基に新QC七つ道具の1つであるアローダイヤグラム法を使って，解決策を検討する。緊急度が高い課題を優先して実行に移す。

　最初に，緊急性の高い液晶画面の大型化を取りやめる。さらに，大型用に使用していたガラス基板を流用し面取数を増やす。これによって，国内にお

ける新規投資の必要がなくなる。また，既存の生産ラインの利用でのコスト低減は追加費用をかけずに実現することができる。

　また，今後の液晶事業における研究開発は，国別に運用コスト，投資コスト，研究コスト分析を行い効率化を推進する。運用コストにおいては，関税，賃金水準，交通インフラの分析が必要である。関税は，輸入時は，部品から組み立て製品になるにつれて高くなる。逆に輸出時には，部品のほうが組み立て製品よりも高くなる[6]。このことから海外に組立工場を設立する場合は，進出先の国から販売先の国に輸出する場合の関税の比較が重要である。

　賃金水準の低さ，交通インフラ充実度については，必ずしも中国が最善であるわけではない。現在，中国は先進国との間で貿易摩擦を引き起こしている。さらに賃金水準もアジアの中では日本，韓国，台湾などを除いて，高水準になっている[7]。

　運用コスト面においては，中国よりインドのほうが適切である。投資コストにおいては，優遇税制，電力の安定供給，用地取得の費用の分析，進出形態の規制の分析が必要である。電力の安定供給は，工場の稼働率を維持するために，必要なものであるが，火力発電の割合が多い中国に対して，インドは，水力発電の割合が多く，また原子力発電にシフトしつつあるが，電力の安定供給の点では，中国に劣る。優遇税制，用地取得の費用，進出形態の規制については，現地政府の方針が影響する。

　注意しなければならないのは，現地政府の誘致の条件につられて，将来的に考えて，非効率的な立地にしないようにすることである。たとえば，内陸部の地域のほうが，誘致の条件が良いことが多い。しかし，交通インフラの点で海岸部に劣る。

　次に液晶事業のコスト見直しに同時並行して，新製品の開発に着手する。まず製品の企画段階で，使用される技術が新技術か既存技術かで，分岐させる。

　既存技術がベースとなる場合は自社保有の技術を利用，外部との提携，クロスライセンス契約，M&Aを視野に入れながら，開発スピードとコストの

図表3-1-3　アローダイヤグラム法による解決策の検討

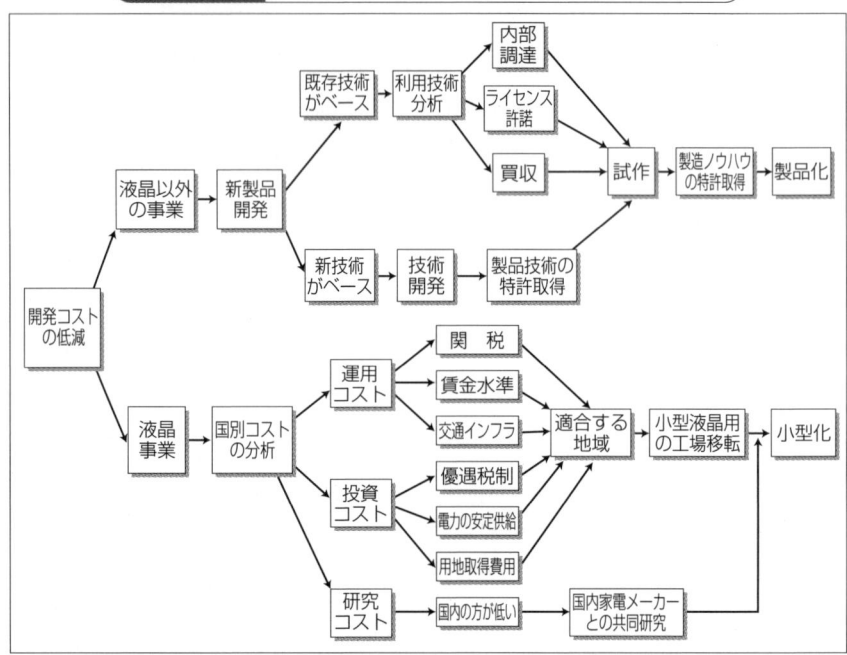

（出所）田原宏［1981］197頁を参考に筆者が作成。

バランスを検討し，製品化につなげる。

　新規技術がベースとなる場合は，直ちに自社で研究開発を開始するが，開発段階における技術漏洩や，研究開発で他社が先行する場合に備えて，特許取得は早期に行う。両方に共通して重要なのは，他社に先行して製品を市場に投入することである。

❸ 解　説

(1) 関連理論

　研究開発管理とは，企業活動に必要な機能の1つである研究開発（R&D）を対象とした管理（計画，実施，統制）のことである。研究開発の機能には，研究（基礎研究，応用研究），開発（製品開発，技術開発），製品化（設計，

試作,生産技術支援)などが含まれる[8]。研究開発管理の診断を行う際,研究開発のどの機能に競争上の優位性を持たせるかは,重要な課題である。

研究(基礎研究,応用研究)に,優位性を持たせる場合は,自社の技術ポテンシャル(他社と比較してユニークな技術領域,競争優位性をもつ技術など)と,保有技術の特徴(工学分類に基づいて,技術領域別の強み,弱みを把握し,自社保有技術の特徴の明確化)が検討事項になる。

開発(製品開発・技術開発)に,優位性を持たせる場合は,技術ポートフォリオ(メカニカル・エレクトロニクス,光学,音声処理,通信など技術領域ごとのバランス,濃淡を把握)と,不足技術(新製品開発を行ううえで,自社に欠落,不足している技術を抽出)が検討事項になる[9]。

製品化(設計,試作,生産技術支援)に優位性を持たせる場合は,生産設備の立地条件,技術に基づく差別化の可否が検討事項になる。

(2) 技 法

ROE(株主資本利益率)は,一般に税引後利益÷自己資本で算出される。その計算式は,売上高利益率(税引後利益÷売上高),総資産回転率(売上高÷総資産),財務レバレッジ(総資産÷自己資本)に分解できる。財務レバレッジは,負債が多くなり総資産が増えると上昇し,逆に負債が少なくなると低下する。極端に高くすると,企業としての安定性が失われる。

ROA(総資産利益率)は税引後利益÷総資産で算出される。ROAの分子となる利益には,営業利益や経常利益,税引後利益等が用いられる[10]。

本ケースでは,ROEとROAの向上を目的とした解決策を提示している。

(3) 重要用語

研究開発管理,ROE,ROA,アローダイヤグラム法

---

1) 伊丹敬之他編[1998]141-142頁。
2) 柳原一夫=大久保隆弘[2004]79-86頁。

3）直野典彦［1996］70頁。
4）同上書72頁。
5）北原洋明［2004］100-103頁。
6）関税率情報データベース「WorldTariff」＜http://www.worldtariff.com＞より。
7）日本貿易振興機構（JETRO）ホームページ＜http://www.jetro.go.jp＞より。
8）岸川善光［2002］108頁。
9）岸川善光［2006］131頁。
10）アーサーアンダーセンビジネスコンサルティング［2001］71-87頁。

参考文献

アーサーアンダーセンビジネスコンサルティング［2001］『業績評価マネジメント』生産性出版。
伊丹敬之他編［1998］『日本企業の経営行動3』有斐閣。
岸川善光［2002］『図説経営学演習』同文舘出版。
岸川善光［2006］『経営戦略要論』同文舘出版。
北原洋明［2004］『新液晶産業論』工業調査会。
田原宏［1981］『新QC七つ道具の企業への展開』日科技連出版社。
直野典彦［1996］『転換期の半導体・液晶産業』日経BP社。
日本経営診断学会編［1994］『現代経営診断事典』同友館。
柳原一夫＝大久保隆弘［2004］『シャープのストック型経営』ダイヤモンド社。
関税率情報データベース「WorldTariff」＜http://www.worldtariff.com＞
金融庁EDINET＜https://info.edinet.go.jp/EdiHtml/main.htm＞
日本貿易振興機構（JETRO）＜http://www.jetro.go.jp＞

2 調達管理

❶ ケース

(1) はじめに

　調達管理の意義は，業種によって異なる。製造業では資材管理（資材計画，在庫管理，購買管理，外注管理，倉庫管理など），流通業では仕入管理と呼称されることもある。本ケースでは，在庫管理と外注管理の観点から，適正在庫と外注コストについて診断する。

(2) 企業概要

　企 業 名：株式会社ファーストリテイリング
　設　　立：1991年
　資 本 金：10,273百万円
　事業内容：商品企画・生産・物流・販売までの自社一貫コントロールにより，高品質・低価格のカジュアルブランド「ユニクロ」を提供する製造小売業（SPA）
　売 上 高：383,973百万円（2005年度，連結）
　経常利益：58,607百万円（2005年度，連結）
　従業員数：2,668名（連結）

(3) ケース

　株式会社ファーストリテイリング（以下，ファーストリテイリング）は個人商店メンズショップ小郡商事として，1949年に柳井等が創業し，その後，1963年に法人化された。ファーストリテイリングは1984年にカジュアル専門店を広島に開店した。当時，日本のアパレル業界では，カジュアルという商

品自体もファッション性・季節性の観点から特別視され，市場も日本の特異性ばかりに目が向いていた。そのなかでファーストリテイリングがとった戦略は徹底した低価格戦略である。

1985年にその後の店舗展開の基本形となる郊外ロードサイド店を下関，岡山に開店した。

そこでは，商品は「ベーシック，カジュアル」，対象は「ノン・エージ，ユニセックス」で，テナント賃料が高い都市圏ではなく，郊外出店という出店形態であった。宣伝広告はチラシに頼り，店舗は徹底したセルフサービスを採用した。当時の「ユニクロ」は男子中高生に圧倒的な人気を誇っていた。しかし，扱う商品は輸入品など幅広く，品質のバラつきが激しかった[1]。

〈SPAに転換〉

当時，アパレル業界では，アパレルメーカーと小売には独特の商慣行があった。小売店側が売れなければメーカーに即返品したり，メーカーからの引取りを拒否したりすることなど，「発注量」がほとんど意味を持たなくなっていた。

そこで，ファーストリテイリングでは当初から，メーカーから仕入れる商品はすべて買い取り，自らリスクを引き受けるやり方をとった。しかし，リスクを自ら引き受けても，メーカーから仕入れる限り商品の価格決定権はメーカーにあり，小売側に主導権はなかった。この体制では，売れ筋商品は欠品，死に筋商品は値下げを繰り返すばかりで，なかなか利益が上がらなかった。そこでアパレル卸から仕入れ，販売するだけの従来型のアパレル小売店ではなく，商品企画・生産・販売・流通まで責任をもつSPA（specialty storeretailer of private label apparel：製造小売業）を目指した。

しかし，売れない商品は値下げを繰り返し，徹底して売り切るという方法をとったため，経常利益率は1～2％台であった[2]。

〈新事業の失敗〉

ファーストリテイリングは1997年ごろ危機に陥った。多角化のため，レディースと子供服を中心とした「ファミクロ」，スポーツカジュアルの「スポク

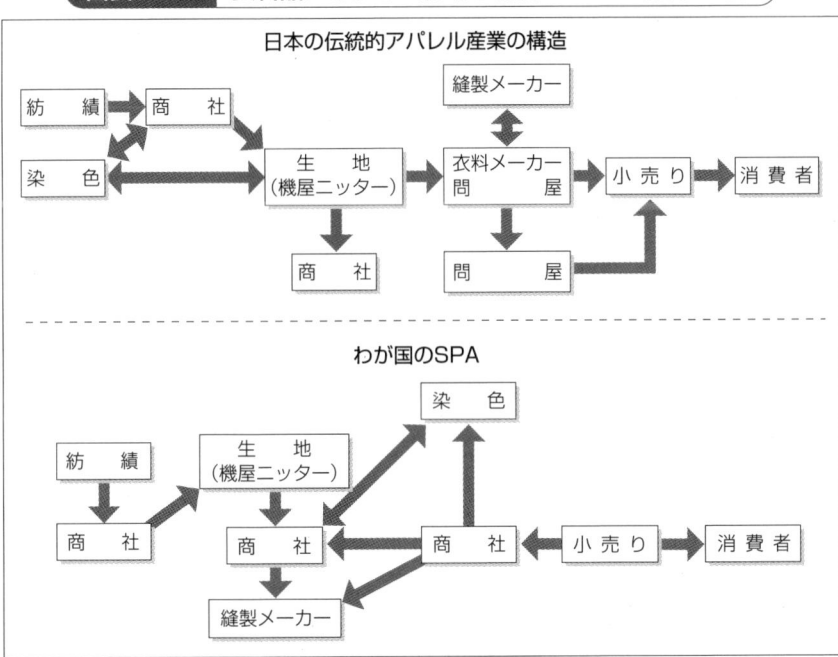

図表3-2-1　衣料品における一般的な物流とSPAの物流の比較

日本の伝統的アパレル産業の構造

紡績 → 商社 → 生地（機屋ニッター）→ 衣料メーカー問屋 ⇔ 縫製メーカー
染色 ↔ 商社
生地 → 商社
衣料メーカー問屋 → 問屋 → 小売り → 消費者

わが国のSPA

紡績 → 商社 → 生地（機屋ニッター）→ 商社 ⇔ 染色
生地 → 縫製メーカー
商社 ↔ 商社 ↔ 小売り → 消費者

（出所）日本消費経済学会年報　第22集（2000年度）223頁。

ロ」をチェーン展開した。しかし，ユニクロとの差別化ができずに半年のうちに失敗した。ユニクロ自体も売れ筋商品の欠品が大量に発生した。ユニクロはこの危機を事業運営方針の大幅な変更と抜本的な組織体制の改革で乗り切った。並行輸入品やライセンス・ブランドの取り扱いをやめ，ユニクロ・ブランドの確立を目指した。また，会社全体の活動の見直しを行った。

　それまでは，本部主導で大量生産した商品を店舗に供給し，店舗はマニュアルに沿って販売を行っていた。しかし，生産や企画のリードタイムが長い衣料品業界では，実際の販売と供給に大きなタイミングの差が出て，売価変更が多く，粗利益率が下がる結果を招いていた。そこで店頭情報を基に毎週需要予測を行い，適時適量供給を目指すサプライ・チェーンを再構築した。また中国にある委託生産工場との継続的な協力関係，品質管理の徹底にも力

を入れた[3]。

〈新ブランド設立による更なる低価格化の推進〉

　2006年，ファーストリテイリングは新たなカジュアル衣料品ブランド「g.u.（ジーユー）」の設立に伴い，株式会社ダイエーと業務提携に関する基本協定書を締結した。ユニクロ事業において培ったノウハウを活用し，より低価格なカジュアル衣料品を販売する。

　「g.u.」の主力商品は20代後半から30代前半のファミリーを対象としており，アウターからインナーまでのフルライン戦略をとっている。2006年秋冬に25店舗，2007年春夏に25店舗出店し，毎年50店舗のペースで出店する予定である。

　主にビルイン型及びロードサイド型の店舗を出店する。出店形態の比率は，予定されているものを含めて，7対3でビルイン型が多く，従来の賃料が安いロードサイド型とは出店形態の転換が見られる[4]。

〈東レとの戦略的パートナーシップの構築〉

　2006年に，ファーストリテイリングは東レ株式会社との中長期的・包括的な調達及び供給に関する戦略的パートナーシップ構築した。新商品の開発・企画に共同で緊密に取り組む。両社は素材メーカーとSPAの枠を越え，素材段階から最終商品の販売に至るまでの一貫した商品開発体制を構築する[5]。

❷ 診　断

(1) **診断の視点**

　在庫管理においては，適正在庫の維持が重要とされ，外注管理における外注先の選定は，QCD（品質，コスト，納期）が重要とされる。本ケースでは，適正在庫の最低ラインの引き下げと，外注先選定における外注コストの低減について診断する。

(2) **問題点**

　図表3－2－2のコスト推進要因とは，コストを増大または低減する要因

第3章 業務システムの診断

図表3-2-2　ファーストリテイリングの調達活動におけるコスト推進要因

コスト推進要因	調達活動へのコスト推進要因	その内容
規模の経済性	購買規模	中国にある生産委託先に大量発注
連結関係	供給業者との連結関係	材料はファストリが供給し，生産委託
相互関係	他の事業単位と共同して資材の購買をする	東レとの戦略的提携
統　合	社内生産か購買か	生産された全てを一括して購買
タイミング	供給業者との関係の時間的長さ	委託先工場の生産管理に関与するほどの，長期的で子会社的な関係。
ポリシー	購買慣行	生産委託し，委託先が生産した商品は全て，ファストリが買い取り。委託先に返品なし。
立　地	供給業者の立地	中　国
制度的要因	政府および労組からの規制	米欧における繊維製品の輸入関税の強化やダンピング（不当廉売）認定による輸入制限措置。

（出所）Porter.M.E.［1985］訳書116頁に基づいて筆者が作成。

のことである。ファーストリテイリングの場合，規模の経済性，連結関係，相互関係では，コスト低減要因になっている。しかし，タイミング，ポリシー，制度的要因では，コスト増大要因になっている。統合と立地については，制度的要因である輸入関税の強化やダンピング（不当廉売）認定によって，コスト増大につながる。

　図表3－2－2を基に，QCD（品質，コスト，納期）の問題点を挙げる。
　コストの問題点は，近年，同業他社の中国での商品調達が一般化し，ユニクロの価格優位性が崩れてきていることである。また，ファーストリテイリングは，米国や欧州に進出しているが，生産は中国が中心である。このままでは，米欧における衣料品の輸入関税の強化とダンピング（不当廉売）認定による輸入制限措置が行われた場合，コスト増につながりかねない。
　品質の問題点は，デザイン力が不足していることである。現状のブランドイメージでは限界がきている。

納期の問題点は，在庫コストと納期のバランスが悪いことである。ファーストリテイリングは仕入コストを低減するために，材料を中国にある委託生産先に送り，完成した商品をすべて買取り，後で返品を行っていない。このことによって，在庫コストを重視すれば，品切れの可能性が高くなり，品切れ防止を優先させれば，発注頻度は多くなり，在庫過剰になりがちである。

　これは，衣料品の種類，サイズの絞込みができていないこと，生産設備が自社のものではないため，一旦発注した後の生産を抑制できないのが原因である。在庫過剰になると，ファーストリテイリングが採っているコスト・リーダーシップ戦略に支障をきたす。

(3) 課　題

　上述の問題点を基に課題を挙げ検討する。第一には，納期・コストに対する課題として，購買ターゲットが重複している商品を減らし，仕入れ商品の種類を絞り込む。商品コンセプトが重複している商品を減らす。また，商品発注における小ロット・短納期化に対応して，委託生産先にCAD/CAM，ロボットを導入して，生産の自動化をはかる必要がある。

　第二にはブランドイメージに対する課題である。ブランドイメージの確立には，プラス面，マイナス面の両方がある。プラス面は差別化ができることである。マイナス面は，顧客のイメージの固定化によって，製品・市場戦略の幅が制限されることである。いいかえれば，大幅な製品・サービス内容の変更や既存市場と関連のない市場に進出する時に，障害になる可能性があることである。

　ブランドイメージの確立を行う場合，確立に必要な製品・サービスを自社で提供するのか，それとも外部から調達するのかを検討する必要がある。製品・サービスの全てを自社のみで調達しても，そのこと自体が顧客に提供する価値と関連性がないのであればコスト高になり意味がない。顧客に提供する価値の内容とコストを考慮した調達管理が課題といえる。

　第三には，コスト・リーダーシップ戦略に対する課題である。コスト・リ

ーダーシップ戦略においては，製品・サービスの調達，生産コストと製品・サービスの購入頻度を考慮する必要がある。調達・生産コストは価格面で優位性を確保するために必要であり，対象製品・サービスの購入頻度はコスト・リーダーシップ戦略自体が市場で成立するのに必要である。

(4) 解決策

ここでは，新QC七つ道具の1つである，PDPC法を用いて，解決策を検討する[6]。まず，解決策の最終目的を「利益構造の改善」，顧客に提供する価値を「低価格，高品質」と定義する。

第一に，ブランドイメージ確立のための製品・サービスの調達方法について分析する。第二に，コスト・リーダーシップ戦略における調達・生産コストと対象製品・サービスの購入頻度について分析を行う。

図表3-2-3　PDPC法による各方策のシナリオ分析

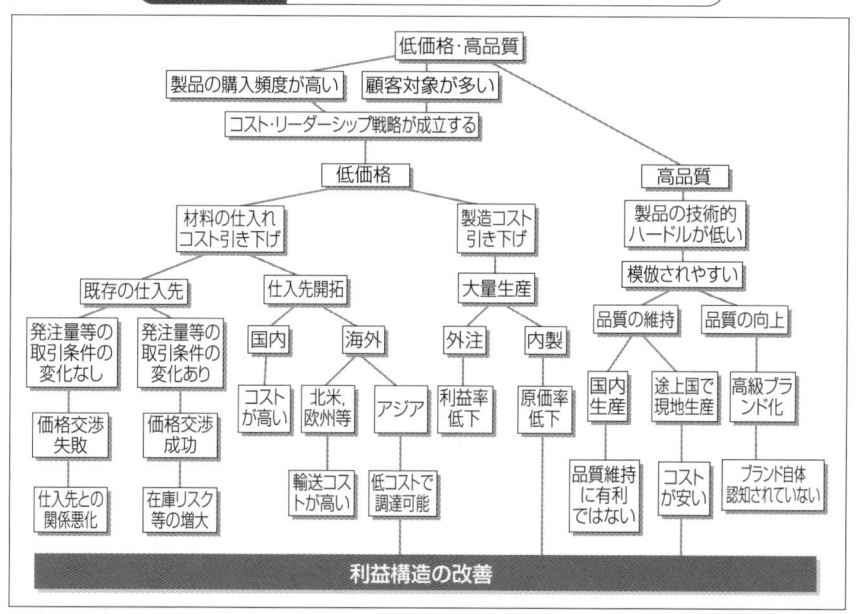

```
                           低価格・高品質
                  ┌────────────┴────────────┐
            製品の購入頻度が高い        顧客対象が多い
                  └────────────┬────────────┘
                    コスト・リーダーシップ戦略が成立する
                  ┌────────────┴────────────┐
                低価格                      高品質
           ┌──────┴──────┐         ┌──────┴──────┐
      材料の仕入れ     製造コスト    製品の技術的
      コスト引き下げ   引き下げ      ハードルが低い
                                          │
                                     模倣されやすい
       ┌──────┬──────┐    ┌──┴──┐    ┌──┴──┐
   既存の仕入先  仕入先開拓  大量生産    品質の維持  品質の向上
   ┌──┴──┐  ┌──┴──┐  ┌──┴──┐  ┌──┴──┐  ┌──┴──┐
  発注量等の 発注量等の 国内 海外 外注 内製 国内  途上国で 高級ブラ
  取引条件の 取引条件の              生産  現地生産 ンド化
  変化なし   変化あり
    │         │      │    │    │    │    │      │       │
  価格交渉 価格交渉 コスト 北米, 利益率 原価率 品質維持 コスト  ブランド自体
  失敗     成功     が高い 欧州等 低下   低下   に有利   が安い  認知されていない
    │         │           │    │                ではない
  仕入先との 在庫リスク   輸送コス 低コストで
  関係悪化   等の増加    トが高い 調達可能
```

利益構造の改善

(出所) 田原宏 [1981] 106頁を参考に筆者が作成。

検討の結果，ブランドイメージの確立のための調達方法としては，海外からの生産・調達が望ましい。合わせて，コスト・リーダーシップ戦略を存続すべきであることが明らかになった。

　まず，ブランドイメージ確立のために，顧客に提供する価値として，低価格，高品質の2つをあげた。低価格が成立するためには，購入対象の多さと購入頻度の高さが必要である。ユニクロの扱っている製品は顧客対象，購入頻度の基準を満たしていた。したがって既存のコスト・リーダーシップ戦略は存続可能なことがわかる。

　低価格を実現するためには，材料の仕入れコストの引き下げと，製造コストの引き下げが必要である。各方策のシナリオを分析した結果，アジアでの材料調達と内製でのCAD/CAM，ロボットを使った大量生産が望ましいことがわかる。高品質については，製品分野の技術的なハードルが低いことから，品質維持のために国内生産をするのは過剰にコストが大きいことがわかった。

　また，進出先の米欧に供給する商品の調達は，関税や輸入制限の対策として，進出先で地元企業と提携し，工場を賃借してCAD/CAMを使って，工程の効率化を行い，設備の流動性を高めておく必要がある。ロボットを活用しないのは，進出した間もない状況で，撤退を考慮にいれる必要があるためである。

❸ 解　説

(1)　関連理論

　調達管理は，広義の生産活動の一部を，企業の方針に基づいて，製品またはサービスの一部を外部に委託するための管理のことである。

　目的として，原価の引き下げ，需要変動に対応した経営資源の流動化，イノベーションに対応したリスク分散など挙げられる[7]。

　外注先の選定はQCD（品質・コスト・納期）が重要視される。ファーストリテイリングの場合，コスト面では低価格を基本としており，衣料品の技術ハードルが低い。工場の自動化を行い，輸送コストや関税リスクを考慮にい

れれば，生産設備を持っているどの企業に委託しても大差はないといえる。

(2) 技　法

　ABC分析の原則は，どのような状況でも，少数の品目が結果の大半を支配しているという観測報告に基づいている。この観測報告はイタリアの経済学者ビルフレード・パレートにより初めて行われ，パレートの法則と呼ばれている。これを在庫に適用した場合，品目数の比率と使用金額の比率との間の関係は，一般に次のようなパターンになる。

　　A　約20％の品目で使用金額の約80％を占める
　　B　約30％の品目で使用金額の約15％を占める
　　C　約50％の品目で使用金額の約5％を占める[8]

図表3-2-4　ABC分析のプロセス

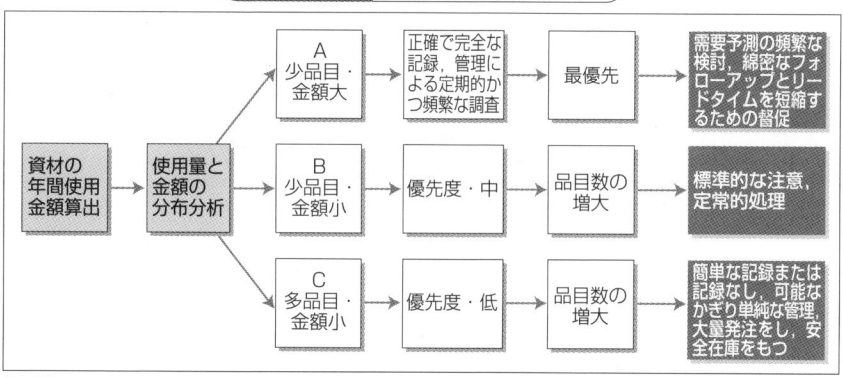

資材の年間使用金額算出	→	使用量と金額の分布分析	→	A 少品目・金額大	→	正確で完全な記録，管理による定期的かつ頻繁な調査	→	最優先	→	需要予測の頻繁な検討，綿密なフォローアップとリードタイムを短縮するための督促
			→	B 少品目・金額小	→	優先度・中	→	品目数の増大	→	標準的な注意，定常的処理
			→	C 多品目・金額小	→	優先度・低	→	品目数の増大	→	簡単な記録または記録なし，可能なかぎり単純な管理，大量発注をし，安全在庫をもつ

（出所）Arnold,J.R.T. = Chapman,S.N. [2001] 訳書226-229頁の内容を筆者が図表化。

(3) 重要用語

　調達管理，QCD，ABC分析

　1）一橋ビジネスレビュー編［2004］97-100頁。
　2）日経ビジネス，1998年12月21号，38-42頁。

3) 一橋ビジネスレビュー編［2004］103-105頁。
4) ファーストリテイリングホームページ＜http://www.fastretailing.co.jp/＞より。
5) ファーストリテイリングホームページ＜http://www.fastretailing.co.jp/＞より。
6) 田原宏［1981］106頁。
7) 嶋津司［1987］84-85頁。
8) Arnold,J.R.Tony［1998］訳書226-229頁。

参考文献

Arnold,J.R.Tony［1998］, *Introduction to Materials Management*, 3rd. ed., Prentice Hall.（中根甚一郎監訳［2001］『生産管理入門』日刊工業新聞社）

Porter,M.E.［1985］, *Competitive Advantage*, The Free Press.（土岐坤・中辻萬治・小野寺武夫訳［1985］『競争優位の戦略』ダイヤモンド社）

岸川善光［1999］『経営管理入門』同文舘出版。

岸川善光［2006］『経営戦略要論』同文舘出版。

国友隆一［2001］『消費者心理はユニクロに聞け』PHP出版。

嶋津司［1987］『コストダウンに直結する購買管理の進め方』日刊工業新聞社。

鈴木保男［1990］『外注購買の管理技法』日本資材管理協会出版。

田原宏［1981］『新QC7つ道具の企業への展開』日科技連出版社。

一橋ビジネスレビュー編集部編［2004］『ビジネスケースブック3』東洋経済新報社。

三上富三郎［1972］『仕入・商品の管理と診断』同友館。

日経ビジネス，1998年12月21号，日経BP社。

日本消費経済学会年報　第22集（2000年度）。

ファーストリテイリング・ホームページ＜http://www.fastretailing.co.jp/＞

第3章 業務システムの診断

3　生産管理

❶ ケース

(1) はじめに
　本ケースでは，生産管理における工程管理・原価管理・品質管理の観点から，製品の差別化と生産コストの引き下げについて診断する。

(2) 企業概要
　　企 業 名：ファナック株式会社
　　設　　立：1972年
　　資 本 金：69,104百万円
　　事業内容：工作機械用CNC（Computerized Numerical Control）装置等
　　　　　　　の電気機器の製造販売
　　売 上 高：381,074百万円（2005年度，連結）
　　経常利益：150,832百万円（2005年度，連結）
　　従業員数：4,560名（2005年度，連結）

(3) ケース
　ファナック株式会社（以下，ファナック）の前身は，富士通のNC部門である。富士通は，1956年に従来からの通信機の事業に加えてコンピュータとコントロールの事業に進出することを決め，NC開発に取り組んでいた。
　NC（Numerical Control）とは，紙あるいは磁気テープなどに記録した数値により，工作機械などの運転を自動的に制御する数値制御のことである。工作機械の基本的機能は，X，Y，Z軸の直進運動によって工具と被削材間に任意の運動軌跡を与え，被削材の不要部分を除去することである[1]。

1956年に，民間における日本最初のNCの開発に成功し，1959年には連続切削NC，1957年には連続切削用オープンループNCを完成させた。
　この開発チームは電子技術部自動制御課，さらに計算制御技術部へと昇格し，独自の販売部門も持つようになったが，1964年まで赤字が続いていた。
　そこで，手がけていた数値制御とプロセス制御の2つの事業のうち，プロセス制御から撤退した。撤退の理由はプロセス制御はそのほとんどが計測器メーカーへのOEM（相手先ブランド製造）であり，システムの規模が大きいために多くの技術者を必要としていたからである。さらに赤字であった特注品の生産を中止した。
　このような対策が功を奏して，1965年にNC部門が黒字に転じ，1970年代には富士通のなかでNC部門が高収益部門になった。1972年にNC部門は分離独立して，富士通ファナック（1982年にファナック株式会社に名称変更）が発足した[2]。

〈電気・油圧パルスモーターからの撤退〉
　ファナックを支えていたのは，安定性が高く，コストも安い電気・油圧パルスモーターの技術的な優位であった。技術的優位性が崩れつつあると最初に警告してきたのは，ヨーロッパにおける販売代理権を与えていたドイツの総合電機メーカー・シーメンスからであった。ヨーロッパで，電気・油圧パルスモーター離れが起きつつあると通告してきた。米国市場でも，ファナック製NC装置を付けた工作機械は，GEなどのライバルの前に苦戦を強いられていた。そして国内市場でも，大隈鉄工，三菱電機，安川電機，沖電気などがシェアを伸ばし始めていた。
　ユーザーの電気・油圧パルスモーターへの苦情は，メンテナンスの難しさであった。ユーザーは時間のかかる油まみれの作業を強いられていた。油を使わないサーボモーターなら，そんなメンテナンスは必要がなかった。それに，1973年に起こったオイルショックが追い打ちをかけた。
　海外でのファナック製NC装置の売り上げは減少し，国内シェアも下がり始め，ファナックが絶対に譲れないシェアとして設定した70%を割りかねない

勢いだった。1974年、ファナックは電気・油圧パルスモーターから撤退した。その後、ファナックは、競合他社が使っていたDCサーボモーターを採用することに決めた。しかし、ファナックにはDCサーボモーターの技術はなかった。そこで、海外からの技術導入を行うことになった[3]。

〈ゲティス社から技術導入〉

ファナックは米国のゲティス・マニュファクチャリング社と、1974年にDCサーボモーターのライセンス契約を結んだ。契約の内容は、DCサーボモーターの製造販売権の取得であった。提携先としてゲティス社を選んだ理由は、①会社の規模が小さいこと、②NCモーターの専門メーカーであること、③モーターの価格が安かったことである[4]。その後、再びファナックのNC装置のシェアは高まっていった。

〈商品開発の基本原則〉

ファナックの商品開発は、まず、グローバルな市場調査を行う。そして、世界の競合メーカーと価格で競争しても十分に勝てる販売価格を決める。次に、その販売価格から無条件に、35％を利益分として差し引く。ファナック

図表3-3-1　ファナックのグローバルサービス網

(出所)　ファナックホームページ<http://www.fanuc.co.jp/index.htm>より。

は経営目標として売上高経常利益率35％を掲げている[5]。

〈販売よりもサービスが先〉

　ファナックの価格以外の競争力の源泉は，商品に付属するサポートサービスが充実しているところにある。ファナックのNC装置はまず工作機械メーカーに販売される。工作機械メーカーはそのNC装置を自社製の工作機械に取り付け，エンドユーザーである各種企業に売る。ファナックにとって，NC装置の直接の買い手は工作機械メーカーであるが，エンドユーザーは，全国の機械工場である。

　業界の常識として，その製品に伴う各種のサービス（点検，修理，使用法の講習）などは，売り手が担当することになっている。NC工作機械なら，エンドユーザーへのサービスは製品の直接の売り手である工作機械メーカーが行う。ところが，ファナックはそのサービスを工作機械メーカーにまかせず，自らの手で行っている。エンドユーザーのNC工作機械への期待や要求などの情報は，工作機械メーカーよりファナックに集中した。その情報をもとにファナックは次々と新製品を開発していった。エンドユーザーの信頼は完璧なサービスによって得られる。そのためには，だれが売ったものであろうと，ファナックのブランドが付いたＮＣ装置はファナックが修理しなくてはならないということを原則としている[6]。

❷ 診　断

(1) **診断の視点**

　本ケースでは，生産に含まれる機能のうち，工程管理・品質管理・原価管理の3点から診断を行う。具体的には，利益重視による市場への新製品投入機会の減少，部品点数の削減による製品の独自性の欠如，広範囲な技術サポートによるコスト増大，といった問題点を挙げ診断する。

(2) **問題点**

　ファナックの工程管理における生産計画は，市場調査を行い，売価から経

常利益分として35%差し引いた原価を達成するために必要な生産量を基準にしている。低価格かつ利益率35%を達成できないと判明した時点で，生産計画は白紙になる。生産統制は，特注品を生産しないのが特徴である。これは，生産ラインの変更を極力行わないことを示している。つまり，工場の内部のヒト・モノ・情報の流れが，常に安定していることが読み取れる。採算面でのメリットと管理の効率化に貢献しているといえる。

　工程管理の問題点は，画期的な新製品でも所定の利益率を達成できない場合，生産に着手しないので，新市場の獲得が難しくなることである。これは，新市場を獲得するためには，製品投入時に多少の利益を犠牲にしなければ，トップシェアの獲得は困難だからである。ファナックは，新市場の開拓よりも，既存市場での市場シェア拡大を重視している。したがってファナックの工程管理は，競合他社の価格動向に左右されるといえる。

　ファナックの原価管理の中心は，部品点数の削減である。これは，生産ラインの短縮によるコストの削減と，納期の短縮を目的としているといえる。

　原価管理の問題点は，部品点数の削減を最優先にしていることである。部品点数を減らすのを第一とするばかりに，製品のバリエーションが減る。その結果，既存市場で，特注品を手がける競合他社にシェアを奪われる可能性があることである。

　ファナックの品質管理は，広範囲な技術サポートが特徴である。これは，市場シェアアップのためのブランド作りの一環といえる。サポートを行い，ブランドの認知をしてもらうことでさらに市場シェア獲得を狙っている。

　品質管理の問題点は，コストが過大であること，広範囲なサポートとコストを両立しようとすると自由な製品設計ができなくなることである。

　コストが過大になる原因は，技術サポートに使用される既存部品の貯蔵，生産のための設備の保有コストの増大である。技術サポートを長期間，広範囲にわたって行うと，旧製品の部品，設備が大量に輸送，保有されることになる。これを解決するために，部品の共通化を進め，部品と設備の汎用性を高めると，既存製品の物理的用途・技術の枠を越えた新製品の設計が困難に

なる。したがって，差別化はハード面での新用途開発よりも，製品を制御するソフトウェア等のソフト面での性能向上を中心とせざるをえなくなる。

(3) 課　題

　前述した問題点を基に課題を挙げる。まず，ファナックは工程管理で，利益率を重視するあまり，画期的な新製品でも生産に着手しない。このため，新市場の獲得が難しくなる問題点について検討する。

　ファナックが利益率を重視し，画期的な新製品でも，所定の利益率を達成できないのであれば，生産に着手しない理由について考える。考えられるのは，過去の電気・油圧パルスモーターの失敗である。電気・油圧パルスモーターの市場は，当時ファナックの寡占状態であったが，技術的な問題から，市場そのものが成り立たなくなった。その結果，競合相手が多い既存市場に参入せざるをえなくなった。このようなリスクを回避するために，新市場への進出に慎重になっていると思われる。リスクを回避するあまり，成長の機会が少なくなっている。成長の機会を増やすために，一定期間利益率を犠牲にしてでも，新市場の獲得をするかが課題である。

　第二に，原価管理において，部品点数の削減を最優先することによって，製品のバリエーションが減り，その結果，既存市場で特注品を手がける競合他社にシェアを奪われる問題がある。部品点数を減らすと，製品のバリエーションが減ることは，生産統制で述べた特注品を生産しない事実と合わせて，採算面でのメリットを享受するために必要なことである。

　顧客は，価格や品質だけではなく，急な発注に融通が利くかという面も評価する。外部から部品の一部を調達するなどして，いかに採算性を低下させずに，受注時に融通を利かせられるかが課題である。

　第三に，品質管理の問題点である広範囲なサポートとコストを両立しようとすると，自由な製品設計ができなくなることについての課題である。画期的な新製品を開発しにくくなるということは，将来的に考えて好ましくない。仮に，現時点での業績が好調であっても，製品の機能と顧客のニーズが一致

しなくなれば，需要は減少する。
　ファナックの提供している製品は，ロボットとNC装置である。提供されている機能は作業精度向上と工場における省力化である。一方顧客のニーズは，製造コストの削減である。顧客としては，製造コストを削減できるのであれば，ロボットやNC装置を使わないで，途上国での生産や部品のアウトソーシングを活用する選択もできる。したがって，顧客のニーズを満たす新しい製品形態を検討すべきである。

(4) 解決策
　工程管理においては，成長の機会を増やすために，一定期間利益率を犠牲にしてでも，新市場の獲得をするかという課題がある。これと原価管理において外部から部品の一部を調達して，いかに採算性を低下させずに，受注時に融通を利かせられるかという課題がある。これらに対する解決策は共通している。
　すなわちファナックのNC装置やロボットをあらかじめカスタマイズできるようにした特注品を少数製造し，それを基にリース事業を行うことである。受注時において，顧客側に納期の短縮が要求されている事情がある場合は特に有効である。特注品を販売するのではなく，リースするため，後で追加に生産する必要性が低い。工程管理における生産計画の大幅な変更をする必要がない。販売するよりも低価格で提供できるので，より広い範囲で顧客を誘引できる。
　また，原価管理においても，商品回転数を増やすことにより，利益率向上が図れる。副次効果として，顧客の製品・サービスの満足度が高ければ，リース契約終了後の購入による新たな顧客の獲得に貢献できる。
　品質管理においては，顧客のニーズを満たす新しい製品形態の課題がある。これに対する解決策としては，ある程度加工・組み立てをした部品をファナックが自社のNC装置，ロボットを使用して製造し，顧客に低価格で提供することがあげられる。これにより，すでに完成された部品に対して行う品質管

図表3-3-2　解決策の多面的評価

	リース事業の展開	受託生産
技術可能性	○	△
優 位 性	×	○
社会的要請度	△	○
収 益 性	△	○
実現可能性	○	△
競 合 性	○	△
企業イメージ向上	○	△
顧客の情報開示範囲の拡大	×	○
緊 急 性	○	○

（出所）研究開発の評価と意思決定編集委員会編［1982］110頁を参考に筆者が作成。

理における品質保証の手順は，NC装置やロボットを販売した場合と比較して，簡略化され，社外に品質管理のための人員や物資を削減することができる。

　原価管理における解決策と品質管理における解決策は一見相反するが，顧客側の製造現場におけるノウハウ重視の有無により，どちらか一方を選択してもらう。

　ファナックに生産を委託し，部品供給を受ける場合，顧客がより高品質を求めるのであれば，自社の製造ノウハウを付与しなければならない可能性があるからである。したがって，製造ノウハウ重視であれば，ファナックからのNC装置やロボットのリースを選択し，製造ノウハウ重視でないのであれば，ファナックに生産委託を選択することになる。

❸ 解　説

(1) 関連理論

　生産管理とは，企業活動に必要な機能の1つである生産を対象とした管理（計画，実施，統制）のことである。生産の機能には，生産技術（固有技

術，管理技術)，製造（工程管理，作業管理，品質管理，原価管理），資材管理，設備管理などが含まれる[7]。

(2) 技法

工場における自動化（FA化）は，図表3－3－3に示されるように，利用機器の多機能化による人員削減を伴って達成される。

しかし，自動化レベルが進むごとに，導入する利用機器の金額が大きくなるため，生産の対象となる製品の収益性，工場の立地変更の可能性を考慮に入れる必要がある。

図表3-3-3　自動化レベルの推移

自動化レベル	自動化システム	利用機器	機能
点の自動化	自動盤	工作機械	専用機
	NC	工作機械，指示テープ	単能NC機
線の自動化	CNC	工作機械，マイクロコンピューター	複合機能
	MC	NC工作機械，工具マガジン	NC機
面の自動化	FMC	CNC工作機械，産業用ロボット 制御用コンピューター，工具マガジン	複合機能 （装置の結合）
空間の自動化	FMS（CIM）	CNC工作機械，産業用ロボット 自動搬送装置，自動倉庫 制御用コンピューター， 管理用コンピューター	工程間の結合
		オペレーター教育	工場全体の統合
		故障診断装置の導入，自動検査装置の導入	FA化

(出所) 日本経営診断学会編［1994］305頁に車戸實［1986］を参考に筆者が加筆。

(3) 重要用語

生産管理，工程管理，品質管理，NC

1) 車戸實［1986］173-178頁。
2) 高嶋克義［1998］184,185頁。
3) 加納明弘［1983］85-87頁。
4) 稲葉清右衛門［1982］58,59頁。
5) 加納明弘［1983］144-149頁。
6) 同上書176-178頁。
7) 岸川善光［2002］110頁。

参考文献

稲葉清右衛門［1982］『ロボット時代を拓く黄色い城からの挑戦』PHP研究所。
加納明弘［1983］『ロボット世界一ファナック・常識はずれの経営法』講談社。
岸川善光［2002］『図説経営学演習』同文舘出版。
車戸實［1986］『生産管理』八千代出版。
研究開発の評価と意思決定編集委員会編［1982］『戦略的研究開発の評価と意思決定』日本能率協会。
高嶋克義［1998］『生産財の取引戦略―顧客適応と標準化―』千倉書房。
日本経営診断学会編［1994］『現代経営診断事典』同友館。
貫井健［1982］『黄色いロボット　富士通ファナックの奇跡』読売新聞社。
人見勝人［1997］『新・生産管理工学』コロナ社。
水戸誠一［1980］『トータル・コストダウンの実務』中央経済社。
ファナック・ホームページ＜http://www.fanuc.co.jp/index.htm＞

4 マーケティング管理

❶ ケース

(1) はじめに

本ケースでは，マーケティング管理について考察する。マッカーシー（McCarcy,E.J.）による4Pのうち，Product（製品）とPromotion（販売促進）について診断する。

(2) 企業概要

企　業　名：アサヒビール株式会社
設　　　立：1949年
資　本　金：182,531百万円
事業内容：酒類および飲料の製造販売
売　上　高：1,430,026百万円（2005年度，連結）
経常利益：91,459百万円（2005年度，連結）
従業員数：3,607名（2005年度，単独）

(3) ケース

アサヒビール株式会社（以下，アサヒ）の前身は大阪麦酒である。1906年，大阪麦酒は，日本麦酒，札幌麦酒と3社合同して，大日本麦酒株式会社になった。さらに，1933年には，日本麦酒鉱泉株式会社を吸収合併，シェア75％を誇っていた。

敗戦後，大日本麦酒が国内最大のビール会社であったがために，1949年，過度経済力集中排除法の適用を受け，大日本麦酒の分割により，朝日麦酒株式会社と日本麦酒株式会社（現サッポロビール）が誕生した。分割に際して

朝日麦酒,日本麦酒両社の規模が同等になるように按分された。その結果,名古屋を境にして東(日本麦酒)西(朝日麦酒)に二分された[1]。

この時のアサヒのマーケット・シェアは36%を超えていた(サッポロは約5%であった)。対して,キリンビールは25%前後であった。キリンは後発であったため,アサヒの得意とする業務用市場に参入することが困難であった。そこでキリンは個人用市場に焦点を定め,酒販店での販売に注力した。これに対してアサヒは業務用(飲食店など)に強かったため,こうしたキリンの動きを見過ごした。この間,キリンがシェアを着々と上げていき,1954年にはビール業界トップの座が逆転した。その後,アサヒのシェアは年々落ちていき,1980年代前半にはそのシェアは10%を割るほどになった。

アサヒは1982年,「うまいビールとは何か」をテーマに東西の消費者5000人を対象に大規模な味覚調査を行った。その結果,消費者の嗜好が当時主流であった重く苦味のあるビールではなく,口に含んだ味わい(コク)と喉を通る爽快感(キレ)があるビールにあることがわかった。そこで1987年に「辛口,キレ」をテーマにした「アサヒスーパードライ」を市場に投入した。

アサヒは経営資源を集中化させ,発泡酒に傾注する他社との差別化を図った。CMでは「スーパードライ」の商品特性である「辛口,キレ,鮮度」を強く訴えることに重点を置き,「スーパードライ」の商品イメージを固めることに努めた[2]。

〈ドライをめぐる競争〉

1987年にアサヒが「スーパードライ」を出し,1年の間に1350万ケースを売り上げた。「スーパードライ」がヒット商品となったのを見て,1988年から,他の3社も「キリンドライ」,「サッポロ生ビールドライ」,「サントリードライ」を一斉に発売して,「スーパードライ」に追い打ちをかけた。各社とも独自に新たなドライ酵母を抽出してつくり,のどごしの爽快感,切れのよさ,香味の特色,バランスを強調した。

そして,「キリンドライ」は1988年に4000万ケースを売り,サッポロの「ドライ」も2200万ケース,「サントリードライ」も1400万ケースを売り上げた。

だが,「スーパードライ」は,7500万ケースを売って,前年より6150万ケースも増やした。各社が手をかえ品をかえドライビールの宣伝に努めるうち,自社製品も売れたが,それ以上に先発の「スーパードライ」を勢いづかせた[3]。また,キリンは既存の特約問屋を通して一般酒販店に達する流通チャネルが足かせになり,コスト面で不利であった[4]。

〈キリンの反撃〉

 「スーパードライ」でアサヒは1990年には24.4%までシェアを伸ばし,2001年には首位に立った。キリンは,「スーパードライ」に対抗して,次々と新製品を投入した。その中には「一番搾り」「淡麗生」といったヒット商品もあった。1990年に投入した「一番搾り」は1991年に7000万ケースを出荷し,「スーパードライ」の1億40万ケースを猛追した。しかし,1995年以降は失速した。「一番搾り」と並ぶもう1つの柱である「ラガー」が落ち込んだためである。

 キリンが,消費者の支持を受けていた「一番搾り」に注力せず,「ラガー」にこだわった結果,「スーパードライ」の独り勝ちを招いた。1998年にキリンは発泡酒市場に参入した。その第1弾となった「淡麗生」も,キリンの低迷にいったんは歯止めをかけた。ところが,「淡麗生」が伸びた分,「一番搾り」と「ラガー」が減少した。一方,「スーパードライ」は順調に出荷数量を増やした。キリンは,そこで,価格交渉だけの営業をやめ,顧客のニーズに応える営業にあらためた[5]。

〈キリンがアサヒを逆転〉

 2006年1〜3月期のビール系飲料のシェアは,キリンビールが38.4%,アサヒが36.0%で,キリンは第三のビール（ビール風味発砲アルコール飲料）「のどごし〈生〉」のヒットなどで前年同期は4.9ポイントあった差から逆転した。発泡酒は,ビールほどのコクがなく,第三のビールより価格が高いとあって,特徴を出しづらい。

 このため,2006年1〜3月期の発泡酒市場は,前年同期比で19.8%減と大きく縮小した。にもかかわらず,キリンは同0.2%増を記録。これに対して,

アサヒは同36.8%減となった。

　明暗を分けたのは，消費者の嗜好に合わせて商品の位置づけを明確にするマーケティング戦略の成否であった。この象徴が「キリン淡麗グリーンラベル」が343万ケースを出荷し，「アサヒ本生」の325万ケースを上回ったことである。顧客は単一の主力商品だけでは満足しないようになった[6]。

❷ 診　断

(1) 診断の視点

　マーケティング管理においては，常に競合他社を意識した戦略策定が重要である。本ケースでは，マッカーシー（McCarcy,E.J.）による4P（①Product：製品，②Price：価格，③Place：流通チャネル，④Promotion：販売促進）の4分類の観点から分析を行い，国内市場と海外市場におけるProduct（製品）とPromotion（販売促進）のあり方について診断する。

(2) 問題点

　マッカーシーによる4Pをもとにアサヒとキリンの比較分析を行う。

　Product（製品）の面から分析すると，製品ラインナップは，ほぼ同じであることがわかる。時間軸で分析すると，キリンビールは，以前は単一ブランド「キリンラガー」に経営資源を集中させ，市場シェアを獲得していた。しかし，アサヒビールに市場シェアを逆転されてからは，発泡酒や第三のビールを開発し投入している。キリンはフルライン戦略に転換したといえる。

　一方，アサヒビールは，単一ブランド「アサヒスーパードライ」で，トップシェアを獲得している。しかし，近年キリンが，シェアを取り戻しつつある状況をみて，フルライン戦略に転換しつつある。このように，製品戦略は，競合企業の動向に合わせて，変化していることがわかる。

　Product（製品）の問題点は，アサヒはドライブームを作り出すことによって，トップシェアを獲得した。しかし，消費者の好みが多様化したことで，単一ブランドから，フルライン戦略展開にせざるをえなくなっていることで

ある。経営の効率性を重視してきたアサヒにとって，コスト面での優位性が崩れつつある。

　Price（価格）の面から分析すると，定価の段階では，他社と横並びであることがわかる。表面上は，価格競争が行われていないようにみえて，小売段階で価格競争が行われている。さらに，小売店ごとに同一商品でも価格差が存在する。アサヒと他社が，消費者に対して，割安感を明確にアピールできているとは考えにくい。

　他社より安価であることをPRするなら，定価の段階から他社よりも低価格にすべきである。問題は，低価格を小売店が消費者にPRしていることである。これでは，アサヒの評価ではなく，小売店の評価になってしまう。

　Place（流通チャネル）の面から分析すると，物流コスト面で，アサヒが優位にたっていたことがわかる。しかし，他社が容易に模倣可能なものである。また，小売店に直接卸しているだけで，消費者に直接アプローチできていない。消費者へのアプローチの機会を増やす直営店等を設置しない理由は2つ考えられる。第一に製品の顧客対象が広く，単価が安いためコストが大きいこと，第二にビールや発泡酒といった製品は，それ単独で購入されることが少ないことである。

　Promotion（販売促進）の面から分析すると，アサヒの販売促進は，顧客に画一的な製品イメージの提供をしていることがわかる。

　画一的な製品イメージの提供は，ドライビールという流行を生み出すためには必要なことである。しかし，成功したことで，逆に消費者の嗜好の多様化に対応が遅れている。

　またケースからわかるように，国内ビール市場は全体的に衰退傾向にあり，今後，国内人口の減少に伴って衰退傾向に拍車がかかるのは避けられない。

　このように，国内のビール市場は，既に飽和状態で，他社のシェアを奪うかまたは，海外に新規市場を開拓するかの選択に迫られているといえる。

(3) 課題

　近年，マーケティングの志向は，企業主体の志向から顧客主体の志向に変化しつつある。顧客との関係性が重要視されるようになってきている。しかし，この考えは，ある程度成熟した市場でなければ成り立たない。顧客との関係性を重視するためには，一定数の顧客を事前に確保する必要がある。したがって，自社の顧客が少ない市場や市場自体が未発達な途上国市場では，企業主体の志向をもとにマーケティングを行うべきである。つまり，成熟市場であるビール市場は企業主体の志向から，顧客主体の志向へと段階的に移行すべきといえる。

　前述の問題点を基に課題をあげる。まず，Product（製品）の課題として，フルライン戦略を続行すべきか，または再び単一ブランドに戻すかが課題である。そして国内市場をマーケティングの中心とするか，海外市場を中心とするかで取るべき選択肢も変わってくるといえる。

　次に，Promotion（販売促進）の課題をあげる。市場シェア奪還のため，営

図表3-4-1　マーケティング志向の転換

		企業主体の志向	顧客主体の志向
思想面		平均的人間，標準的人間	異質な個別的人間
		マスメディアによる画一化	デジタル・メディアによる個人の表出と個別対応
		合理的意思決定主体	プロセスとしての人間
		物的生産中心	意味と価値の創出中心
		客観的な需要	関係性の深化による需要の創出
戦略面		顧客獲得	顧客維持
		短期的販売取引重視	長期的な関係形成
		売上高志向・市場シェア中心	利益率志向・顧客内シェア中心
		標準化大量生産方式	マス・カスタマイゼーション
手法面		販売促進中心	顧客サービス中心
		満足度測定	継続的対話（相互学習関係）
		効率化のためのIT	ネットワークのためのIT

（出所）井関利明［1997］103-104頁，岸川善光［2004］145頁を参考に筆者が作成。

業費用をもっと掛けて広告宣伝等をさらに強化すべきか，それとも，営業費用を減らして，利益を確保するかが課題である。こちらもProduct（製品）と同様に，海外市場か国内市場で方針を変えるべきである。

(4) 解決策

　ここでは，新QC七つ道具の１つである親和図法を用いて解決策を検討する。まず，国内市場をマーケティングの中心に置くか，海外市場をマーケティングの中心に置くかという２つのシナリオを用意した。次に，各シナリオに付随する課題を列挙し，それに対する解決策をいくつか挙げた。その結果，国内市場重視においては，国内・海外市場の戦略とも，フルライン戦略をとるのが望ましいことがわかった。

図表3-4-2　親和図法による方策の集約

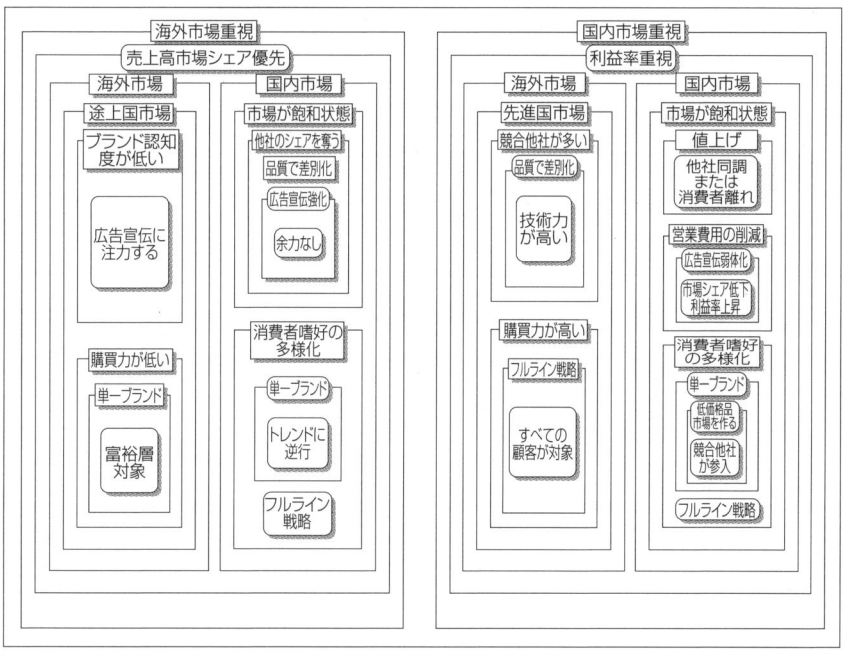

（出所）田原宏［1981］162頁を参考に筆者が作成。

消費者の好みが多様化してきている現在の国内市場では，単一ブランド戦略をとることは，価格面で，大幅な値下げを行わないかぎりシェアの獲得は難しく，利益率の低下を招く。

一方，海外市場をマーケティングの中心に置く場合は，単一ブランド戦略をとることが望ましい。これは，新規市場のターゲットとして，途上国が有力であるが，購買力が大きくないので，製品ラインナップを揃えても，不良在庫になる可能性が高い。単一ブランドにして，企業ブランドの認知を優先すべきである。プロモーション費用は，目標・課業管理法によって決定するのが望ましい。市場シェア獲得を目標にし，多く消費者の支持を得ることを優先すべきである。

国内市場を重視する場合は，海外市場はフルライン戦略が望ましい。主に国内市場での利益率の低さを補うための海外市場としては，途上国よりも，先進国のほうが適切である。購買力があり，利益率の高い製品を市場に投入できるためである。プロモーション費用は，売上高比率法によって決定するのが望ましい。あくまで，利益率向上が目的であるため，進出と撤退のタイミングを見誤らないようにするためである。

❸ 解　説

(1) **関連理論**

マーケティング管理とは，企業活動に必要な機能の1つであるマーケティグを対象とした管理（計画，実施，統制）のことである。マーケティングの機能には，市場調査（需要動向，競合動向），販売（受注，契約，代金回収），販売促進（広告・宣伝，代理店支援）などが含まれる。

マーケティング・ミックス（marketing mix）とは，マーケティング管理における中心的な概念の1つであり，マーケティングに課せられた目標を達成するために，マーケティング管理者にとってコントロール可能なマーケティングに関する諸手段の組み合わせのことである。

マッカーシーによる4P（①Product：製品，②Price：価格，③Place：流

通チャネル,④Promotion:販売促進)の4分類が一般的である[7]。

(2) 技　法

マーケティングにおいて,顧客が製品イメージをどのように把握するかは重要な問題である。図表3－4－3に示されるように,顧客側の事情である,推測された影響要因(心理的要因,社会的要因,社会文化的要因)と,企業側の事情である直接観察可能な影響要因(人口統計的要因,マーケティング・ミックス要因,状況要因)にズレがあると,顧客の意思決定プロセスに支障が出て,結果的に製品が売れなくなる。

このことは,図表3－4－1に示されるように,企業主体の志向から顧客主体の志向へと,マーケティング志向を転換するきっかけとなる。購買時における意思決定プロセスの行動主体は,顧客であるため,直接観案可能な影

図表3-4-3　購買時における意思決定プロセス

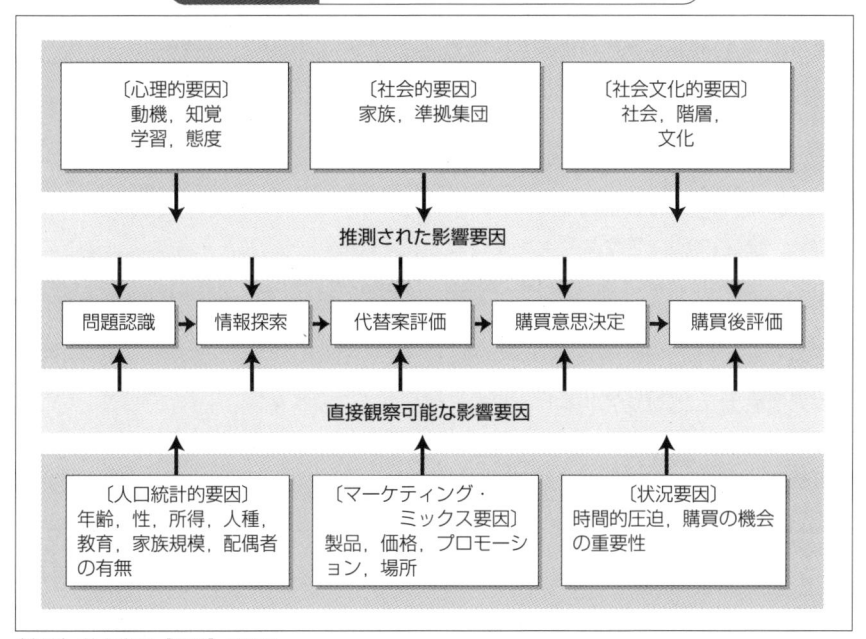

```
〔心理的要因〕          〔社会的要因〕         〔社会文化的要因〕
動機,知覚             家族,準拠集団          社会,階層,
学習,態度                                    文化
     │                   │                    │
     ▼                   ▼                    ▼
────────────────── 推測された影響要因 ──────────────────
     │                   │                    │
     ▼                   ▼                    ▼
問題認識 → 情報探索 → 代替案評価 → 購買意思決定 → 購買後評価
     ▲                   ▲                    ▲
     │                   │                    │
────────────────── 直接観察可能な影響要因 ──────────────────
     ▲                   ▲                    ▲
     │                   │                    │
〔人口統計的要因〕      〔マーケティング・     〔状況要因〕
年齢,性,所得,人種,    ミックス要因〕         時間的圧迫,購買の機会
教育,家族規模,配偶者   製品,価格,プロモーシ   の重要性
の有無                 ョン,場所
```

(出所)井上崇通[2001]126頁。

響要因よりも，推測された影響要因に比重が置かれることは必然といえる。

(3) **重要用語**
マーケティング管理，購買意思決定プロセス，4P

1） 藤沢摩彌子［2002］12-14頁。
2） 日本能率協会編［2000］64-75頁。
3） 稲垣眞美［1991］18-59頁。
4） 新納一徳［1997］139-143頁。
5） 日経ビジネス，2006年4月10日号，57頁。
6） 日経ビジネス，2006年4月24日号，9頁。
7） 岸川善光［2002］112頁。

参考文献
Kotler,P.=Gray, A.［2001］, *Principles of Marketing*, 9th. ed., Prentice-holl.（和田充夫監訳［2003］『マーケティング原理　第9版』ダイヤモンド社）
稲垣眞美［1991］『会社の企画力』光文社。
井上崇通［2001］『新版マーケティング戦略と診断』同友館。
岸川善光［2002］『図説経営学演習』同文舘出版。
岸川善光［2004］『イノベーション要論』同文舘出版。
岸川善光［2006］『経営戦略要論』同文舘出版。
新納一徳［1997］『アサヒビールの秘密』こう書房。
田原宏［1981］『新QC7つ道具の企業への展開』日科技連出版社。
日本能率協会編［2000］『日本企業の21世紀経営革新』日本能率協会マネジメントセンター。
藤沢摩彌子［2002］『アサヒビール大逆転』ネスコ文藝春秋。
日経ビジネス，2006年4月10日号，日経BP社。
日経ビジネス，2006年4月24日号，日経BP社。

5 ロジスティクス管理

❶ ケース

(1) はじめに

　本ケースでは，ロジスティクス管理について考察する。自社内での物流の効率化に着手している企業のさらなる物流コストの低減のために，どのような低減方法があるかを診断する。

(2) 企業概要

　　企　業　名：花王株式会社
　　設　　　立：1940年
　　資　本　金：85,424百万円
　　事業内容：家庭用製品，化粧品の販売製造等
　　売　上　高：971,230百万円（2005年度，連結）
　　経常利益：121,956百万円（2005年度，連結）
　　従業員数：19,143名（2005年度，連結）。

(3) ケース

　花王株式会社（以下，花王）の流通ネットワークの要は，効率的な販社組織である。1955年から1965年にかけて，全国各地で卸を統合し，重点地域では資本参加をして，さらに経営陣を本社から送り込むことによって，8つの販社を作り上げた。販社の倉庫にある在庫はすべて本社所有で，販社が小売店や卸から受注した時点で，本社から納品する形式をとっている。これにより本社は販社から小売店までの商品の動きを，リアルタイムで確認することができる。また花王は販社との関係強化を図るため，商品コードの開発・保

守の肩代わりや，店の販売データを分析し，アドバイスを行っている[1]。

〈販社主導の生産システム〉

　工場には，市場動向に即応し，つねに過不足なく製品を販社の求めに応じて，供給する義務があった。従来は販社の月次販売計画は支店を経て，本社の販売管理部門が統括し，調整したうえで生産管理部門に送られ，そこから，各工場に生産量の割り当てが行われていた。販社と工場の情報伝達のスピードを向上させるため，工場と販社の間に介在していた本社の販売管理部門と生産管理部門の関与をなくした。この仕組みは固定費の著しい増大を招いたが，売れ筋商品の品切れの減少をもたらし，売上の増加に寄与している[2]。

〈花王の情報システム〉

　花王は1970年に一貫パレチゼーションと工場自動倉庫を導入した。一貫パレチゼーションとは，製品を一定の大きさのパレットに載せ，ブロック単位の荷物として取り扱い，工場自動倉庫から物流拠点であるロジスティクスセンター（LC）までの輸送効率の向上を意図したものである。

　1975年には，販社とのオンライン化を図り，商品のオンライン・サプライシステムを開発した。これは，販社の在庫量を迅速に把握し，販売状況に合わせて商品を自動的に補充する供給システムである。在庫状況の把握は現在のようなリアルタイムのものではなかったが，1日1回，販社の在庫状態をコンピュータでチェックし，商品の補充を行うことによって，在庫レベルを常時適正に保つ仕組みをつくり上げた。

　1980年には，量販チェーン店との取引にEOS（電子発注システム）を採用し，受発注のオンライン化を開始した。1980年代後半から，物流拠点の立地を見直し，広域運営をする大型LCの建設を開始したほか，海上輸送，包装材料の合理化，製品アイテムの整理・統合など，多角的な合理化への取り組みを行った。さらに，1989年からは小口の取引単位をある程度まとめて発注するという方式を促進するための取引制度を採用し，工場と地域販社が一体となって効率的運営を進めることを目的とする供給システムを稼働させた。1993年からは，トレーラーによる小売店への輸送を効率的に行うため，地図

図表3-5-1　花王のロジスティクスの概要

ロジスティクス基盤	情報ネットワーク	VANを中核とした情報ネットワーク
	物流ネットワーク	全国80ヵ所のロジスティクスセンター（一括）納入制度などを一部活用
ロジスティクス機能	調　達	原材料の購入など
	製　造	生産技術，原価管理，工程管理など
	マーケティング	市場調査，販売，販売促進など
	物　流	工場物流，販売促進など
	顧客サービス	顧客クレームの組織的収集など
ロジスティクス戦略	対　象	生産，販売，物流など供給連鎖に関わる全ての機能
	主　体	ロジスティクス総合センター
	手　順	データ中心の戦略策定手順を採用
ロジスティクス部門	機　能	販売，物流，生産の統合・一元化
	業務分担	情報の統合による販売，生産，物流の統合一元化

（出所）岸川善光［2006］213-216頁。

データベースを活用した配送スケジューリングシステムを導入した[3]。

〈化粧品のブランド戦略の見直し〉

　花王は，2005年に全国約200の百貨店で主力化粧品ブランド「ソフィーナ」を順次撤去し，「エスト」ブランドを展開した。総合スーパーやドラッグストアでは従来通り主力ブランドの販売を続け，百貨店でのみ「エスト」ブランドを展開している。「エスト」は，2000年に百貨店専用ブランドとして発売した。価格は主力の「ソフィーナ」が5000円前後までなのに対して8000円を超える商品もあるなど高額であった。幅広い女性が対象の「ソフィーナ」と違い，顧客層は20～30代の女性に絞り込まれている。これまでは，これといった販売促進を実施しなかったため，主力ブランドの陰に隠れていた。

　百貨店の売り場は，利益率が高いため，資生堂，カネボウ化粧品，コーセーの大手3社も幅広く展開するブランドとは別に，百貨店でのみ販売するブランドを展開している。しかし花王の化粧品事業が売上に貢献しているのは，

総合スーパーやドラッグストアなど量販店で，百貨店での販売は苦戦を強いられてきた。様々な販売チャネルで同じ主力ブランドを展開した結果，顧客は値引き販売が常態化する量販店で購入する傾向が強まっている。花王は百貨店売場のテコ入れを迫られた。花王は，ブランド戦略の見直しに合わせ，商品開発も大きく改めた。

花王では，研究所が開発したシーズをマーケッターがどう販売するか考えるというシーズ先行型の商品開発を進めてきた。今後は，ニーズ先行型の商品開発を行うことにしている。

また，広告宣伝も新たな試みに挑戦した。「エスト」では，初となる美容雑誌の編集者や記者を招いた新製品発表会を2005年に六本木ヒルズで開催した。これにより，美容雑誌の掲載件数が5〜6倍に増え，売上げも増加した[4]。

❷ 診　断

(1) 診断の視点

ロジスティクス管理における，物流コストの低減を達成するためには，消費者の情報を把握できるシステムの構築と，物流頻度の低減，在庫の適正化が重要である。このケースにおいては，異業種との共同配送が物流頻度の低減と在庫の適正化に貢献するかを診断する。

(2) 問題点

図表3−5−1を参考に花王のロジスティクスについて分析を行う。

第一に，ロジスティクス戦略の分析を行う。花王のロジスティクス戦略は，販社ネットワークを形成し，販社に製造の主導権を委任していることからわかるように，情報の共有と伝達速度を重視していることがわかる。

物流の統合化による物流コスト低減よりも，情報の共有や伝達スピードを重視するということは，新商品の市場投入の間隔が短いということを示している。既存商品での売上増加，市場シェアの拡大は，花王のロジスティクス戦略において，主目的ではないといえる。

第3章 業務システムの診断

　第二に，ロジスティクス戦略に影響を与える外的要因と企業間関係の革新の分析を行う。外的要因のうち行政施策・商慣行は，現在の花王のロジスティクス・ネットワークに，大きな影響をもたらすことは無いといえる。ロジスティクスの大半を自社の支配下に置いているためである。業界動向に関しては，花王のロジスティクス戦略に多大な影響を与えるものといえる。

　例えば，競合企業の多くが，花王のロジスティクス戦略を模倣した場合，花王はロジスティクス戦略を変更せざるをえない。ロジスティクス戦略に影響を与える外的要因のうち，業界の動向に関する問題である。

　実際に，花王のロジスティクス戦略は，模倣可能なものが多い。資金を出せば，一通りそろってしまう。そのため，ロジスティクス戦略だけでは他社との差別化が図れず，他社との価格競争にさらされている。今まで以上の物

図表3-5-2　物流におけるモノと情報の流れ

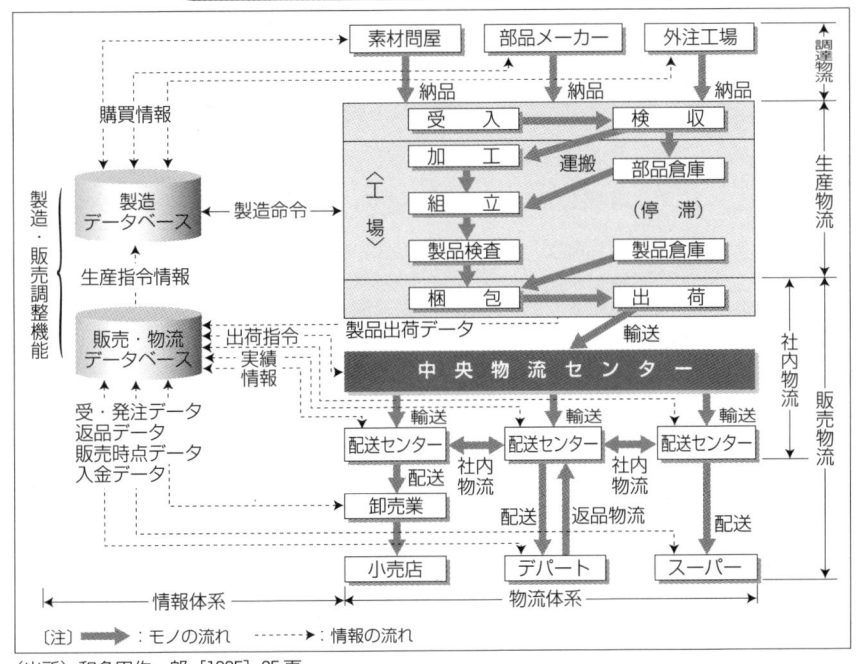

(出所) 和多田作一郎 [1995] 35頁。

流コストの低減を達成するためには，他社との協力が必要である。

(3) 課　題

　過剰在庫と物流コストのさらなる低減を行うためには，化粧品業界だけではなく，小売店等で並べられている他の商品のメーカーと共同配送を行うべきである。そうすれば，少量の発注で配送頻度を増やしても，他の企業と共同で物流を行うので大幅にコストが安くできる。つまり適正在庫の最低ラインの引き下げが可能となる。

　上述の2つの問題点を解決するためには，小売店の買収・提携，販社の小売り化，顧客情報の入手経路の開拓を検討すべきである。だが，小売店の買収・提携，販社の小売り化には2つの大きな課題がある。

　第一には，コストの問題である。もし，花王が，小売までをも支配下に置くなら，ロジスティクス基盤自体を，大幅に変更する必要がある。いわゆる中央一括管理型システムから，地方分権型システムに変更が必要である。

　ロジスティクスの観点からいえば，最終消費者に直接接触の機会があるなら，地域に密着した組織運営が，物流コストの低減に適しているからである。この組織変革にかかるコストが課題である。

　第二には，買収・提携した小売店舗の運営の問題である。直営店で，花王の商品ばかりを揃えた店舗が，顧客から支持されるかといえば，一部を除いて支持されないといえる。一部というのは，百貨店の花王商品のコーナー等の限られた空間のことを指す。

　花王の商品は，基本的に消耗品である。しかも提供して，終わりというものが多い。これが何を意味するのかというと，アフターサービスの必要性に乏しいということである。つまり，花王の顧客にとって，花王の商品が購入できれば，どの店舗で購入するかは，関係ないということである。現在，花王の化粧品事業の売上に貢献しているのが，ドラッグストアや総合スーパーといった量販店であるいう事実が，この問題を物語っている。

(4) 解決策

課題である物流コストの低減には，以下の3つの解決策がある。

1つ目は，工場から取引先にロジスティクスセンターを通さない直送を拡大することである。ただし，花王の主力製品は，生産財ではなく消費財であるため，直送するのは，小売や卸売が対象となる。

2つ目は，共同配送[5]を推進するため，同業・異業種他社とのロジスティクス情報ネットワークを確立することである。情報ネットワークを確立した後は，発注時期や発注数量などを同業・異業種他社間で，すりあわせを行う。この場合，企業の内部情報をどこまで開示するかが焦点となる。開示が少ないと，情報伝達に遅延が発生し，共同配送の効率的な運用が困難になるので，注意が必要である。共同配送に参加する企業が増えれば増えるほど，配送1回あたりにおける物流コストは低減される。

これに伴って，物流コストを増加させることなく，配送回数を増やすことができるので，適正在庫の水準の引き下げができる。そのためには，包装・コンテナ・パレットの標準化を，業界を超えて行う必要がある。また，共同配送が全国的なネットワークに発展すれば，双方向の物流が同時に行えるよ

図表3-5-3　解決策の多面的評価

	直送の拡大	共同配送	鉄道の利用
技術可能性	○	△	○
優位性	○	×	×
社会的要請度	△	○	○
コスト低減度	△	○	△
実現可能性	○	×	○
競合性	○	×	△
企業間の情報開示範囲の拡大	×	○	×
環境保護	×	△	○
緊急性	×	○	○

(出所) 研究開発の評価と意思決定編集委員会編［1982］110頁を参考に筆者が作成。

うになる。これで，配送トラックの積荷がないという問題は解決できる。結果的に物流コストと在庫コストの低減ができる。

3つ目は，輸送手段をトラックだけではなく，鉄道も利用することである。これは，駅前の市街地等における配送は，道路幅が狭く，大型のトラックが入れないことがあるため必要である。

また，利用者数が多い都市部の駅の再開発が進んでおり，新規駅ビル開発に伴うテナント進出の増加が著しく，一大商圏に発展する可能性が高い。駅の内部のテナントは，大口の顧客になる可能性を秘めている。また環境保護にも貢献できる。

❸ 解 説

(1) 関連理論

ロジスティクスとは，アメリカのCLM（米国ロジスティクス管理協議会）の定義によれば，「顧客のニーズを満たすために，原材料・半製品・完成品およびそれらの関連情報の産出地点から消費地点に至るまでのフローとストックを効率的かつ費用対効果を最大ならしめるように計画，実施，統制することである」と定義される。

ロジスティクス管理のポイントは，①顧客に対して，財貨の"時間の効用"と"場所の効用"を創造することを第一義的に重視して「顧客満足」を実現すること，②物流（原材料・半製品・完成品のフローとストック）と情報の流れ（関連情報フローとストック）の効率化を重視すること，③物流と情報の流れに関する費用対効果を最大ならしめるために，マネジメント（計画，実施，統制）の機能を重視すること，の3点を挙げることができる[6]。

(2) 技 法

ロジスティクスは，多段階になると，物流コストが増大するが，同時に需給のギャップが小さくなる利点がある。一方，ロジスティクスがダイレクトになり，中間に介在する企業が減れば，物流コストを低減できる。しかし，

図表3-5-4　同期化のためのロジスティクス・ネットワーク

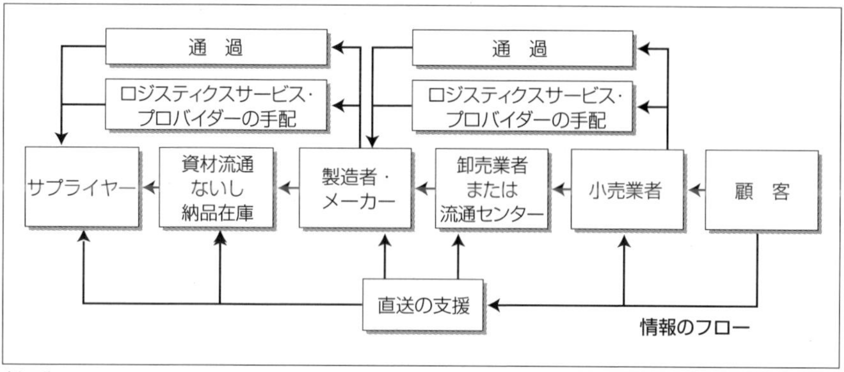

```
        通 過                        通 過
   ロジスティクスサービス・         ロジスティクスサービス・
   プロバイダーの手配               プロバイダーの手配

  サプライヤー → 資材流通 → 製造者・ → 卸売業者 → 小売業者 → 顧 客
                 ないし     メーカー   または
                 納品在庫              流通センター

                        直送の支援
                                           情報のフロー
```

（出所）Bowersox,D.J.=Closs,D.J.=Cooper,M.B.[2002]訳書49頁。

より需給予測の精度を高めなくては逆に，過剰在庫，欠品が発生する。これらの課題を克服するために行われるのがロジスティクスの同期化である[7]。

本ケースでは，図表3－5－4を参考に，共同物流の実施と顧客への直送の拡大，鉄道利用を解決化策として挙げた。

(3) 重要用語

ロジスティクス管理，ロジスティクスの同期化，共同配送

1）大谷毅他［1988］236頁。
2）同上書237頁。
3）平坂敏夫［1996］196-208頁。
4）日経ビジネス，2005年6月20日号，9頁。
5）花王は，共同物流のために花王物流システム社を設立している。しかし，同時に自社の物流のための花王ロジスティクス社も設立しており，共同物流は情報面レベルで留まっている。
6）岸川善光［2002］114頁。
7）Bowersox,D.J.=Closs,D.J.=Cooper,M.B.［2002］訳書，42-44頁。

参考文献

Bowersox,D.J.=Closs,D.J.=Cooper,M.B.〔2002〕,*Supply chain logistics management*, McGraw-Hill.（松浦春樹=島津誠他訳〔2004〕『サプライチェーン・ロジスティクス』朝倉書店）

大谷毅他〔1988〕『日本の組織　第7巻』第一法規。

菊池康也〔1997〕『物流管理論』税務経理協会。

岸川善光〔1999〕『経営管理入門』同文舘出版。

岸川善光〔2002〕『図説経営学演習』同文舘出版。

岸川善光〔2006〕『経営戦略要論』同文舘出版。

研究開発の評価と意思決定編集委員会編〔1982〕『戦略的研究開発の評価と意思決定』日本能率協会。

田原宏〔1981〕『新QC7つ道具の企業への展開』日科技連出版社。

通商産業省他編〔1995〕『21世紀に向けた流通ビジョン──わが国流通の現状と課題──』通商産業調査会出版部。

平坂敏夫〔1996〕『花王情報システム革命』ダイヤモンド社。

湯浅和夫〔1982〕『物流管理入門』日本能率協会。

和多田作一郎〔1995〕『大競争時代の新・物流システム』産能大学出版部。

日経ビジネス，2005年6月20日号，日経BP社。

金融庁EDINET＜https://into.edinet.go.jp/EdiHtml/main.htm＞

第4章

業種別の診断

　本章のケースは,『経営診断要論』の第7章で考察した内容と対応している。業種別の診断は，各業種における業務システムが異なるので，必然的に経営管理システムも異なるなど，業種別の特性の違いに着目した経営診断の分類である。業種別の特性の違いを考慮した経営診断でないと，業種の個別性・特殊性に対応することができない。

　考察すべき業種は多いが,『経営診断要論』では，代表的な業種として，下記の6つを取り上げている。それぞれの業種に固有の課題も多い。
① 製造業：製造業の空洞化，ものづくりの重要性と高付加価値化
② 卸売業：流通の近代化（中抜きの進展），新たなビジネス・モデルの構築
③ 小売業：業態の多様化（顧客との接点の多様化），店舗オペレーションの革新
④ サービス業：サービス経済化の進展，サービス業の生産性向上
⑤ 物流業：ロジスティクス化の進展，地球環境問題との両立
⑥ 農林水産業：食料問題の深刻化，アグリビジネスの台頭
　本章では，製造業で1ケース，卸売業で1ケース，小売業で1ケース，サ

ービス業で1ケース，物流業で1ケース，農林水産業のうち，農業で1ケース，合計6つのケースを取り上げる。

　第一に，製造業として，マブチモーター株式会社（以下，マブチモーター）をケースとして診断を行う。マブチモーターは，生産拠点のアジア進出におけるわが国の先進企業として知られている。マブチモーターは環境変化にどのように対応しているのかという視点から，コスト削減および品質向上策について，問題点，課題，解決策を考察する。

　第二に，卸売業として，株式会社菱食（以下，菱食）をケースとして取り上げる。卸売業は，流通における卸の中抜き，サードパーティ・ロジスティクスの出現等により，その存在意義を問われている。そのような状況下，わが国を代表する卸の1つである菱食がどのように卸機能を強化しているのかという視点から，バリューチェーンに準拠して診断を行う。

　第三に，小売業として，株式会社ドン・キホーテ（以下，ドン・キホーテ）をケースとして診断を行う。従来，小売業の診断のポイントは，店舗管理を中心としたものであった。近年，その店舗管理のコンセプトが大きく変容しつつある。ドン・キホーテ独自の店舗管理について，問題点，課題，解決策を考察する。

　第四に，サービス業として，セコム株式会社（以下，セコム）をケースとして取り上げる。サービス業は，サービスの基本的な特性による問題を多く抱えている。セコムの場合，ホーム・セキュリティ事業に焦点を絞り，サービス・マーケティングの視点から診断を行う。

　第五に，物流業として，フェデックス・コーポレーション（以下，フェデックス）をケースとして診断を行う。フェデックスは，世界最大の物流業であり，「ハブ・アンド・スポーク・システム」という斬新なビジネス・モデルを構築した。本ケースでは，中国で苦境に立たされているフェデックスのグローバル・ビジネスについて，問題点，課題，解決策を考察する。

　第六に，農林水産業として，佐賀県唐津市相知町 蕨野（以下，蕨野）をケースとして取り上げる。現在，わが国の農業は，食料問題の深刻化，アグリビジネスの台頭など，大きな転換期に遭遇している。蕨野は，棚田を資源としてまちづくり（地域振興）を目指しつつ，農家の所得向上を目指した試みとして注目されている。蕨野における農業のマーケティングを中心に診断を行う。

＊ケースとして選択したマブチモーター，菱食，ドン・キホーテ，セコム，フェデックス，蕨野のホームページを公表情報の1つとして参照した。記して謝意を申し上げる。

第4章 業種別の診断

1 製造業

❶ ケース

(1) はじめに

　マブチモーター株式会社（以下，マブチモーター）は，小型モーターの製造に特化し，徹底したコストダウンによって，小型モーターの市場において，高いシェアを獲得した。本ケースでは，転換期といえる1980年代のマブチモーターをケースに取り上げ，品質・価格・納期の視点から診断する。

(2) 企業概要

　　企 業 名：マブチモーター株式会社
　　設 　　立：1954年
　　資 本 金：20,704百万円
　　事業内容：小型モーター開発・製造・販売
　　売 上 高：93,927百万円（2005年実績，連結）
　　経常利益：13,250百万円（2005年実績，連結）
　　従業員数：約1,000名（2005年，単体），約46,000名（2005年，連結）

(3) ケース

　マブチモーターは，小型モーター市場において，高いシェアを誇る企業である。1947年に，「馬蹄型マグネットモーター」を世界で初めて開発した馬渕健一によって創設された[1]。機能性，技術性に優れたモーターの開発は，模型や玩具の動力を，ゴムやゼンマイからモーターに移行させるほどのインパクトを及ぼした。

　1954年には，本格的に事業展開をするため，小型マグネットモーター，模

型教材，玩具などの製造を開始したが，マブチモーターの取引先である玩具企業が競争相手となり，本業であるモーター製造事業を圧迫する恐れがあったため[2]，モーターを使用した玩具の製造は，その後すぐに打ち切られた。

　玩具販売事業から撤退したマブチモーターは，経営資源をモーター製造事業に集中させた。市場調査によって，海外のモーター製造企業と同等の技術力であることが判明しており，さらに，小型モーターの製造のみを行う企業がいなかったことから，国際的な活動を視野に入れた改革を遂げた[3]。

　1950年代においては，学校教材市場，模型市場，電動玩具市場，モータープレーン市場の4つの市場をターゲットとしていた。しかし，マブチモーター全体の売上高のうち，年間を通して，需要の変動が大きい電動玩具市場における売上高の割合が高いことに懸念を抱いたマブチモーターは，小型モーターを活用できる玩具以外の市場にも売り込みをかけた。

　日本の大手電機メーカーは，玩具モーター製造という偏見を持っていたため，マブチモーターとの取引を敬遠する中，米国ゼネラル・エレクトリックとの契約が成立すると，日本の大手電機メーカーも相次いでマブチモーターと契約を結ぶようになった[4]。

　1960年代のモーター製造業は，特注品生産が慣習となっていた。顧客の利便性は追求できるものの，特注品にはデメリットが多かった。

　第一に，繁盛期と閑散期の差が大きいという点である[5]。玩具は季節によって販売量が大きく変動する。繁盛期には，対応できないほどの受注があるのに対し，閑散期は，労働者を解雇しなければならない。

　第二に，製造コストが高くなる点である。設計図や金型の変更などを行うと，必然的にコストが高くなる。

　第三に，納期が長期化する点である。顧客によって求める性能が違うため，それに対応する環境が整うまでのタイムロスが生じる，などである。

　マブチモーターは，これまでの受注履歴を分析し，製品の標準化を推進した。特注品による顧客維持よりも，標準化によるメリットのほうが有益と判断したためである[6]。

第4章 業種別の診断

図表4-1-1 特注品と標準化製品の比較表

	特 注 品	標準化製品
製造コスト	高コスト	低コスト
製品価格	高価格	低価格
納　期	長期化	短期化
顧客維持	ニーズに対応できるため容易	顧客離れの恐れあり

（出所）筆者作成。

　特注品の製造が一般的な時代に，標準化へ転化することは，顧客の満足を得られるものではなかった。顧客企業が製造する製品を，マブチモーターの製品に合わせなければならないためである。マブチモーターは，顧客離れを防ぐために，標準化によって製造コストを削減させ，製品価格を約3割の値下げを実現させ，顧客企業からの受注を急増させることができた[7]。以後，マブチモーターは，コスト・リーダーシップ戦略を自社の戦略として活動を開始した。

　製品の標準化は，マブチモーターの営業方法にも影響した。他社の製品よりも安い価格での販売が可能となったため，営業活動を行うことなく，注文を受けるようになった。「売りに行かない営業」により[8]，マブチモーターは開発と製造に集中することができるようになった。

　1964年に操業を開始した香港工場は，マブチモーターの海外進出の第一号である。その当時の香港は，賃金水準が日本の半分以下であったが，労働生産性は日本と変わりがなかった[9]。

　日本工場で製造された製品を，香港工場で製造した製品と比較すると，香港工場の製造コストが安いことが判明したため，マブチモーターは生産を海外で行い，さらなる低価格化を推進させた[10]。これが以後のマブチモーターの強みとなった。1969年に台湾・台北，1979年に台湾・高雄と，次々に中国へ進出した。

モーターを提供する市場を増やし，シェアも向上していたが，1985年に下記のような問題が発生した。

　マブチモーターと取引をしていた米国の顧客が，香港の競合企業に乗り換えたのである。米国の顧客が提示したのは，「電動工具用高出力モーターを向こう3年間で30％強値下げしてほしい」というものであった[11]。低価格を強みとして活動をしてきたマブチモーターにとって，価格競争で負けることは，優位性を失うことにつながる。

　香港メーカーの製品を分析した結果，部品は自社と同じであり，違う点は中国で生産されていたことであった[12]。この問題を機に，マブチモーターは海外生産の重要性を改めて認識したのである。

❷ 診　断

(1) 診断の視点

　企業は，顧客ニーズに適合した製品・サービスの提供ができなければならない。したがって，企業環境を把握することは何よりも重要なことである。製造業において，コスト削減や品質の向上を目的とするのは，顧客ニーズを充足させる方法となっているためである。企業は外部環境の変化に迅速に対応できなければならない。環境にどのように対応するのかという視点に立ち，マブチモーター製品のコスト削減および品質向上策について診断する。

(2) 問題点

　マブチモーターは，高品質・低価格の製品を製造することによって，顧客のニーズを充足させている。しかし，受け身の営業方針が，マブチモーターの問題点であるといえる。

　製品の品質向上を図り，価値ある製品を開発・製造することは重要であり，コスト・リーダーシップ戦略は有効な手段といえる。しかしながら，市場の変化を見極める能力を持ち，市場適応を行う組織でなければ，的確に市場ニーズを把握できずに，機会損失を招く可能性が高い。

実際に，旧態依然の環境のままコスト削減に注力し続けたため，小型モーターを安く製造できる環境を見極められず，顧客を海外の競合企業に奪われる事態となっている。マブチモーターの諸問題は，外部環境に適応するために不可欠な，外部情報の入手手段が乏しいために発生したものと考えることができる。その原因は，営業活動を積極的に展開しなかったため，通常の営業活動よりも，入手できる情報量が減少したためと思われる。営業活動は，効率的に情報を入手する手段である。マブチモーターでは，営業活動を販売手段としての側面でしか捉えていなかったため，情報量が減少したと考えられる。

　マブチモーターの強みを形成しているのは，コスト・リーダーシップ戦略である。そのため，製造コストを削減させる取り組みは今後も続ける必要がある。製造するモーターの種類に応じて，生産方法を区別させることによって，より低コストを実現させる取り組みも積極的に行わなければならない。

(3) 課　題

　マブチモーターの情報収集力は，営業活動を積極的に行うことによって，高次のものとすることができる。

　営業を積極的に展開する経営が望まれるため，各販売拠点に配属されている社員に，商品を提案できる能力を習得させなければならない。また，営業活動によって得られる情報を本部で処理し，全社的に共有することによって，さらに高次元の製品開発や商品提案ができることを狙いとする。

　営業を積極的に行う組織となるためには，提案する商品価値が競合企業よりも高くなければならない。そのため，マブチモーターが採用しているコスト・リーダーシップ戦略によって，より低価格で良い製品を製造しなければならない。

　コスト削減を行うためには，調達先の選定と製造場所の決定が有効である。また，製造方法についても見込み生産方式が望ましいのかを再考する必要がある。

図表4-1-2　積極的な営業活動が必要な理由

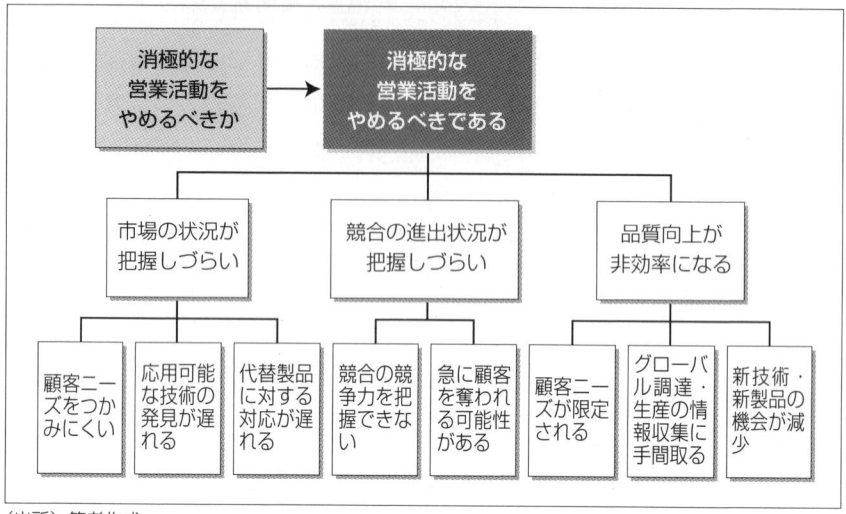

```
消極的な営業活動を → 消極的な営業活動を
やめるべきか          やめるべきである
                           │
   ┌───────────────────────┼───────────────────────┐
市場の状況が          競合の進出状況が        品質向上が
把握しづらい          把握しづらい            非効率になる
   │                       │                       │
 ┌─┴──┬──┐          ┌─────┼─────┐          ┌──┬────┬──┐
顧客ニ  応用可能  代替製品  競合の競  急に顧客  顧客ニ  グローバ  新技術・
ーズを  な技術の  に対する  争力を把  を奪われ  ーズが  ル調達・  新製品の
つかみ  発見が遅  対応が遅  握できな  る可能性  限定さ  生産の情  機会が減
にくい  れる      れる      い        がある    れる    報収集に  少
                                                      手間取る
```

（出所）筆者作成。

品質を向上させるためには，製品部品の素材や調達先だけでなく，製造工程の見直しなどを実施しなければならない。また，製造段階だけではなく，全社的な取り組みでなければならない。

(4) 解決策

営業活動を積極的に行い，顧客の獲得・維持を行う必要がある。そのため，新規に営業部門を立ち上げなければならない。営業部門は各拠点に設け，営業によって得られた情報は，本部に集約し，分析を行う。需要が見込まれる市場の分析や，競合企業の動向などを把握し，新規顧客の獲得を狙う。顧客獲得ができれば，累積生産量が増加し，工場稼働率は上昇するため，コスト・リーダーシップ戦略は継続できる。

次に，人件費の削減である。人件費の削減を図るために，生産拠点を移転させなければならない。生産は海外で行い，それ以外の活動を日本で行う。すでに設置されているように，中国での生産が望ましいが[13]，様々なリスク

を考慮し[14]，1カ国ではなく，2カ国以上の国に製造拠点を分散させることが望ましい。

　生産方法は受注生産方式と見込み生産方式を併用する。玩具用のように，年間を通して需要量の変化が大きいものに関しては，見込み生産方式を採用する。

　他方，音響機器用のように，年間の需要量変化が少ないものに関しては，受注生産方式を採用する。見込み生産方式の場合，供給量と需要量の誤差を小さくしなければならないため，本社と顧客の間に情報ネットワークを構築し，受発注や製品情報の共有化ができる環境を整備する。

　品質面での問題を解決するために，全社的品質管理（TQM：Total Quality Management）の導入を行う。通常TQMは，社内での取り組みになるが，仕入れ先や顧客との議論をすることによって，より顧客満足を追求したQC（Quality Control）活動の実現が望ましい。そのためにも，QCサークルを指導する人材の育成が必要となる。また，QCサークルでの意見をすべて本社に伝えるなど，品質向上に対する全社的な取り組みを継続することにより，低価格だけであったマブチモーターの訴求点に，高品質を加えることが可能となる。

　QC活動は，より多くのQCサークルを自社内で組織することにより，相乗効果を得ることが望まれる。製造しているものがモーターのみであるため，全ての工場で同じ手法を採用せずに，違う角度から品質管理・向上を図ることによって，優れた手法を共有化していき，マブチモーターにおいて，最適なQC活動を行っていくべきである。したがって，相乗効果を生み出しやすい環境を，いかに活用していけるかを熟考することが重要であろう。

　また，それによってどの程度，品質向上を図ることができたのかを部門間，または工場との間で，常に競い合いながら情報交換をすることが必要となる。

　製造に携わる従業員に，経営改善へ参加する意識を持たせることが，優位性獲得に必要なことである。

❸ 解　説

(1) 関連理論

　わが国における製造業の多くは，労働コストが安いアジアに生産拠点を設けている。労働コストだけではなく，近年，社会的なインフラが整備されたことも，アジアへの生産拠点シフトに拍車をかけた。

　そのためわが国では，産業の空洞化が進行した。中小・中堅製造業では，親会社（大企業）の生産拠点が移転したことに伴い，下請け脱却を迫られた。「言われたとおりに作る」という下請け体制のもと，高い技術力は有しているものの，マネジメント能力が低いため，経営不振に陥る企業が激増した。そのため，わが国の工業集積地と呼ばれる東京・大田区や東大阪においても，企業数は減少傾向となった。

　近年，製造業では，高品質の製品，高付加価値を持たせた製品の製造が課題となっている。品質を国際競争力の源泉とする目的である。

　品質を向上させるためには，全社的取り組みが不可欠である。製造部門だけではなく，営業や経理などの部門も品質向上のためにはどうするべきかを考える必要がある。さらには，トップによる指示のもとで，部門横断的に製造だけではなく，経営の品質について議論する必要もある。こうした活動を全社的品質管理という。

(2) 技　法

　図表4－1－3で用いたピラミッド型論理構造について説明する。この技法は，論理が妥当であるか確認がしやすいこと，説明する相手に分かりやすく伝えることができる，というメリットを持つ。

　マブチモーターのケースでは，顧客を香港メーカーに奪われたケースの診断に利用した。論点となる部分は，「なぜ顧客を奪われたか」ではなく，「なぜ顧客適合できなかったか」と断定し，メッセージには「さらなる顧客適合をすべきである」と設定した。顧客適合は，顧客ニーズを満たすことができ

図表4-1-3　ピラミッド型論理構造

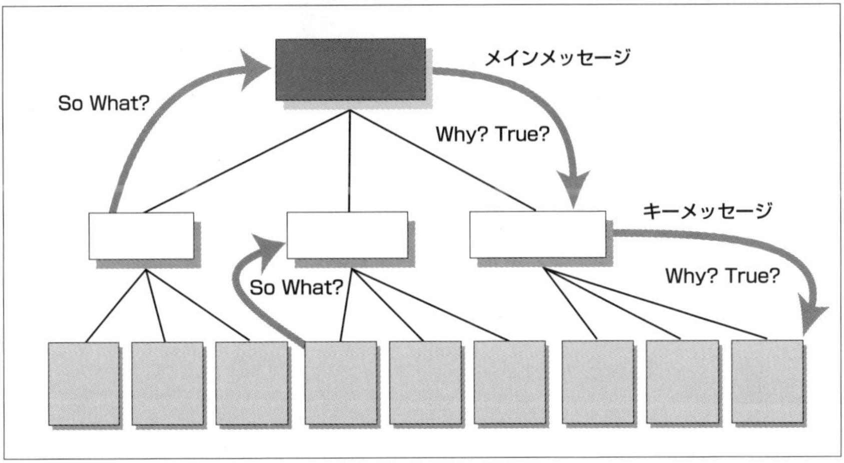

(出所) グロービス編 [2005] 153-169頁を参考に筆者が一部修正。

る製品を提供することが重要となる[15]。本ケースにおいて，論理の枠組みには，マブチモーターに対する顧客ニーズとして，「製品価格面」，「品質面」，「営業面」の3点を挙げ，それぞれの改善点を分析した。なお，最下段には，改善による効果を記載している。

ピラミッド型論理構造では，製作者の思考によりメッセージが異なる。そのため，多くのメッセージに含まれている共通項を見つける必要がある。

(3) **重要用語**

TQM，コスト・リーダーシップ戦略，ピラミッド型論理構造

---

1) 日経ベンチャー，2000年9月号，86頁。
2) 同上誌87頁。
3) 同上誌87頁。
4) 同上誌87頁。
5) 同上誌106頁。
6) 同上誌106-107頁。

7）同上誌107頁。
8）同上誌108頁。
9）日経ベンチャー，2000年11月号，118頁。
10）同上誌119頁。
11）日経ビジネス，2001年11月5日号，55頁。
12）同上誌55頁。
13）豊富で安価な労働力や物価の安さ，物流納の充実さや，労働意欲の高さなどを考慮した。
14）リスクとして，国内情勢や反日感情などが該当する。
15）岸川善光［2006］230頁。

参考文献

Barbara,M.［1992］，*The Pyramid Principle*, Trans-Atlantic Pubns.（グロービス・マネジメント・インスティテュート監修［1999］『新版　考える技術・書く技術』ダイヤモンド社）
朝香鐵一［1991］『経営革新とＴＱＣ』日本企画協会。
伊丹敬之［2003］『経営戦略の理論　第3版』日本経済新聞社。
鵜飼信一［1994］『現代日本の製造業―変わる精算システムの構図―』新評論。
岸川善光［2006］『経営戦略要論』同文舘出版。
北見貞輔他［1991］『ＴＱＣからＴＱＭへ』有斐閣。
グロービス編［2005］『ＭＢＡクリティカル・シンキング』ダイヤモンド社。
中小企業総合研究機構編［1996］『中小製造業の発展動向　1995』同友館。
藤井隆宏［2004］『日本のもの造り哲学』日本経済新聞社。
日経ビジネス，2000年11月5日号，日経BP社。
日経ベンチャー，2000年9月号，日経BP社。
日経ベンチャー，2000年10月号，日経BP社。
日経ベンチャー，2000年11月号，日経BP社。

2 卸売業

❶ ケース

(1) はじめに

　卸売業は，流通における卸の中抜きや，サードパーティ・ロジスティクス（以下，3PL）の出現などにより，その存在意義を問われている。本ケースでは，株式会社菱食を取り上げ，卸売業が提供する価値について診断を行う。

(2) 企業概要

　　企　業　名：株式会社菱食
　　設　　　立：1979年
　　資　本　金：10,630,290千円
　　事 業 内 容：加工食品卸売業
　　売　上　高：1,287,517百万円（2005年，連結）
　　経 常 利 益：12,786百万円（2005年，連結）
　　従 業 員 数：2,505人（2006年10月1日現在，連結）

(3) ケース

　株式会社菱食（以下，菱食）は，三菱商事系の食品卸4社が1979年に合併して誕生した。菱食は，情報システムと物流システムの活用や，三菱商事グループによる総合的小売業支援体制により，顧客ニーズに応え，順調に成長を遂げてきた。三菱商事グループにおける菱食は，食品卸事業を統括する位置づけとなっており，子会社・関連会社は40社を超える。リテールサポートに重点を置き，自社内に有する物流センターと，豊富な品揃えによって，消費者起点の食品流通の実現を目指している。

図表4-2-1　菱食の企業間関係図

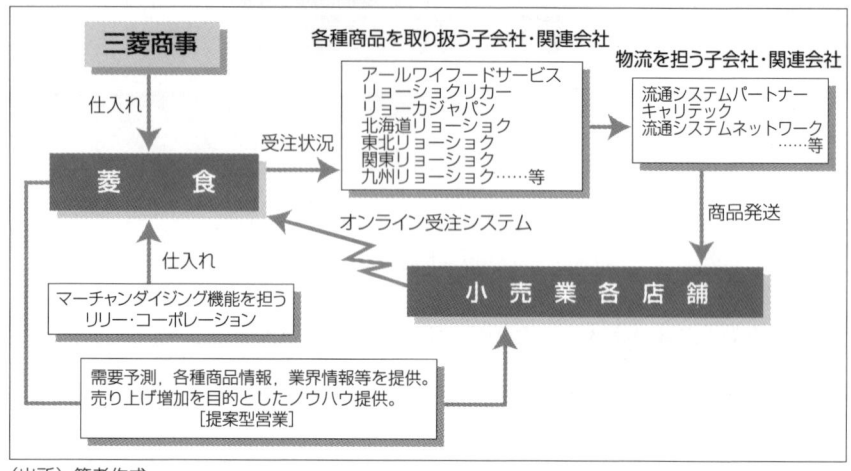

```
三菱商事                  各種商品を取り扱う子会社・関連会社       物流を担う子会社・関連会社
  │                    ┌─────────────────────┐         ┌─────────────────────┐
  │仕入れ               │アールワイフードサービス│         │流通システムパートナー│
  ↓                    │リョーショクリカー      │         │キャリテック          │
┌─────┐  受注状況      │リョーカジャパン        │         │流通システムネットワーク│
│菱 食 │───────────→  │北海道リョーショク      │←────    │　　　　……等         │
│     │               │東北リョーショク        │         └─────────────────────┘
│     │               │関東リョーショク        │                   │
│     │               │九州リョーショク……等  │                   │商品発送
│     │←──── オンライン受注システム ──────┐                       ↓
│     │                                   ┌─────────────────────┐
└─────┘                                   │  小 売 業 各 店 舗   │
  ↑                                       └─────────────────────┘
  │仕入れ
┌─────────────────────────┐
│マーチャンダイジング機能を担う│
│リリー・コーポレーション     │
└─────────────────────────┘
┌─────────────────────────────────────┐
│需要予測，各種商品情報，業界情報等を提供。│
│売り上げ増加を目的としたノウハウ提供。　 │
│　　　　［提案型営業］                  │
└─────────────────────────────────────┘
```

（出所）筆者作成。

　菱食は，食品流通の最適化を図るために，三菱商事が食品流通における川上部門での「総合商社機能」を担い，菱食が川中部門での「中間流通卸売機能」を担っており，機能・役割を分担している[1]。さらに，菱食の機能を活かす取引対象として，中堅スーパーを選択した[2]。

　菱食は，中堅スーパーを支援するため，RDC・FDC・SDCという3種類の物流センターを設置している[3]。RDCでは，小売業の利便性追求のため，1個単位の配送ができるように小分けを行う。小分けされた商品は1つのケースにまとめられ，ケース単位で取り扱うFDCに運ばれ，小売店へ届けられる。小分け配送を行うことによって，小売店では過度の在庫を抱えない営業ができる。また，菱食にとっても，小売店での売れ残りが減少し，返品の発生を回避できるため，返品による負担を軽減している。

　小売業にとって，1個単位の発注ができる卸売業の存在は，効率的な経営を行う上では欠かすことができない。しかしながら，卸売業における小分け配送は非効率であり，負担となる作業である。菱食では，顧客ニーズに対応するため，非効率な作業である小分け配送を採用し，ITを活用することによ

って，人的負担を抑え，合理化を追求した。

　膨大な商品が並ぶRDCには，社員が受け持ちの棚の前でコンベヤーによって運ばれてくるケースを待っており，ケースの中にある注文内容が記載された紙をスキャナーに読み込ませると，受け持ちの棚に商品がある場合にのみ商品の個数が表示される[4]。表示された商品は，バーコードをスキャナーに読み込ませなければエラーとなる[5]。また，最終確認として全体の重量を測定し，エラーとなればケースを開封し確認するが，エラーによりはじかれたケースのほとんどは正しく箱詰めされており，瓶や内容量の違いによりはじかれたものであるという[6]。

　小分け配送により1個単位での注文が可能とはいえ，中堅スーパーからの注文は多く，情報システムがなければミスが続出する作業となるが，菱食のミス発生率は20万分の1である[7]。菱食では膨大な数量の商品を取り扱っているが，すべて情報処理されており，随時商品状態を把握している。商品の鮮度を重視するため，入荷時における情報入力の際，賞味期限までの日数が一定期間内であった場合はメーカーに返品する[8]。これもまた，小売店からの返品を防止するための取り組みである。

　卸売業は，卸不要論や中抜きの進展，3PLの出現により，その存在意義が問われている。菱食では，提案型営業により，中抜きをされない卸を目指した。特に商品の需要予測に関する取り組みに力を入れた。需要予測は1商品につき5種類の統計を用いる。実際には最も良い数値のものを採用するが，予測が外れる可能性が高い場合は，7種類の警告が用意されており，適切な対応を行うことができるようになっている。こうした予測により，在庫の削減，物流コストの低減，返品の削減，事務コストの削減を実現させた。小売店においても，情報提供によって在庫調整ができるため，コスト削減となるのである。

　物流コストを削減するための取り組みとして，一括物流システムの導入が開始された。小売業は，複数の卸売業者と取引をしている。店舗には多くの輸送業者が出入りを繰り返すため，小売店は検品作業に時間をとられてしま

い，効率が悪くなってしまう。菱食は，小売店の作業効率を上げるため，他の卸売業者と物流に関して契約を交わし，一度SDCに全商品を集約し，その後，菱食の物流システムにより，各店舗へ商品を一括配送している。

また，商品のフルライン化も中抜きされない卸となるための取り組みと言える。小売店が取り扱う商品が卸1社で揃えば，小売店の手間が省ける。さらに菱食は，小売店の売り場を把握しており，受注した商品は納品の際，店舗の商品棚の配列に合わせた順番に箱詰めされているため，顧客であるスーパーの店員の商品出しにかかる負担が抑えられる[9]。

しかしながら，フルライン化はどの企業でもできるものではない。菱食は，フルライン化を実現するために，多くの企業と業務提携や合併を実施した。例えば，中埜酢店系酒類卸であった中泉は，1996年に菱食と資本提携し，リョーショクリカーを立ち上げた。また，2006年10月には，アールワイフードサービスを子会社化し，低温商品の取り扱いを本格化した。

また，資本提携により新たな事業を展開することも可能となった。

先述したリョーショクリカーの立ち上げに伴い，企業対消費者取引として，インターネットによるワインの通販事業を開始した。消費者から直接意見を取り入れ，企業間取引に反映させることを目的としており，リテールサポートの強化につなげることが可能となった。

さらに，菱食は，中堅スーパーだけではなく，個人飲食店をターゲットとした。フルライン化された菱食の物流と情報システムにより，個人飲食店を対象とした卸という新事業を開始した。

❷ 診　断

(1) 診断の視点

近年卸売業は，卸機能の強化が求められている。菱食においても，卸機能の強化に，全社的に取り組んでいる。リテールサポートや物流センターでの商品管理などは，卸の機能を強化し，顧客に価値を提供するための取り組みである。そこで，菱食のケースを，価値連鎖（value chain）を用いて分析

し，卸としての価値の再考と今後取り組むべき課題を考察する。

(2) 問題点

菱食は，相対的に早い時期からリテールサポートの強化を目的として，情報化に取り組んでいた。徹底したリテールサポートを行うため，物流拠点に対する投資も積極的に実施した。図表4－2－2に示されるように，菱食の価値は，情報管理とリテールサポートによりもたらされている[10]。

卸売業は，小売業に対し，物流サービスを提供することが前提となっているため，小売業の利便性を追及し，物流効率化を図らなければならない。

菱食では，情報化によって物流効率化を推進している。しかしながら，菱食の物流効率化は，菱食と小売業の間に限られている。より小売業を支援す

図表4-2-2 菱食の価値連鎖

全般管理	・徹底した情報管理 ・顧客志向の高度なリテールサポートと物流システム					
人事・労務管理		・小分け作業ミスを抑制する社員教育	・小分け作業ミスを抑制する社員教育	・営業担当者に対する教育 ・正確な分析をするための教育	・社員とのコンサルティングノウハウを共有	
技術開発	・商品別に品質チェックを行うことができる検品機器	・労働効率の向上対策 ・高度な在庫管理	・受注ミスの防止技術 ・店舗棚割状況を反映された出荷	・統計技術 ・分析ツール		
調達活動	・コンピュータによる自動発注システム	・RDC，FDCを設置し，物流効率を向上				
	・フルライン化に対応できる仕入れ環境 ・品質を重視した検品体制 ・自動発注システム	・ITを利用した商品の単品管理 ・主要都市に設置されたディストリビューションセンターでの在庫管理 ・チェーン展開する小売業に対しての専用物流倉庫設置 ・商品の全温度帯フルライン化	・小分け配送システム ・一括物流システム ・全温度帯に対応した物流システム	・商品販売状況のデータベース ・需要予測 ・各店舗の棚割を想定した商品配送	・商品や店舗などの情報提供 ・棚割指導	
	購買物流	製造(在庫管理)	出荷物流	販売・マーケティング	サービス	マージン

(出所) 筆者作成[11]。

る体制を整えるためには，川上であるメーカーとの調整を行う必要がある。したがって，これまで川下に向けられていた価値を，川上に対しても提供しなければならない。現在では，需要予測などの情報を提供しているが，川上から川下までの物流を最適化できていないため，今後川上との関係強化が，菱食の卸の機能強化に効果的である。

(3) 課　題

　リテールサポートの強化は，今後も継続して行う必要がある。その一方で，川上であるメーカーに対するサポートを強化することによって，物流を川上から川下まで見直さなければならない。

　川上に対して提供するサービスは，物流の効率化を図るための取り組みと，メーカーが持つ機能を強化する取り組みに分けることができる。

　物流の効率化は，菱食が構築している管理手法を提供することによって実現される。菱食における徹底した在庫管理は，メーカーにも応用でき，川上から川下までの物流を最適化できるものと考えられる。情報システムを共有することによって，菱食の物流センターにおいて発生していたエラーを無くし，負担を軽減させることを目的とする。

　また，メーカーが持つ機能の強化に関しては，菱食に集約された情報を提供し，共同で商品開発・改良を実施する取り組みが考えられる。そのためには，菱食の情報をメーカーに提供するシステムを導入し，共同開発などを行うための場づくりが必要となる。

　菱食の今後の取り組みは，メーカーと小売業に対し，精度の高い需要予測などの情報提供を行い，メーカーと小売業の物流改革を菱食が主体となり行うことによって，物流全体における最適化を図らなければならない。

(4) 解決策

　菱食は，価値連鎖に示される主活動におけるすべての段階で，競争力の源泉となりうる価値を創出する活動を行う必要がある。

購買・物流の段階においては，メーカーと卸の関係になる。メーカーからの仕入れだけではなく，情報交換による新製品開発や商品改良に関するコンサルティングを行うことが望まれる。

製造・在庫管理の段階および出荷段階では，取扱商品の鮮度を重視するために，情報システムの活用による合理化を徹底することが重要である。

販売・マーケティングの段階においては，リテールサポートの分野でもあり，重要な部分である。この段階においては，フルライン化された大量の商品を，店舗ごとに効果的に配分するためには，地域的な特性を織り交ぜた分析が必要となり，その部分において，定量的分析だけではなく，定性的な感性が必要となる。

サービスの段階も，販売・マーケティングと同じ考えに基づく。顧客の動向を確認し，周辺地域における調査や商品の流行などを分析し，顧客の店舗に最も効果を与えるサポートでなければならない。また，リテールサポートの一環として，顧客企業の社員教育などのコンサルティング・サービスを提供することも，卸売業のサービスとして需要が見込まれる。

メーカーに対するサポート強化には，情報提供の質を上げることが考えられる。より正確な需要予測などが情報の質的向上となる。しかし，需要予測が正確であっても，メーカーの在庫管理が不十分では，効果は期待できない。メーカーに，望ましい在庫管理の手法や体制を整えさせることによって，物流の効率化を図る必要がある。メーカーが所有する倉庫に菱食の担当者を派遣し，物流に適した管理体制を導入させ，搬出しやすい環境を整える。

また，輸送に最適なパッケージングを提案することによって，より合理的な物流が可能になる。ソフト面の支援ではなく，ハード面での支援を強化させることが，重要なのである。

❸ 解 説

(1) **関連理論**

卸売業を取り巻く環境は，厳しさを増している。特に中小卸売業は，近年

の環境変化に単独では対応できず，合併や提携を行うケースが増加している。卸売業は，小売業の業績に大きく影響を受ける。そのため，小売業を支援し，活性化させる立場にあるが，卸売業の卸売機能が十分ではないため，小売業支援をできない企業が多い。

　自社の卸売機能に自信のない企業が多く，そのため小売業の多様化するニーズに応えることができない状況である。近年では，卸売業が担っていた物流分野に，3PLが参入する事例が増加している。この現象は，卸売業の物流機能の弱さを露呈したといえる。

　川中に位置する卸売業にとって，物流面での弱みは致命的である。サプライチェーンを再構築する役割を担っている卸売業が，物流を行えなければ，3PLに役割を移譲しなければならない。

　価値ある物流機能を提供し，流通全体を最適化する役割を果たすことこそ，卸売業の役割であり，製造業と小売業が求める機能である。

図表4-2-3　直接取引と間接取引の取引回数の差

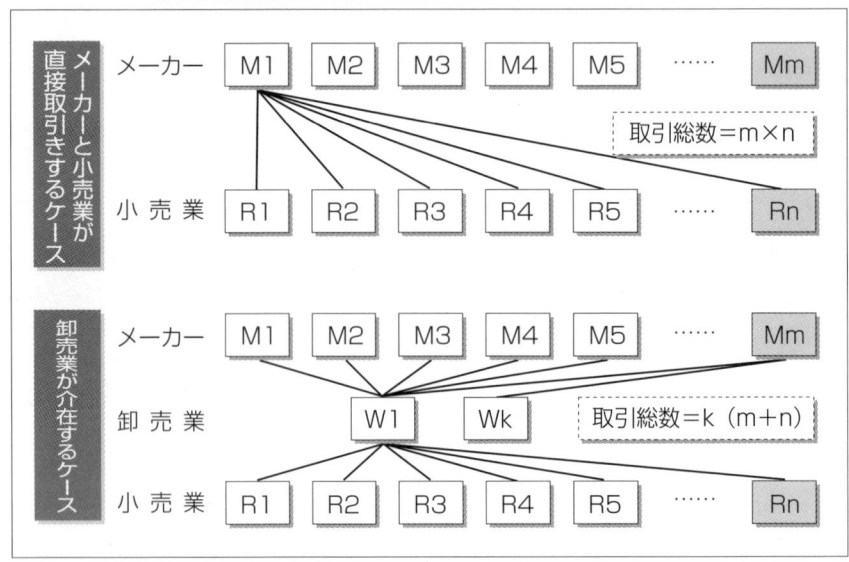

メーカーと小売業が直接取引きするケース：
メーカー M1, M2, M3, M4, M5, ……, Mm
小売業 R1, R2, R3, R4, R5, ……, Rn
取引総数 = $m \times n$

卸売業が介在するケース：
メーカー M1, M2, M3, M4, M5, ……, Mm
卸売業 W1, ……, Wk
小売業 R1, R2, R3, R4, R5, ……, Rn
取引総数 = $k(m+n)$

（出所）臼井秀彰他［2001］19頁。

(2) 技　法

　価値連鎖とは，ポーター（Porter, M.E.）［1985］が提示した概念であり，全ての活動のコスト・ビヘイビアおよび活動の差別化の源泉を理解するための分析枠組みのことである[12]。

　図表4－2－4に示されるように，「主活動」と，主活動を支援する「支援活動」という2つの活動から，差別化の源泉を分析できるツールである。競合企業と比較して，自社の事業において価値があるものを書き込む。したがって，書き込まれた事象は競争力の源泉となる。

　価値連鎖は，企業間の連結関係によって影響を受ける。企業間の価値連鎖のつながりを価値システムという[13]。

　卸売業は，価値システムにおいて，川上からの価値連鎖を川下へつなぐ重要な役割を担っている。小売業に卸売業の価値を認識させるために，価値連鎖を作成し，今後の方針を模索することが望ましい。

図表4-2-4　価値連鎖

	全般管理（インフラストラクチャア）				マージン
支援活動	人事・労務管理				
	技術開発				
	調達活動				
購買物流	製　造	出荷物流	販売・マーケティング	サービス	

（出所）Porter, M.E.［1985］訳書49頁。

(3) 重要用語

　卸機能，価値連鎖，リテールサポート，卸の中抜き

　1）菱食，平成18年度12月期連結中間決算短信，5頁。
　2）日経ストラテジー，1999年3月号，149-150頁。
　3）RDC（流通加工広域対象型物流センター：Regional Distribution Center），

FDC（前線物流センター：Front Distribution Center），SDC（特定企業専用物流センター：Specialized Distribution Center）
4）日経ビジネス，2003年11月24日号，142頁。
5）同上誌142頁。
6）同上誌142頁。
7）同上誌142頁。
8）臼井秀彰＝加藤弘樹＝寺嶋正尚［2001］181頁。
9）日経ビジネス，1997年9月29日号，24-25頁。
10）価値連鎖に記入される活動は，価値を創出する活動であり，企業の強みとなるため，記入されない卸売機能を，強化が必要な活動であると位置づけた。
11）卸売業のバリューチェーン作成にあたり，製造段階に在庫管理を加えた。
12）岸川善光［2006］170頁。
13）Porter, M.E.［1985］訳書46頁。

参考文献

Porter, M.E.［1985］, *Competitive Advantage of Nations*, The Free Press.（土岐坤＝中辻萬冶＝小野寺武夫訳［1985］『競争優位の戦略』ダイヤモンド社）
臼井秀彰＝加藤弘樹＝寺嶋正尚［2001］『卸売業のロジスティクス戦略―サプライチェーン時代の新たな中間流通の方向性―』同友館。
加藤義忠＝佐々木保幸＝真部和義＝土屋仁志［2000］『わが国流通機構の展開』税務経理協会。
岸川善光［2002］『図説経営学演習』同文舘出版。
岸川善光［2006］『経営戦略要論』同文舘出版。
鈴木豊［1992］『卸売業のマネジメント革新』中央経済社。
通商産業省中小企業庁取引流通課編［1997］『平成9年卸売業の現状と課題―新たな躍進への足がため』同友館。
廣岡治哉＝野村宏［1994］『現代の物流』成山堂書店。
日経ストラテジー，1999年3月号，日経BP社。
日経ベンチャー，1997年9月29日号，日経BP社。
日経ビジネス，2003年11月24日号，日経BP社。

第4章 業種別の診断

3 小 売 業

❶ ケース

(1) はじめに

　小売業は，商品を消費者に販売するため，様々な戦略を展開している。本ケースでは，とりわけ重要とされる店舗管理に重点を置き，診断を行う。

(2) 企業概要

　　　企 業 名：株式会社ドン・キホーテ
　　　設　　立：1980年
　　　資 本 金：14,359百万円（2006年6月末現在）
　　　事業内容：家電用品，日用雑貨品，食品，時計・ファッション用品およびスポーツ・レジャー用品等の販売を行うビッグコンビニエンス＆ディスカウントストア
　　　売 上 高：260,779百万円（2006年，連結）
　　　経常利益：14,396百万円（2006年，連結）
　　　従業員数：1,966名（2006年，連結）

(3) ケース

　小売業において，店舗管理は商品の売れ行きを左右する重要な要素である。広い通路を確保し，数多くの商品を整然と並べ，店内を明るくすることによって，消費者の利便性を追求する店舗管理が一般的である。一方で，このような枠にとらわれ，多くの小売業では，店舗管理に独自性を持たせることができずに，似たような店舗展開となる傾向にある。

　しかし，株式会社ドン・キホーテ（以下，ドン・キホーテ）は，これまで

の店舗管理の常識には捕われない経営を行っている。

　ドン・キホーテの店舗は雑然としている。山積みにされた商品が各所に並べられ，通路が狭いために，すれ違うことさえ苦労する。従来の店舗管理の観点からみれば，ドン・キホーテは買い物をしやすい環境であるとはいえない。しかし，実際は多くの消費者の支持を得ている。その要因を「深夜営業」[1]，「圧縮陳列」[2]，「サムシングニュー」[3]，という３つの独創的な経営手法にみることができる。

　ドン・キホーテの閉店時間は，早いところでも23時である。中には24時間営業を行う店舗も存在する。深夜まで営業するのは，深夜に買い物をしたいという消費者が多いためである。遅くまで働くサラリーマンは，買い物をする場所が限られてしまう。コンビニエンスストアでは，最寄品以外の品揃えは少なく，ニーズを満たすことができない。ドン・キホーテは品揃えが豊富なディスカウントストア（以下，DS）であるため，そのニーズを満たすことができるのである。

　ドン・キホーテが他の小売業と大きく異なる点は，圧縮陳列と呼ばれる店舗管理を採用していることである。商品棚には，多くの商品が詰め込まれており，１つ取り出すと崩れそうな商品棚となっている。天井まで届きそうな高さまで商品が詰め込まれている棚もある。通常，落ちると割れてしまうため，小売業では地面近くに置く瓶類であっても，天井近くまで積まれているのである。

　この圧縮陳列は，消費者に発見する楽しさを提供している。すべての棚で圧縮陳列を採用しており，正面からは決して見えない部分に，消費者が探している商品がある場合も多い。圧縮陳列こそ，ドン・キホーテの「ジャングルでの宝探し探検のようなもの」という魅力につながっているのである[4]。

　また，もう１つの魅力として，常に売り場の目新しさを維持している点が挙げられる。ドン・キホーテの店舗にあるおよそ４万品目の商品のうち，６割は定番品であり，４割がスポット商品である[5]。商品点数の多さと高い流動性が，新しい発見につながるのである。

第4章　業種別の診断

　店舗管理におけるコンセプトを本部が店舗に押しつけてしまうと、店ごとの特色が失われてしまい、すべて同じに見えてしまう。そのため、店舗管理および仕入れを各店舗に任せ、売場を担当制にすることによって、売場によって個性的な品揃え、販売方法となるのである。

〈ドン・キホーテ十三(じゅうそう)店〉

　大阪市淀川区十三本町にあるドン・キホーテ十三店は、1階に食品、衣料品を置き、2階に電化製品、雑貨用品等を販売している。

　十三店の店舗は、フロントスペース[6]にも圧縮陳列された商品が並べられており、入店前から買う気にさせてくれる。また、退店する際も、店内にいるかのような錯覚を受ける。

　店内に入るとすぐに、天井近くまで積まれた商品が目の前にあらわれる。主通路は、コンビニエンスストア程度の広さを確保している。しかし、一歩副通路に踏み入れると、すれ違う余裕はない。2階へ続く階段の両側にまで商品があり、上り下りでさえ楽しさが提供されている。2階では、アクセサリーや時計などを販売しているため、20歳代の女性が、商品を吟味する姿が多く見受けられた。

　十三店の特徴は、店員により作成されたPOP広告[7]の多さである。ほぼすべての商品にPOP広告が用いられており、同一商品が並ぶ棚であっても、同じPOP広告は使用されていなかった。商品探しと同じく、POP広告を見ることも楽しむことができる店舗管理がなされていた。

〈ドン・キホーテ桜ノ宮店〉

　大阪市都島区にある桜ノ宮店は、建物の屋上に「激安の殿堂」と書かれた看板が遠くからでも目立つ。桜ノ宮店は、十三店とは全く違う印象を受けた。店内の主通路、副通路とも広く、店内は明るい。しかし、圧縮陳列をされた商品は、ここにも見ることができる。商品探しのため、広い通路を店内奥まで進むと、それまで広々とした店内であったためか、自分の位置がわからなくなる。雑然としており、入り口付近とは全く違う印象を受ける。

　入口付近では、通常のDSと同じ程度の店舗管理である。一方で、店舗の奥

では，圧縮陳列の効果が見受けられた。

〈ドン・キホーテ楽市楽座久留米店〉

　福岡県久留米市にある楽市楽座久留米店（以下，久留米店）は，株式会社ワイルドレジャーが展開するアミューズメントマーケット「楽市楽座」と同じ建物に入居している。楽市楽座との相乗効果により，アミューズメント性が高い店舗となっている。久留米店では，消費者の動線は店内奥まで顧客を誘導する作りになっている。主通路，副通路ともに狭く，レジ付近では，常に人で混雑している。

　売場では，スポット照明により注目商品が一目で分かる。また，ブランド売場に近づくにしたがって，照明は暗くなっていき，家電売場に進むと明るくなるなど，明暗の使い方に工夫が施されている。

　3店舗の店舗診断により，消費者行動について共通する点が明らかになった。消費者は目当ての商品がある場合は，足早に売場へ向かうが，その後，周辺の商品を物色する。消費者の多くは，売場を横断的に歩き回り，目新し

図表4-3-1　久留米店の店舗図と主通路における動線分析

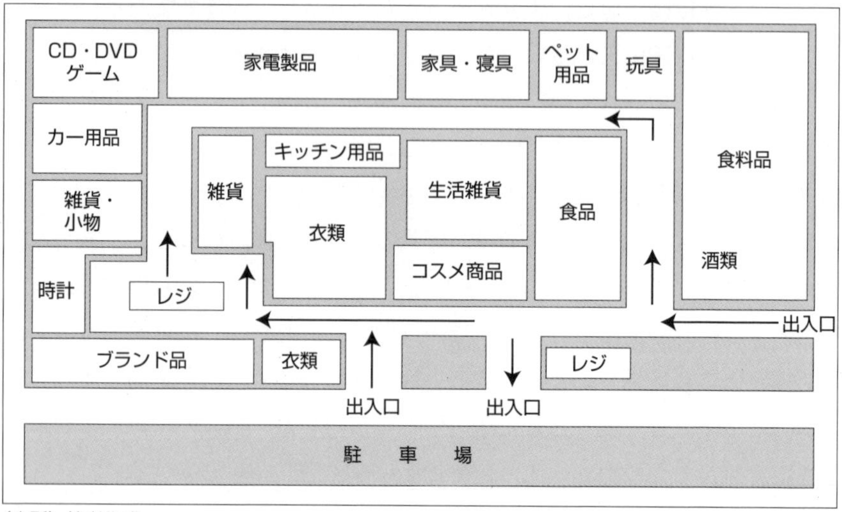

（出所）筆者作成。

い商品を見つけると，その商品につけられたPOP広告に注目していた。

　店舗管理の共通点は，店舗の壁をすべて利用することである。十三店について言えば，すべての壁や柱に商品や広告が貼られており，店の柱がどこにあるのか分からないほどであった。また，POP広告を多く利用している点は，ほかの小売店にはあまり見ることができない取り組みである。

　上記のような取り組みは，顧客第一主義を追求した結果である。見にくい，取りにくい，探しにくいという店舗管理は，安いだけ，品数が多いだけの小売業では満足しない消費者の多様化するニーズに応えているのである。

❷ 診　断

(1) 診断の視点

　圧縮陳列やサムシングニューといったドン・キホーテの店舗管理は，一般的な小売業の店舗管理とは全く異なる。望ましいとされている店舗管理の手法と，ドン・キホーテで行われている店舗管理を比較し，優位性を築くための解決策を導出する。

(2) 問題点

　ドン・キホーテの店舗管理は，「ジャングルでの宝探し探検のようなもの」というコンセプトに基づいている。各店舗は，このコンセプトに沿う売場作りをしている。しかし，売場の管理を担当制にしているため，ドン・キホーテ全体としてバラツキが生じている。売場ごとに商品演出など，工夫されているものの，通常のDSと変わらない面が多々見られた。

　図表4－3－2に示されるように，一般的な小売業が実施する店舗管理と，ドン・キホーテが実施している店舗管理は，明らかな差がみられる。この差は，店舗管理のコンセプトの違いによるものと推測できる。

　ドン・キホーテにおける店舗管理のコンセプトは，明確に設定されているが，全体的に波及していない。店舗管理が不十分となり，他のDSとの差異が小さい店舗・売場を改革しなければならない。

図表4-3-2　店舗管理比較表

一般の店舗管理手法と効果	比較項目	ドン・キホーテの店舗管理手法と効果
広く確保し，買い物しやすい雰囲気を出す。	通路	意図的に狭くし，圧縮陳列の効果を最大化。
見やすく，取りやすい棚割で清潔感を出す。高さよりフェイス数を重視。	商品棚	見にくく取りにくい圧縮陳列により，顧客の期待感を増幅。
フェイス数を増やす等，陳列面積を広く取る。底上げして，高さを演出。	商品演出（量感）	複数の商品を，売場に詰め込む圧縮陳列。
特設コーナー展開により注目を引く。	商品演出（質感）	ブランド商品売場に見られるように，照明で高級感等を演出。
少数のPOP広告はあるが，基本的には商品そのものに記載された情報のみ。	商品情報	POP広告により徹底した情報提供。壁や床に広告貼付。
量販商品と季節性のある商品のみ。	取扱商品	趣向性に富む商品群を次々に入荷。
明るくし，清潔感を出す。	照明	コーナーによって調節。照明効果を最大限に活用。

（出所）筆者作成。

(3) 課題

　コンセプトを反映させた店舗管理の徹底を図るためには，全店舗の状況を把握し，ベンチマーキングを継続して実施する必要がある。また，社内のノウハウを共有するためには，ネットワークの強化が不可欠である。

　陳列方法については，圧縮陳列が基本となる。しかし，圧縮陳列は「ジャングル」を想起させるための手法の1つであり，それが全てではない。圧縮陳列ができない売場については，別の方法で消費者に楽しさを与えなければならない。

　商品管理における課題では，サムシングニューを効果的に行う環境を整えなければならない。そのためには，商品の流動性を向上させ，売れ残り商品については，安売りに転じるのではなく，売り方や売場を変更することによ

って，魅力ある商品演出としなければならない。

　ドン・キホーテは，店内の明るさに基準はなく，明暗を自由に演出できる。照度調節は，昼夜明るい通常の小売店では実施しにくい。照度調節を効果的に利用することは，ドン・キホーテの店舗管理において強みとなる欠かせない要素である。

　ドン・キホーテの店舗管理でもっとも重要なことは，消費者にどうやってインパクトを与えるのかということなのである。

(4) **解決策**

　コンセプトを全体に波及させる課題は，ドン・キホーテ全店舗を視察・指導する社員を配置することによって解決される。他店の手法を直接伝えるが，売場の管理は各店舗の担当者に任せているため，同じような店舗の増加にはつながらない。

　陳列方法については，売場ごとに，担当者が商品の特設コーナーを設け，多様な情報を提供することによって，ドン・キホーテが提案する「宝」を演出する。売場ごとに担当者が違うため，同じ店舗内でも変化をつけやすく，消費者により大きな見る楽しさと，探す楽しさを与えることを狙いとする。

　また，売れ行きの良い商品販売手法や売れ筋商品情報を，イントラネットや社内報を用いて公開することによって，全店舗でノウハウの共有を図る。

　商品の流動性を向上させるためには，商品の販売状況を把握することが重要となる。売場ごとにABC分析を用いて，Cに分類される商品群を，消費者が注目し，取りやすい場所に移動させる。また，定番品と趣向性の強い商品を別々に分析する。定番品でCに該当した商品は，次回からの仕入れを控える。他方，趣向性の強い商品でCに該当した商品は，担当者になぜ売れないのかを分析させることによって，地域の消費者特性を理解し，より顧客ニーズにあった商品の仕入れを実施する。

　照明の調節は商品単位で工夫するだけではなく，売場の雰囲気作りにも利用する。ブランド商品売場をやや暗い照明にしている手法を，他の売場でも

実施するのである。家電売場を明るくし，寝具売場の照明を暗くするなど，生活スタイルに合わせた調整を行う。

通常のDSと類似する売場として，家電売場が該当する。複雑に積み上げることが困難なこともあり，店舗管理においても広いスペースを取っているためか，ドン・キホーテではないような印象をうける。そのため，POP広告を多用し，雑然とした売場を演出する手法や，陳列棚を利用し，天井近くまで商品を配置するなどが考えられる。また，家電売場を設けるのではなく，関連商品の売場に配置する手法もあげられる。米の隣に電子ジャーを配置し，CD売場に再生機を置くなど，よりよい生活提案のための手法とすることも可能である。

❸ 解説

(1) 関連理論

小売業の店舗管理は，人間工学に基づいた店舗運営であるといえる。いくつか例を挙げると，棚の陳列ではゴールデン・ゾーンといい，顧客の手の届きやすい位置が，男女別に決められている[8]。男性の場合は，70〜160cmの高さがもっとも手に取りやすい高さであり，女性の場合は，60〜150cmと決められている[9]。

また，照明の方法によっても顧客に与える印象は大きく異なる。コンビニエンスストアでは，外から見たときに，店内が明るく入りやすいように見えるという理由から，蛍光灯を入り口に対して横向きに並べ，「直接照明」により照射している。一方で，高級感を演出する小売業には，壁や天井に反射させた「間接照明」という方法を採用する[10]。

上記のほかにも，様々な店舗管理の方法が定められており，小売業はこうしたデータを利用し，独自性を持たせた店舗管理が必要とされる。

(2) 技法

店舗の運営管理を行う際，動線計画や陳列方法など，多くの事柄を調整し

図表4-3-3　ABC分析

売上順位	商品名	売上高	売上高構成比	累積売上高	累積構成比	区分
1	A	5000円	32.47%	5000円	32.47%	A
2	B	3500円	22.73%	8500円	55.19%	A
3	C	3000円	19.48%	11500円	74.68%	A
4	D	1200円	7.79%	12700円	82.47%	B
5	E	1000円	6.49%	13700円	88.96%	B
6	F	800円	5.19%	14500円	94.16%	C
7	G	400円	2.00%	14900円	96.75%	C
8	H	300円	1.95%	15200円	98.70%	C
9	I	200円	1.30%	15400円	100.00%	C
	合計	15400円				

（出所）筆者作成。

なければならない。その中でも在庫管理は小売業にとって重要な課題である。

　ABC分析とは，パレート図を用いた商品の管理手法であり，商品を売上高構成比順に並べ，ABCの3ランクに区別するものである。図表4－3－3に示されるように，売上高累積構成比が70-80％にあたる商品群をAとし，80-90％にあたる商品群をB，90-100％に当たる商品群をCとする[11]。

　取扱商品の中で，どの商品が売り上げに貢献しているのかを判断することができる。しかし，売上高での貢献であり，利益の貢献ではないため，売上総利益を中心とした分析が必要となる。

　ABC分析は，見た目にもわかりやすく，商品データを用いればすぐに作成ができる。分析結果が描く分析カーブを見極めることにより，今後取るべき方向性を導き出し，主力商品や育成商品を，どのような販売方法を用いて利

益につなげるのかといった提案をすることも可能である。

(3) **重要用語**
店舗管理，サムシングニュー，圧縮陳列，動線計画

---

1 ）安田隆夫［2000］77-80頁。
2 ）同上書86頁。
3 ）同上書94頁。
4 ）月泉博［2003］127頁。
5 ）安田隆夫［2000］96頁。
6 ）入り口前の空きスペースのこと。
7 ）Point of Purchaseの略であり，購買時点広告のことである。
8 ）ＴＡＣ中小企業診断士講座［2004］180頁。
9 ）同上書180頁。
10）同上書170頁。
11）商品群を定める割合は，状況によって異なる。

参考文献
大橋正彦［1995］『小売業のマーケティング―中小小売商の組織化と地域商業―』中央経済社。
岡本輝代志［1988］『商業経営の空間的アプローチ』千倉書房。
加藤義忠＝佐々木保幸＝真部和義＝土屋仁志［2000］『わが国流通機構の展開』税務経理協会。
木地節郎［1972］『例解店舗の管理と診断４訂版』同友館。
岸川善光［2002］『図説経営学演習』同文舘出版。
岸川善光編［2004］『イノベーション要論』同文舘出版。
岸川善光［2006］『経営戦略要論』同文舘出版。
ＴＡＣ中小企業診断士講座［2004］『中小企業診断士ターゲット・シリーズ―スピードテキスト③運営管理―』ＴＡＣ株式会社出版事業部。
月泉博［2003］『完全解明ドン・キホーテの革命商法』商業界。
土屋久弥［1984］『客を呼ぶ売場の条件―活力ある店づくり―』中央経済社。
安田隆夫［2000］『ドン・キホーテの「４次元」ビジネス』広美出版事業部。

第4章 業種別の診断

4 サービス業

❶ ケース

(1) はじめに

サービス財は，サービスの基本的な特性による問題を多く抱えている。そのため，サービスの善し悪しは，実際に提供されなければ判断が難しい。サービス業のケースでは，警備サービスを取り上げ，新規顧客の獲得を重点とした診断を行う。

(2) 企業概要

企 業 名：セコム株式会社
設　　立：1962年7月7日
資 本 金：6,630百万円（2006年3月31日現在）
事業内容：警備を中心に総合安全保障事業を展開。
売 上 高：313,000百万円（2005年，連結）
経常利益：70,900百万円（2005年，連結）
従業員数：12,518名（2005年，連結）

(3) ケース

セコム株式会社（以下，セコム）は，日本初の警備保障会社として，1962年に設立された。現在では，医療・保険・教育など，幅広く事業展開をしている。また，企業の宣伝に長嶋茂雄氏やペ・ヨンジュン氏を登用したことによって，企業名の認知度は相対的に高い。

設立時の課題は，少人数の社員を有能なガードマンの育成に取り組むことであった。また，警備事業を世間に認知してもらう必要があった。ガードマ

ンの育成を続けた結果，1964年に行われた東京オリンピックでは，セコムに警備の依頼があった。また，翌年には，テレビドラマのモデルとして取り上げられたため，認知度が向上することとなった。

セコムの警備事業は，情報通信技術を早期に導入したことが，今日における強みにつながっている。

1966年に開発された「SPアラーム」は，セコムが情報通信技術を活用した最初の製品である。SPアラームとは，遠方通報監視装置のことであり，セコムと顧客企業の間に専用回線によるネットワークを構築し，顧客企業に置いたセンサーをオンラインで監視するというものである。この製品の開発以後，情報通信ネットワークが同社の強みとなった。

1975年には，世界初のコンピュータ・セキュリティ・システムを利用した安全システムを構築した。セコムは創業後，新製品の開発や新技術の開発を積極的に行った。人や建物の警護だけではなく，防災分野にも進出するなど，安全を総合的に保障できる環境整備に着手した。

1981年には，法人だけであった顧客対象に個人を取り込み，家庭用安全システムの提供を始めた。また，米国の警備保障企業と経営統合し，グローバル企業としての活動を開始した。

顧客に，安心・安全を提供してきたセコムは，より安全性を追求するための手段として，顧客との間にコンピュータ・ネットワークを構築し，翌年にはVAN（付加価値通信網）を事業とした企業を設立させた。情報通信技術を事業に活用したセコムは，1989年1月に「社会システム産業元年」を経営方針に掲げた。この経営方針は，これまで構築してきた情報通信ネットワークを利用し，医療や教育などの社会基盤に，安全を提供するという宣言であった。

その宣言どおり社会システム産業の実現に向け，セコムの事業はさらに広がりを見せた。在宅医療分野におけるサービスとして，セコムファーマシーと呼ばれる調剤薬局を開設し，セコム在宅医療システム株式会社を設立させた。在宅医療だけではなく，1997年には健康食品として漢方を取り扱い，翌

第4章 業種別の診断

図表4-4-1　セコムが提供するサービスの対象

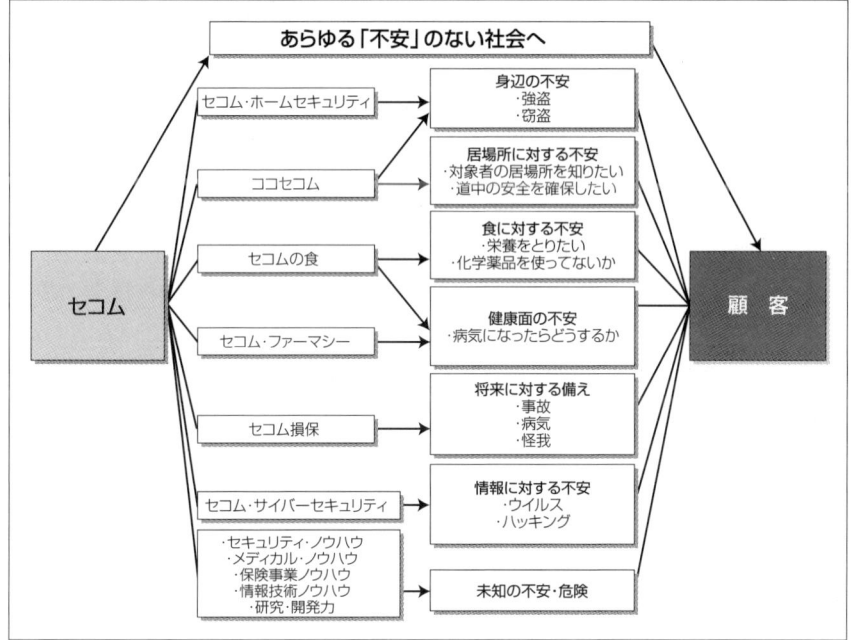

```
                    あらゆる「不安」のない社会へ
                              ↑
                                          身辺の不安
               セコム・ホームセキュリティ ──→ ・強盗
                                          ・窃盗

                                          居場所に対する不安
               ココセコム ──────────→ ・対象者の居場所を知りたい
                                          ・道中の安全を確保したい

                                          食に対する不安
               セコムの食 ──────────→ ・栄養をとりたい
                                          ・化学薬品を使ってないか
    セコム                                                          顧客
                                          健康面の不安
               セコム・ファーマシー ─────→ ・病気になったらどうするか

                                          将来に対する備え
               セコム損保 ──────────→ ・事故
                                          ・病気
                                          ・怪我

                                          情報に対する不安
               セコム・サイバーセキュリティ → ・ウイルス
                                          ・ハッキング

               ・セキュリティ・ノウハウ
               ・メディカル・ノウハウ
               ・保険事業ノウハウ            未知の不安・危険
               ・情報技術ノウハウ
               ・研究・開発力
```

（出所）筆者作成。

　年サービスを開始した。また，情報に関する安心を提供するため，サイバーセキュリティ事業に参入したほか，損害保険にも進出を果たした。
　セコムの事業は多岐にわたるが，共通することは，図表4－4－1に示されるように，提供しているものの対象が「安全」「安心」ということである。
　一般家庭向けのサービスを例にとって，セコムのサービス財の特質と基本戦略を概観する。セコム・ホームセキュリティは，防犯・防災を目的としたサービスである。加入すると，家屋にセンサーと小さなパネルが取り付けられる。このセンサーは，セコムとオンラインで結ばれており，24時間365日監視し続け，異常を感知すると，各拠点に配置された警備員が駆けつける仕組みである。
　また，法人の防犯システムが主力事業であり，一般家庭に対する優位性を

191

獲得する必要があったため，長嶋茂雄やペ・ヨンジュンをCMに起用し，「セコムしてますか」というキャッチ・コピーにより，知名度を高めた。

セコムのサービスは，物への体化は行われていない。セコムの警備員が駆けつけることで，顧客により安心感を提供することが目的であるため，物への体化は不必要なのである。

個人や法人の不安は，あらゆる面で発生するため，セコムはその全ての面で安心を提供しなければならない。そのための技術と情報を得る活動をセコムでは行っている。警備事業を行う企業は近年，ホーム・セキュリティ分野に注力しており，セコムではすでに34万9千世帯と契約を結んでいる。今後，ホーム・セキュリティ分野における競争の激化が予想される。

❷ 診　断

(1) 診断の視点

ホーム・セキュリティ事業は，事業の性質上，長期間にわたり提供されるサービスである。そのため，サービスの提供において，新規顧客を獲得する段階がもっとも重要となる。セコムは，競争の激化が予想されるホーム・セキュリティ分野において，顧客が加入しやすい環境を整えていなければならない。したがって，セコムのホーム・セキュリティ事業を，サービス・マーケティングの視点から診断を行う。

(2) 問題点

セコムが提供する警備サービスは，個人向けと法人向けに区別できる。法人向けサービスの加入数は，2004年度では61万8千件である[1]。法人数はおよそ257万2千件であり[2]，加入率はおよそ24％となる。個人向けサービスの加入世帯数は，2005年度でおよそ34万9千世帯である[3]。全世帯数はおよそ5,110万世帯であり[4]，ホーム・セキュリティ・サービスの加入率は，およそ0.7％となる。したがって，セコムの問題は，ホーム・セキュリティ・サービスにおける加入率の低さであるといえよう。

現在，ホーム・セキュリティ事業は，プロダクト・ライフ・サイクル上の導入期に当たるため[5]，サービス内容の認知度向上と大規模な販売促進活動が必要である。しかしながら，メディアによる広告では，企業名と事業ドメインしか伝えられていない。また，提供されるサービスは，犯罪被害のリスクに対する予防策となるものであり，顧客は，日常生活においてサービスが提供されているという実感がわきにくいものである。そのため，これまで実施してきた宣伝手法とは異なるアプローチを行う必要がある。

　セコムのマーケティング活動の目的は，消費者に防犯について興味を抱かせ，犯罪に対する危機感を持たせなければならない。犯罪対策を講じる過程で，「警備会社に加入する」という選択肢を与える活動を展開することが重要であるが，その活動はまだ完全とはいえない。

　セコムがこの分野で成功するためには，市場調査を行い，顧客との接点形成を図らなければならない。したがって，マーケティング計画の立て直しが必要とされる。

(3)　課　題

　セコムは，広告に有名人を起用し，ブランド構築を図っている。警備保障企業としての知名度は最も高く，企業規模も最大であり，市場占有率は業界1位である[6]。しかし，ホーム・セキュリティ加入率は顧客全体の0.7％しかない。今後は，企業のイメージ戦略を続けながら，顧客との接点を多く形成し，新規顧客の獲得に注力しなければならない。

　セコムでは，マス・マーケティングが実施されており，ターゲットが明確に定められていない。つまり，住宅であればどこでもよいのである。しかし，加入率の低さを考慮すると，セグメント・マーケティングに移行する方が望ましいといえる。特定の性質を有する顧客を対象とすることによって，サービス内容の充実を図る。対象範囲が狭められるため，市場調査しやすくなるだけではなく，接点として最適な場所を見つけやすくなるのである。

　地理的細分化により，新規顧客の獲得を重点的に取り組む箇所を設定する。

同地区内において，消費者の危機意識を高めるイベントを積極的に展開し，ホーム・セキュリティの重要性を訴える活動も望ましい。

ホーム・セキュリティは，契約後は長期間にわたってサービスが提供される特性を持つ。また，セコムのホーム・セキュリティ・サービスは，住居の設備の施工が伴うため，消費者に対して提案する際は，対象とするセグメントに適した方法を採用しなければ，加入数は低迷するものと思われる。

警備事業は，サービス認知が難しく，競合企業のサービスとセコムのサービスを比較しにくい。そのため，顧客が加入する要因を分析し，顧客の行動を理解することによって，競争優位を獲得しなければならないのである。

(4) **解決策**

有名人を起用したイメージ戦略は，セコムの認知度向上に大きく寄与している。今後の市場拡大において，このイメージ戦略は大きな意味を持つため，継続して行う必要がある。

セコムが対象とするべきセグメントは，新築・改築を行う顧客である。総務省統計研修所 [2006] によると，2003年に着工した新築件数は約116万件であり[7]，建て替え件数も毎年10万件を超えている。新築・改築により，顧客は自宅の警備面に，少なからず不安を感じるため，セコムの契約機会が発生する。実際に新築計画を持つ顧客に対して，ホームページ上で提案を始めているが，セコムとともに家造りを行う提案をする方が望ましい。

図表4－4－2に示されるように，住宅建設業との事業提携によって，住宅に付加価値を与えることを目的とする。モデルルームの共同開発や住宅建築計画の場にセコムが立ち会い，防犯の視点を取り入れた家造りを行うのである。また，旅行代理店との事業提携も望ましい。長期旅行に出かける人や旅行愛好者をターゲットとし，旅行期間中だけ住宅監視サービスを提供するのである。ただし，通常のホーム・セキュリティでは，器具取り付けのために工事が必要となるが，顧客の旅行期間中だけサービスを提供するので，工事を行わない器具開発が必要となる。

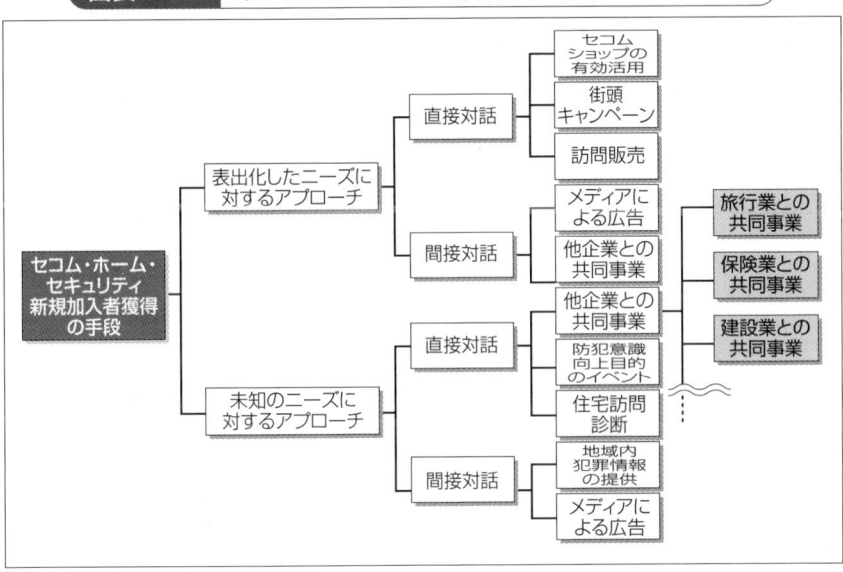

図表4-4-2　ホーム・セキュリティ新規加入者獲得のための戦略

```
                                      ┌─ セコムショップの有効活用
                         ┌─ 直接対話 ─┼─ 街頭キャンペーン
                         │            └─ 訪問販売
         ┌─ 表出化したニーズに
         │   対するアプローチ          ┌─ メディアによる広告      ┌─ 旅行業との共同事業
         │               └─ 間接対話 ─┤                          ├─ 保険業との共同事業
セコム・ホーム・                      └─ 他企業との共同事業 ─────┴─ 建設業との共同事業
セキュリティ ─┤
新規加入者獲得                         ┌─ 他企業との共同事業
の手段        │            ┌─ 直接対話 ┼─ 防犯意識向上目的のイベント
         │                │            └─ 住宅訪問診断
         └─ 未知のニーズに
             対するアプローチ          ┌─ 地域内犯罪情報の提供
                         └─ 間接対話 ─┴─ メディアによる広告
```

（出所）筆者作成。

　また，児童を対象にしたココセコム（GPSを利用した位置情報提供サービス）は，ホーム・セキュリティとの関連性を強め，パッケージ商品として提案するなど，既存のサービスとの併用も望ましい手法である。

　他方，顧客との接点形成の場所として，セコムショップを利用する。セコムショップの営業内容は広く知られていないため，駅構内などのオープンスペースに，仮設サイトをオープンさせ，セコムショップを理解してもらう。また，顧客の危機意識を高める工夫も同時に行う。都市部を中心にオーダーゲッターを配置し，住宅街において防犯体制の不備がある住宅を訪問し，警告と提案を行うのである。

　より多くの顧客と接点を形成し，危機意識を持たせる活動を継続することが，今後もっとも重要な活動となるのである。

❸ 解　説

(1) 関連理論

　野村清［1996］によると，「サービスとは，利用可能な諸資源が有用な機能を果たすその働き」のことである[8]。経営におけるサービスは，無形財の提供のことであり，無形財の取引は，所有権の移転を伴わない。無形財の取引を主たる事業とする企業をサービス業といい，日本標準産業分類の大分類では，Lに属する。

　サービス財の基本特性は，図表4－4－3に示されるように，非貯蔵性，無形性，一過性，不可逆性，認識の困難性の5つである[9]。サービス財が消費される場所には，供給者と需要者が存在しており，需要者の協力によって生産性が向上する特徴を持つため[10]，需要者の行動を含めた計画立案が求められる。また，基本特性に対応する基本戦術には，物への体化，内容告知の積極化，有形化，イメージ化，提供時微調整の5つがあげられる[11]。

図表4-4-3　サービス財の特性と基本戦術

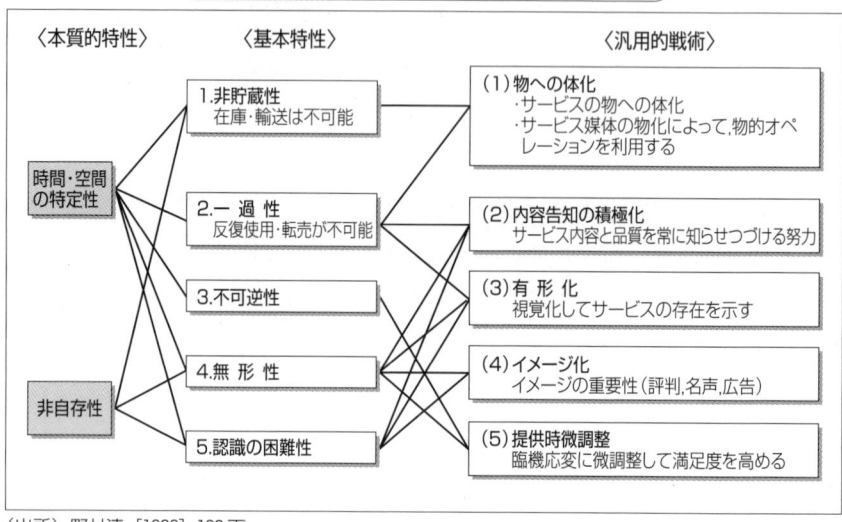

〈本質的特性〉　〈基本特性〉　〈汎用的戦術〉

- 時間・空間の特定性
- 非自存性

1. 非貯蔵性　在庫・輸送は不可能
2. 一過性　反復使用・転売が不可能
3. 不可逆性
4. 無形性
5. 認識の困難性

(1) 物への体化
　・サービスの物への体化
　・サービス媒体の物化によって，物的オペレーションを利用する

(2) 内容告知の積極化
　サービス内容と品質を常に知らせつづける努力

(3) 有形化
　視覚化してサービスの存在を示す

(4) イメージ化
　イメージの重要性（評判，名声，広告）

(5) 提供時微調整
　臨機応変に微調整して満足度を高める

（出所）野村清［1996］193頁。

第4章 業種別の診断

(2) 技 法

　顧客による新製品の採用時期は，購買意欲によって異なる。革新者と呼ばれる顧客層は，新製品の発売後すぐに購入する。革新者は顧客全体の2.5％であり，革新者の購入を見極めて購入する顧客層は，早期採用者と呼ばれ，全体の13.5％を占めている[12]。早期採用者はオピニオン・リーダーとなるため，企業が新製品を開発する際には，革新者と早期採用者の特性に合わせる必要がある。

　上記のような購入時期の差にあわせて，製品ライフサイクルを考慮しなければならない。図表4－4－4に示されるように，革新者が主な顧客である発売段階と，早期採用者が主な顧客となる成長段階では，採るべき戦略が異なっている。本ケースでは，セコムのホーム・セキュリティを診断した。ホーム・セキュリティ分野は，成長段階へ移行している段階であるため，主な顧客は革新者であるが，早期採用者を対象とした取組みを始めなければならない。そのため，販売促進活動を積極的に展開しつつ，市場浸透を図るため，需要が見込まれる事業との提携という解決策が導出された。

図表4-4-4　製品ライフサイクルの特徴，目標，戦略

特徴	発売段階	成長段階	成熟段階	衰退段階
売上	低水準	急増	ピーク	減少
コスト	顧客1人当たりのコストは高い	顧客1人当たりのコストは平均的	顧客1人当たりのコストは低い	顧客1人当たりのコストは低い
利益	マイナス	増加	高水準	減少
顧客	革新者	早期採用者	平均的な多数採用者	遅滞者
競合他社	ほとんどない	増加	安定，そして減少へ	減少
マーケティング目標				
	製造，認知，試用	市場シェアの最大化	市場シェアを維持しつつ，利益を最大化	コスト削減し，ブランド名で売る
戦略				
製品	基本的な製品を提供する	製品の種類を増やし，サービス，保証を提供	ブランドやモデルを多様化する	弱いアイテムは引きあげていく
価格	コストプラス方式の採用	市場に浸透できる価格設定	競合他社と競うことができる，あるいはそれを打ち負かす価格設定にする	値下げする
流通	選択的流通チャネルを確保する	拡大的流通チャネルを確保	拡大化をさらに進める	選択する。利益の出ない販路から撤退する
広告	早期採用者，ディーラーに新製品を認知してもらう	大衆消費市場で新製品の知名度を高め，関心をもってもらう	ブランドの違いとベネフィットを強調する	固定客を維持するために必要な水準まで減らす
販売促進	試用してもらうために大規模な販売促進活動を展開する	需要が高まったところで販売促進活動は控える	ブランドを変えるよう，販売促進活動に力を入れる	最低水準まで減らす

（出所）Kotler,P.＝Armstrong,G.［2001］訳書431頁。

(3) **重要用語**

サービス,製品ライフサイクル,セグメント・マーケティング

---

1) 報道資料2005年度版,2005年4月18日発表資料による,2004年12月現在の数値。
2) 国税庁による平成16年会社標本調査結果。
3) 報道資料2006年度版,2006年7月20日発表資料による,2006年3月現在の数値。
4) 総務省自治行政局市町村課発表の住民基本台帳に基づく人口・人口動態及び世帯数調査。
5) 岸川善光［1999］107頁。
6) 警備保障事業だけで比較した場合の順位。
7) 総務省統計研修所［2006］139頁。
8) 野村清［1996］38頁。
9) 同上書70-74頁。
10) 同上書86-92頁。
11) 同上書193頁。
12) Kotler,P.＝Armstrong,G.［2001］訳書241-245頁。

参考文献

Kotler,P.＝Armstrong,G.［2001］, *Principles of Management*,9th ed., Prentice-Hall.
　（和田充夫監訳［2003］『マーケティング原理　第9版』ダイヤモンド社）
伊丹敬之［2003］『経営戦略の論理　第三版』日本経済新聞社。
井原哲夫［1999］『サービス・エコノミー　第2版』東洋経済新報社。
岸川善光［1999］『経営管理入門』同文舘出版。
岸川善光［2006］『経営戦略要論』同文舘出版。
新QC七つ道具研究会編［1984］『やさしい新QC七つ道具』日科技連。
総務省統計研修所［2006］『日本の統計』総務省統計局。
高橋秀雄［1998］『サービス業の戦略的マーケティング』中央経済社。
野村清［1996］『サービス産業の発展と戦略』電通。

第4章 業種別の診断

5 物流業

❶ ケース

(1) はじめに

 多くのネットビジネスが成功した理由には，発達した物流業の存在があげられる。近年，物流業は中国における市場シェア獲得のため，事業展開をしている。中国における事業を成功させるための取り組みを考察する。

(2) 企業概要

　　企 業 名：フェデックス・コーポレーション
　　設　　 立：1971年
　　本 拠 地：米国テネシー州メンフィス
　　事業内容：総合航空貨物輸送
　　サービス取扱地域：220以上の国と地域（2006年現在）
　　売 上 高：32,294百万ドル（2006年，連結）
　　営業利益：3,014百万ドル（2006年，連結）
　　従業員数：約140,000名（2006年，連結）

(3) ケース

 フェデックス・コーポレーション（以下，フェデックス）は，米国を中心に活動している総合航空輸送会社である。米国で初めて米国内翌日配送サービスを開始した企業であり，現在では世界中に物流網を広げている。

 フェデックスが設立された1970年代前半の米国物流は，正確性とスピードに欠けていたため，フェデックスは当初から，正確性とスピードを重視した経営を行っていた[1]。

フェデックスは,「ハブ・アンド・スポーク・システム」を構築した企業である。このシステムは，図表4-5-1に示されるように，米国内で収集した全ての荷物をメンフィスに運び，配送地域ごとに仕分けしたのち，全国に届けるものである。このシステムによって，米国内翌日配送が可能となった。また，物流コストも最低限に抑えられている[2]。

　近年，物流においても，ITの活用は不可欠となった。フェデックスにおいても，集荷依頼から配送まで，全ての場面においてITが利用されている。利用者は，配送が完了するまでの時間であれば，荷物の位置情報を把握できるようになっている。

　フェデックスは，物流における正確性を重要視している。競合企業との差を，スピードでつけることが困難になり，正確性の追求を競争力の源泉とするためである。そのため，荷物情報が30分以上把握できない場合や，翌朝10時30分配送に，60秒以上遅れた場合には，料金の全額払い戻しに応じるという規定を作成した[3]。

　このような正確性の追求は，多くの利用者にとって，価値のあるものとな

図表4-5-1　フェデックスのハブ・アンド・スポーク・システム

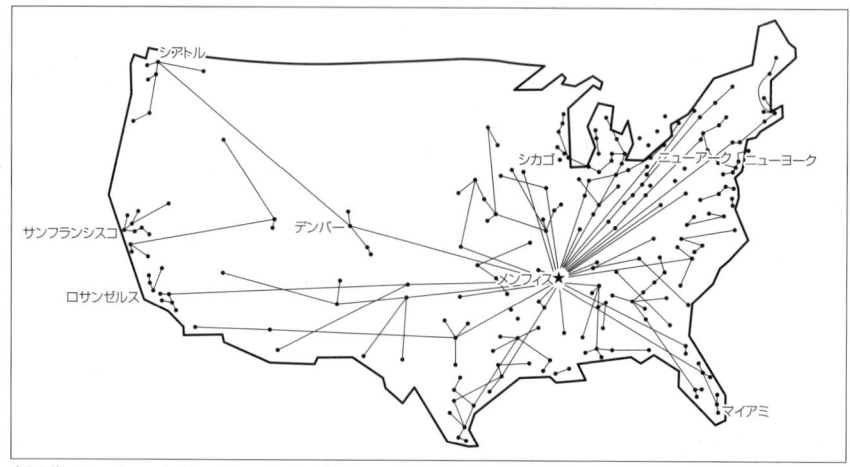

（出所）Sigafoos, R.A.［1983］訳書7頁。

第4章 業種別の診断

った。製造業の場合，ジャスト・イン・タイムの製造が可能となる。また，在庫コストを削減することが可能となる。顧客ニーズに応えたサービスを提供したため，フェデックスは世界の物流企業となった。また，グローバル化に伴い，欧州ではフランスのシャルル・ドゴール空港をハブ空港にし，アジアではフィリピンのスービック・ベイ空港をハブ空港とするなど，ハブ・アンド・スポーク・システムを全世界に展開した。

　正確性があり，スピードも速いフェデックスを利用する企業に，コンピュータのダイレクト販売を手がけるデル社が挙げられる。デルは，受注生産方式を採用しており，安価な製品を早く顧客に届けることを目指している。アジアで受注した製品は，全てフィリピン工場で製造されている。そして製造された製品の出荷にフェデックスを利用しているのである。

　日本や中国，インドなど，220の国と地域で活動し，二国間での翌日配送を可能にした地域も存在する。しかし，世界的な活動になると，競合企業とのシェア争いとなっている。その理由として挙げられるのは，国際的な輸送に積極的ではないということである。フェデックスの米国国内での取扱数は，国際取扱数の約9倍であることからも伺える[4]。

　現在は，世界の都市を結ぶ航空路線を充実させることに注力している。とくに中国におけるシェアを拡大させるため，アジア・太平洋地域の拠点を，フィリピンから中国へと移転させる計画を本格的に始動させた。こうした動きは競合企業にも見られ，中国でのサービス拡大を図っている。

　図表4-5-2に示されるように，フェデックスの航空機保有数は4大物流企業中最多である。しかし，配送車両は少なく，その多くは米国とカナダに配置されており，航空輸送と比較して陸上輸送のインフラは，いまだ構築途中である。

　フェデックスはこれまで，M&Aにより成長した。1999年に運輸業カリバー・システム・インクを買収したことをきっかけに，フェデックス・コーポレーションという親会社の下に，6つのオペレーティング企業を配置した。また，キンコーズ社を2004年に買収し，コピーや書類作成といった事業を取

図表4-5-2　フェデックスと競合企業の比較

	フェデックス	DHL	TNT	UPS
サービス取扱国	世界220以上の国と地域	世界220以上の国・地域	世界200以上の国々	世界中200を越える国と地域
従業員数（グループ全体）	約140,000人以上	約285,000人	130,000人以上	約407,200人
保有航空機	671機	400機以上	60機	577機
保有配送車両数	約44,000台	76,000台	17,000台	91,700台

(出所) 筆者作成。

り入れた。

　2006年現在では，①エクスプレス，②グラウンド，③フレイト，④キンコーズ，⑤カスタム・クリティカル，⑥トレード・ネットワーク，⑦サービシズ，⑧グローバル・サプライ・チェーン・サービス，⑨カスタマー・インフォメーション・サービスの9つの組織に再編成されている。

　様々な問題はあるものの，フェデックスのブランドはサービスの質の高さによるところが大きく，前出のデル社では，自社の製品の輸送にフェデックスを利用し，短納期化を実現するビジネス・モデルとするなど，顧客の信頼を獲得している。また，米国の物流を大きく革新させた企業であることから，「フェデックス」は「物を運ぶ」という意味で言葉として使用されるほど，米国に定着している。

　1日300万個以上の荷物を運ぶフェデックスは，社会にとって有益であることが認められ，米国フォーチュン誌により「世界で最も賞賛される企業」として，毎年表彰を受けている。

❷　診　断

(1) **診断の視点**

　フェデックスは，世界規模での物流インフラの構築に着手している。現在

では，中国における優位性を獲得するために，物流拠点の増設など，様々な取り組みを行っている。米国市場において優位性を持つフェデックスが，中国では苦境に立たされていることから，グローバル・ビジネスにおける問題点を分析し，望ましい取り組みを行っているかについて診断を行う。

(2) **問題点**

米国におけるフェデックスの優位性は，米国の地理的要因により構築されている。具体的には，陸上輸送手段と航空輸送手段との連携によりもたらされており，米国の西海岸と東海岸にある各都市を，メンフィス空港をハブとしたハブ・アンド・スポーク・システムによって，輸送速度を競争力の源泉としたのである。

しかしながら，物流業の競争が激化している中国では，海沿いに面した都市が発展しており，米国とは地理的条件が異なる。大量輸送を行う際には，船舶による輸送が望ましい環境であるため，航空輸送に強いフェデックスに

図表4-5-3 物流業における競争環境発生要因の連関図

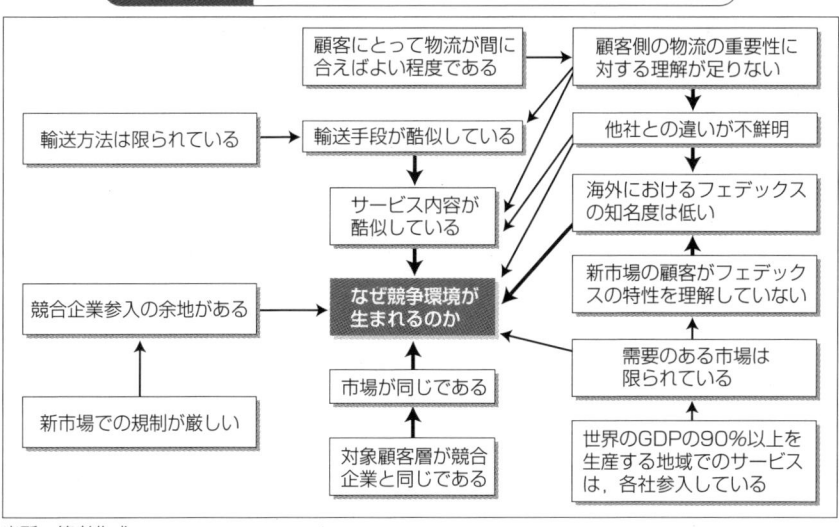

出所：筆者作成。

とって，中国における航空輸送の強みは発揮されないものと推測される。フェデックスが，中国内での市場シェアを確保するためには，陸上輸送に対する投資が必要となる。しかし，中国国内での陸上物流企業と企業統合を行ったとしても，価格競争に陥る可能性があり，利益の確保が難しく，サービスの質が低下する恐れがある。したがって，フェデックスは航空輸送において強みを持つため，中国においても航空輸送の分野でのノウハウを活用したサービスを行うことが望ましい。

図表4－5－3に示されるように，物流業における競争環境は，サービス内容の酷似によるものであり，より早く届く物流か，より安い物流を選ぶ消費者が多い。

フェデックスのグローバル・ビジネスにおいて，サービス内容を競合企業と異なるものにしなければならない。現状における問題は，差別化できていないことである。

(3) 課　題

物流網の拡大を行うだけの方向性では，図表4－5－3に示されるように，競争関係を築くだけである。そのため，サービス面において，競合企業との差別化を図らなければならない。輸送速度では，陸上輸送手段に乏しいため，差別化を図ることは難しい。輸送料金についても，航空輸送であることを考えると，差別化はできないものと思われる。

したがって，正確性において差別化を図る。決まった時間，決まった場所に届くサービスである。また，多数の企業を相手にするのではなく，特定の企業と契約し，顧客の利便性を追求したサービスを提供する。これにより，価格競争に陥らず，物流網も最低限のルートを確保するだけでよく，陸上輸送における資源の少なさを解決する。

また，顧客の物流を最適化しなければならないため，高速輸送サービスの提供だけではなく，情報システムによるネットワーク支援などを実施する必要もある。

(4) 解決策

　フェデックスのグローバル・ビジネスでは，地域環境に適応した戦略を重視すべきである。海上輸送が望ましくない米国のような地域においては，ハブ・アンド・スポーク・システムの構築による航空輸送の強みを活かす。

　他方，海上輸送が望ましい中国のような地域においては，特定の企業と物流契約を結び，徹底した支援体制を確立することに専念すべきである。契約を結ぶ企業と情報ネットワークを構築することによって，回収時間および配送時間の指定を受けるシステムが確立する。また，特定の企業に対し支援を行うため，トラック台数が少なくとも，価格競争に陥ることもなく，高品質のサービスを提供し，確実に利益を得ることができるのである。

　このサービスは，物を運ぶだけではなく，フェデックスが物流業として最適なサプライチェーンを構築するためのコンサルティングを行うことも重要な要素になる。とくに，輸出入の際の税関に関わる問題解決など，物流業としての視点から，顧客にとって最適な物流機能を提供する必要がある。そのため，フェデックスの組織であるトレード・ネットワークとグローバル・サプライチェーン・サービスが連携し，正確性の高い物流機能を提供することが重要になる。

　また，大量輸送を依頼する顧客を選択することによって，新しいサービスを提供することが可能になる。顧客がフェデックスを利用する目的は，物流の最適化を図ることである。徹底した物流最適化を図るには，物流にもっとも効率的な手法を顧客に強いる必要がある。

　そのため，顧客の商品保管を代行する事業を行う。顧客が行っている倉庫管理をアウトソーシングさせるのである。フェデックスは，このサービス提供のため，現地スタッフを雇用・教育しなければならい。しかし，人件費が安価であるため，金銭的な負担は少ない。

　物流において，商品搬出・搬入時の検品作業は手間がかかる。この作業をフェデックスが代行することによって，正確・確実な物流となる。顧客は，倉庫の効率的な利用が可能となるだけではなく，商品搬出・搬入にかかる時

間を短縮することができるのである。

❸ 解　説

(1) 関連理論

　近年，企業の提携，統合，合併など，企業間関係の革新を行う企業が増加している。企業間関係の革新を行うことにより，供給連鎖の組み換えを実施できる。供給連鎖は，研究開発，調達，製造，マーケティング，物流，顧客サービスという生産者起点による製品の一連の流れのことである。供給連鎖の概念は，物流の時代からロジスティクスの時代，そしてサプライ・チェーン・マネジメント（以下，SCM）の時代という3つの段階を経て普及しつつある[5]。

　SMCは，①供給連鎖の全体最適，②顧客満足の視点，③企業間関係の構築，④ITの活用の4つを目的としている。物流企業には，顧客を支援するために提供できるシステムとして，①国際物流，②調達物流，③生産物流，④販売

図表4-5-4　ハブ空港を設置する物流

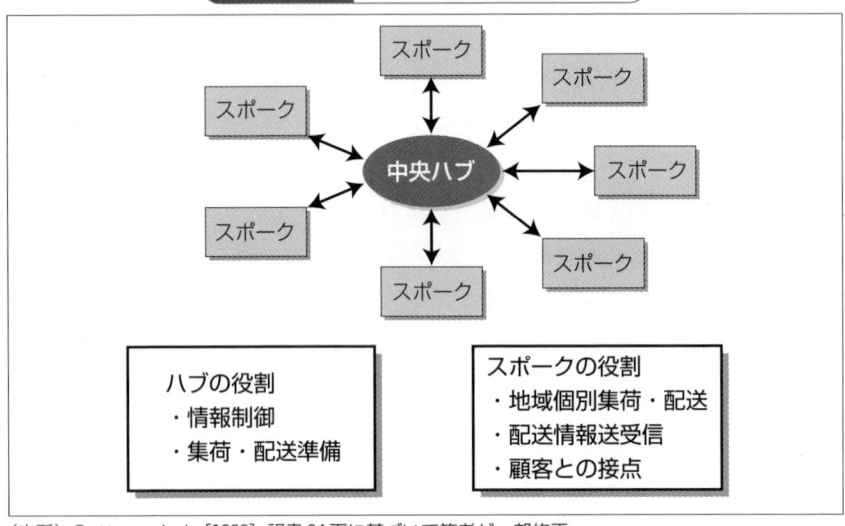

```
                    スポーク
        スポーク              スポーク

スポーク         ←→ 中央ハブ ←→       スポーク

        スポーク              スポーク
                    スポーク
```

ハブの役割	スポークの役割
・情報制御 ・集荷・配送準備	・地域個別集荷・配送 ・配送情報送受信 ・顧客との接点

（出所）Gattorna,L.J. [1998] 訳書64頁に基づいて筆者が一部修正。

物流の 4 つがある。

　SCM を実施することにより，効率的な経営が可能となり，競争優位を築くことができるのである。

　SCM に加え，ロジスティクスの設計・再設計が重視されている。米国ロジスティクス管理協議会［1986］の定義によると，「ロジスティクスとは，顧客のニーズを満たすために，原材料，半製品，完成品およびそれらの関連情報の産出地点から消費地点に至るまでのフローとストックを効率的かつ費用対効果を最大ならせしめるように計画，実施，統制することである」。ロジスティクスの最大の基盤は情報ネットワークと資源ネットワークである。

　上記のような企業間関係に対する企業の考え方の変化に伴い，統合，提携などの範囲は国内だけに留まらず，グローバル化の進展をみせ，国際物流網も拡大している。SCM を支援する物流業は，国際的視点を必要とされているのである。

　図表 4 - 5 - 4 に示されるように，ハブ空港を設置することによって，輸送回数を削減することができる。これにより，物流コストの低減と，物流にかかる負担を軽減することができるのである。

(2) **技　法**

　図表 4 - 5 - 3 に示されるように，問題点を導出する段階において，連関図を利用した。連関図は，問題の原因を追究する際に利用するものであり，本ケースでは，「なぜ競争要因が生まれるのか」という問題について，その発生要因を追求した。作成した図表中の矢線が集中する「サービス内容の酷似」と「同一市場」という点に問題があることがわかる。そのため，市場を細分化し，サービス内容も競合企業と違うものにする必要があるということがわかり，課題を導出することができる。

　連関図による問題の原因追及に加え，親和図やマトリックス図を用いることによって，より明確に問題の解決方法を発見できるようになる。

(3) **重要用語**

ハブ・アンド・スポーク・システム，連関図，サプライチェーン・マネジメント

---

1) Sigafoos, R.A.［1983］訳書56頁。
2) 同上書63-66頁。
3) 同上書20-37頁。
4) (財)国際通信経済研究所［2005］ 5 頁。
5) SCM研究会［1999］15頁。

参考文献

Gattorna,L.J.［1998］, *STRATEGIC SUPPLY CHANE ALIGNMENT*, Gower Publishing Company.（前田健蔵＝田村誠一訳［1999］『サプライチェーン戦略』東洋経済新報社。)

Sigafoos,R.A.［1983］, *Absolutely Positively, Overnight!*, St. Luke's Press.（上之郷利昭訳［1986］『空とぶ宅配便フェデラルエクスプレス』TBSブリタニカ）

岸川善光［2006］『経営戦略要論』同文舘。

国際通信経済研究所［2005］『RITE　REPORT2005.9世界の物流と金融』

新QC七つ道具研究会［1984］『やさしい新QC七つ道具』日科技連。

鈴木邦成［2001］『図解　物流の最新常識』日刊工業新聞社。

田口義嘉壽［2002］『IT新時代の物流サービス』成山堂書店。

廣岡治哉＝野村宏［1994］『現代の物流』成山堂書店。

山田敦郎［2003］『パワーブランドカンパニー』東洋経済新報社。

第4章 業種別の診断

6 農林水産業

❶ ケース

(1) はじめに

　規制緩和や環境問題など，農林水産業は多くの問題を抱えている。その中でも，農家存続の問題は，農林水産業にとっても大きな問題となっている。農林水産業のケースでは，農家の存続と発展のための施策について考察する。

(2) 概　要
　　所 在 地：佐賀県唐津市相知町蕨野（おうちちょうわらびの）
　　農 家 数：51戸（うち専業農家は3戸）
　　棚 田 数：1,050枚
　　稲 品 種：夢しずく・こしひかり・ひのひかり
　　管轄する農協：JAからつ

(3) ケース

　佐賀県唐津市相知町は，人口約9,100人の町であり，587名が農業に従事している。相知町の総面積は65.08平方キロメートルであり，そのうち64.8％が山林，15.7％が農地である。周囲を壮大な山々に囲まれている。その一角に，山の裾野から中腹まで，石積みにより形成された1,050枚の棚田が広がる地区がある。相知町の南端，八幡岳の麓にある「蕨野（わらびの）」という地区である。

　蕨野地区では，棚田を利用したまちづくりが行われている。元相知町長の大草秀幸氏が，農業の再生を目的として提案した取り組みによって，棚田は農業用地から，景観という資源になった。

　大草氏は，まず棚田の情報発信を実施した。蕨野の棚田は，1999年7月26

日に,「日本の棚田百選」に認定されていたが,稲作を行うだけの土地であり,観光などは行われない未利用資源であった。そのため大草氏は,蕨野の棚田を,交流の場や社会学習の場などの,アグリビジネスとグリーン・ツーリズムを融合させる取り組みを実施した。

まず,2001年6月に,「早苗と棚田ウォーキング」という企画を開催した。九州のウォーキング愛好者をターゲットとした情報発信を行い,960名が参加した。また,同年10月には,「菜の花種まき交流会」が行われ,155名が参加した。開花時期の翌年3月には,「菜の花フェスタ」を開催した。菜の花畑の中心に設置された特設会場では,フランス料理のシェフを招いたレストランが開かれ,300名の予約に対し,600名以上の応募があった。菜の花フェスタの来場者数は約1,000名であり,第1回菜の花フェスタは成功を収めた。

蕨野地区では,他にもグリーン・ツーリズムの場としての取り組みを多数計画・実施しており,特に子供に対する自然教育の場が多く用意されている。都市部の小学生とその保護者を招いてのサツマイモ収穫祭やもちつき,棚田に生息する生物の観察などである。大自然の中を遊びながら勉強することができ,参加者に人気がある。

上記のようなイベントは,行政支援制度が有効に活用された。県からの助成金により建設された直売所では,土日に地元農産物を販売しており,賑わいをみせている。

蕨野地区で収穫される品種は,「夢しずく」「ひのひかり」「こしひかり」の3品種である。「夢しずく」は,近年導入された品種であり,農業の再生を実現させるため,ブランド米としての販売を実施した。しかしながら,ブランド米として販売するためには,様々な手間を要する。

ブランド米は,棚田米「蕨野」という商品名で流通している。このブランド米は,徹底した品質管理が行われており,施肥管理に協力できる農家とだけ,契約をしている。施肥管理を実施すると,収穫量は1割程度減少する。「蕨野」の収穫量は,10アール当たり約7俵であり,全国平均よりも2俵少ないことから,収穫量よりも品質を重視していることがうかがえる。

大草氏は，直接農家に協力を求め，「蕨野棚田保存会」を結成し，作成方法の教育と相互協力体制によるブランド米栽培に着手した。蕨野地区は，山間部に位置しており，棚田用水の水源には，生活廃水が一切入らない3つの溜め池が利用されている。水量，水質ともに最適であり，「日本の棚田百選」で収穫された棚田米は，農協を通さずに直販することによって，安全でおいしいお米として消費者に受け入れられた。

購入者の多くはイベントの参加者であり，実際に環境を見ていたことも，受け入れられた大きな要因である。人気は口こみで広まり，10月に販売された新米が，半年で完売するほど好評である。ブランド米の栽培は，直接販売であるため，蕨野地区の農家に対し，直接的な収入増加をもたらした。

棚田米の栽培には，棚田環境の維持が前提となる。日本では，農村地区住民の助け合う風習を「結(ゆい)」というが，蕨野地区では「手間講(てまこう)」と称している。そしてこの手間講が，これまで棚田の維持に大きく寄与してきた。棚田の畦(あぜ)塗りや，石積み作業は手間講により維持されてきたからである。しかし手間講はいつの間にか規模が縮小し，棚田は管理されなくなった。

近年，棚田が見直されるようになると，町民，市民，佐賀大学，行政の協力により，「手間講隊」として棚田の維持を行うようになった。

棚田保全活動により，壮大な景観を取り戻した相知町で，2004年に第10回全国棚田サミットが開催された。サミットが開かれたことにより，全国から認知される地域となったため，地域住民の誇りにつながったという。農家の意欲も向上した。

素晴らしい景観を持つ蕨野の棚田には，景観を損ねる要因が存在する。がけ崩れの危険性がある石積み部分のコンクリート化である。災害の被害があった箇所は，コンクリートによる補強が義務付けられていたため，やむを得ないことではあったが，棚田の風景に不釣合いなものとなっている。

現在では，危険性がある棚田でも，石積みでもよいとされ，コンクリート化された壁を，再び石積みの棚田へ戻す処理が行われている。しかし，石積み化は，思うようには進んでいない。石積み棚田の維持は，農家に大きな負

図表4-6-1　棚田米「蕨野」の流通チャネル

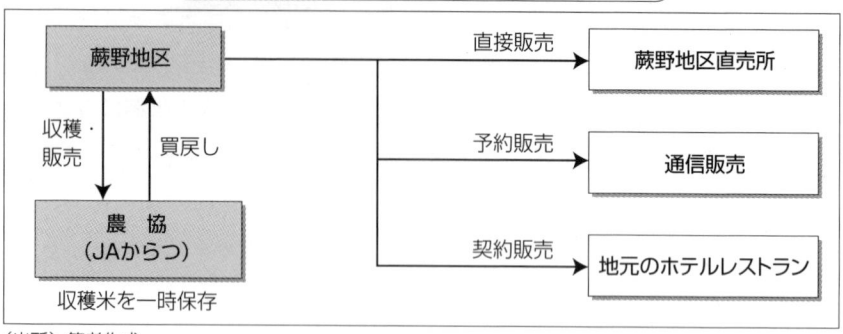

```
┌─────────────────────────────────────────────────────────┐
│  ┌──────────┐        直接販売      ┌──────────────┐      │
│  │ 蕨野地区 │──────────────────→│ 蕨野地区直売所│      │
│  └──────────┘                     └──────────────┘      │
│   │  ↑                                                   │
│ 収穫・│買戻し      予約販売       ┌──────────────┐      │
│ 販売 │ │ ──────────────────→│   通信販売   │      │
│   ↓  │                            └──────────────┘      │
│  ┌──────────┐                                           │
│  │  農　協  │       契約販売      ┌──────────────────┐ │
│  │(JAからつ)│──────────────────→│地元のホテルレストラン│ │
│  └──────────┘                     └──────────────────┘ │
│   収穫米を一時保存                                       │
└─────────────────────────────────────────────────────────┘
```

（出所）筆者作成。

担をかけるからである。棚田の壁面をコンクリートにしたため，棚田の景観の素晴らしさが損なわれている。しかし，農家は石積みの手入れをせずにすむのである。

この問題は，農家の高齢化が深刻化したために発生したともいえる。現在，農家の平均年齢は60歳である。棚田の維持は，手間講隊による協力があっても重労働であり，負担が大きいのである。

様々な問題はあるが，棚田の景観を守ろうと多くの人が協力している。大草氏によると，1,050枚の棚田は天然のダムであり，棚田を守ることは村を守ること，耕作放棄は山を壊すことであるという。農業の発展が，山や村を守り，環境を守ることにつながっているのである。

❷ 診　断

(1) 診断の視点

棚田米「蕨野」は，施肥管理など手間はかかるが，農家に収入増加をもたらしたことを考えると，成功した事例であるといえよう。農産物は，農協から市場で競りにかけられた後，消費者に届く。農産物は，品種改良や品質管理の面での取組みが盛んに行われる。

しかし，マーケティングに関する取組みは不十分な面が多々見受けられる。

そのため，蕨野地区における農業を，流通におけるマーケティングを中心に診断する。

(2) **問題点**

　農家には，農業だけを行う専業農家と，農業以外の仕事を行う兼業農家が存在する。兼業農家となる目的は多々あるが，蕨野地区の場合では，作付面積を広く取ることができないため，生活の維持を目的とした新たな収入源として，兼業農家となっている農家が多い。

　農業の活性化策として始められた様々な施策は，農家の収入を増加させ，蕨野地区の活性化にもつながった。しかし，専業として生活できるほどの効果はなく，新たな収入増加策を模索する必要に迫られている。また，ブランドとなった棚田米においても，相知町蕨野の活性化につなげる手段として，活用の余地が残されているため，さらにマーケティングを考えなければならない。

　棚田米「蕨野」は，農協を通さず直接消費者に届けることによって成功したといえる。一般の流通経路ではなく，独自のチャネルを構築したため，販売価格の設定やブランド化を推進できたのである。

　「こしひかり」と「ひのひかり」は，農協の流通システムによって消費者に届けられている。農協の流通経路は，市場に流通させるため，卸売業を介して消費者へ届ける仕組みである。このチャネルでは，生産者が意図した販売価格の設定はできず，ブランド化もできない。他の地域において豊作となれば，販売価格は下落してしまうのである。

　上記のことから，農協の流通経路と，農産物のブランディングが不十分である点に問題があるといえる。

(3) **課　題**

　蕨野の棚田米の販売チャネルを再度設定し，農家の収益を向上させなければならない。

現在流通している棚田米「蕨野」は，農協を通さず，直接消費者へ届けられているが，農協との関係を失ってしまうと，農業を存続することが困難となる。したがって，農協と協力して販売する新しいチャネルを模索しなければならない。

　チャネルの設定とともに，相知町，とりわけ蕨野地区の環境について，消費者へ伝える方法を模索しなければならない。棚田米「蕨野」のブランドが，生活廃水が入らない水や，日本百選の石積みの棚田などの優れた環境によって成り立っていると考えられるためである。棚田米「蕨野」の購入者は，イベントの参加等で，その環境を目にしている場合が多いが，今後は販売チャネルの拡大に伴い，現地を見る事ができない消費者が増加する。このような新規顧客を効率よく獲得するための手段として，環境を知ってもらう必要があるのである。

(4)　**解決策**

　米の流通チャネルは，図表4－6－2に示されるように，4つの消費者セグメントに分類することによって設定される。

　相知町蕨野地区で作られた棚田米は，農協に販売する分と，直売所で販売する分に分けられる。農協は，通信販売，百貨店などの小売業，レストランなどの契約企業に対し，販売を行う。

　第一に，地方消費者・リピーターを対象とした通信販売方法では，直接消費者に届けるために，輸送業者の選定をしなければならない。通信販売は，棚田米「蕨野」の販売と同じであるが，販売申し込み用紙の配布場所は，新たに考案する必要がある。またインターネットによる受注環境は，新しく整えなければならない。

　第二に，小売業を通した流通チャネルでは，百貨店との契約を結ぶ。ブランド化のために，値下げをしない価格設定が必要であること。また，低価格ではなく，品質を購入基準とする消費者をターゲットとすることを目的とするためである。

図表4-6-2　棚田米加工品の流通チャネル

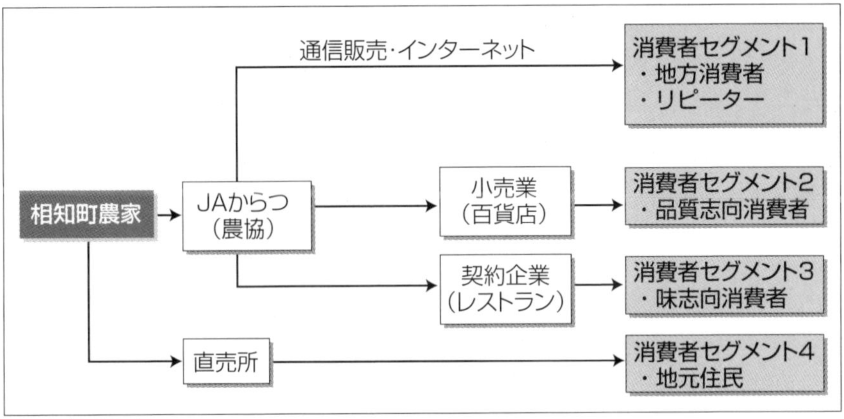

```
                  通信販売・インターネット       ┌─────────────┐
            ┌──────────────────────────────→│消費者セグメント1  │
            │                                │・地方消費者      │
            │                                │・リピーター      │
            │                                └─────────────┘
            │
            │                ┌─────┐        ┌─────────────┐
            │         ┌─────→│小売業 │───────→│消費者セグメント2  │
┌───────┐  ┌───────┐ │      │（百貨店）│       │・品質志向消費者   │
│相知町農家│→│JAからつ│─┤      └─────┘        └─────────────┘
└───────┘  │（農協） │ │      ┌─────┐        ┌─────────────┐
     │     └───────┘ └─────→│契約企業│───────→│消費者セグメント3  │
     │                        │(レストラン)│    │・味志向消費者    │
     │                        └─────┘        └─────────────┘
     │       ┌─────┐                         ┌─────────────┐
     └──────→│直売所 │─────────────────────→│消費者セグメント4  │
              └─────┘                         │・地元住民        │
                                               └─────────────┘
```

（出所）筆者作成。

　第三に，飲食店を顧客とした流通チャネルがある。棚田米を利用した料理を提供することによって，棚田米を広めるとともに，おいしさを効果的に消費者へ伝えることを目的とする。

　第四に，直接消費者に販売する方法では，相知町の道の駅と，蕨野地区の直売所で販売する。直売所を利用した直接販売は，農家による運営に任せることができる。直売所を除く3つの流通チャネルは，JAからつがその販路を拡大しなければならない。

　次に，チャネルに合わせた情報発信をしなければならない。

　消費者セグメント1に対しては，商品と同時に小冊子などを送るほか，ダイレクト・メールやホームページによる情報提供が望ましい。

　消費者セグメント2に対しては，特設コーナーを展開する方法や，百貨店の場合であれば，販売員を設置する方法が考えられる。

　消費者セグメント3に関しては，使用した米が「蕨野」であることを伝えるように契約する他，店舗に通信販売用注文用紙を置いてもらう等である。

　情報発信の手段は異なるが，伝える内容は相知町の環境についてである。棚田米が作られている蕨野地区の自然や，稲作を行う農家など，どのように

稲作が行われているのかを伝える。また，四季の移り変わりに伴う草木や昆虫，小動物の情報などを掲載することによって，消費者は，自宅でグリーン・ツーリズムを疑似体験できるようになる。このような情報を発信することは，リピーターの獲得を目的としている。

上記のような情報を発信するためには，相知町の環境が維持されることが重要となる。棚田だけではなく，周辺の自然も保全しなければならない。

また，JAからつに販売した棚田米を，他の地域で収穫された米と混ざらないようにしなければならない。したがって，棚田米の保存のために，貯蔵庫を設置しなければならない。

今後は，価格よりも品質を重視する消費者がターゲットとなるため，セグメント別のマーケティングが重要となる。顧客のニーズを促えなければならないため，販売チャネルを利用した情報収集が必要となる。農家と農協は，収集された情報を基に対策を講じなければならないため，関係を強化した取り組みが必要とされる。

❸ 解 説

(1) **関連理論**

このケースでは，ミクロとマクロの両立が重要であった。全体システムである社会（マクロ）の存続・発展は，サブシステムである農業（ミクロ）の存続・発展が原動力になる。しかし，ミクロとマクロの両立は困難との見方が一般的であった。なぜならば，①ミクロの合理・マクロの不合理，②マクロの合理・ミクロの不合理，という「マクロとミクロのジレンマ」が発生するからである。

マクロとミクロの関係性から，ジレンマを克服し，両立できなければ，マクロ・ミクロともに存続の危機に陥るのである。農林水産業のケースでは，社会（マクロ）は棚田に着目した事業により，農業（ミクロ）と町の活性化を図った。社会にとって，コンクリート化された棚田は景観を壊すものであったが，農家にとっては，農業にかかる負担を軽減するものであった。マク

第4章 業種別の診断

ロとしては，すべて石積みの棚田であることが望ましいが，ミクロとしてすべてが石積みでは農作業にかける労力が大きくなるのである。

　農作物は，輸入規制の緩和の影響を受けており，市場全体として競争が激しい。とくに米市場は，ブランド米の品種も多く，優位性を獲得することが難しい。棚田は，作付面積が狭いため，大量収穫が見込めない。したがって，農家が専業農家として活動することができない。収入を増加させるためには，ブランド化により付加価値を付けるか，加工品として販売する手法がとられる。

(2) 技　法

　解決策で用いた流通チャネルの図表は，ハイブリッド・マーケティング・チャネルを図表化したものである。ハイブリッド・マーケティング・チャネルとは，単一の企業が1つ，あるいはそれ以上の顧客セグメントに到達するために，2つ以上のマーケティング・チャネルを設定するマルチ・チャネル流通システムである[1]。

図表4-6-3　チャネルを利用した情報収集

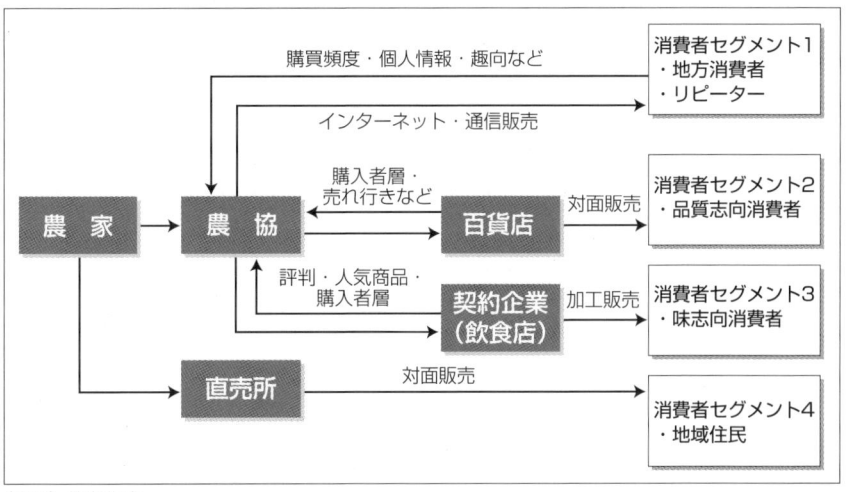

農家	農協	百貨店／契約企業（飲食店）／直売所	消費者セグメント

農家 → 農協
　農協 ← 購買頻度・個人情報・趣向など → 消費者セグメント1
　　・地方消費者
　　・リピーター
　インターネット・通信販売

農協 → 百貨店（購入者層・売れ行きなど）
百貨店 → 対面販売 → 消費者セグメント2
　・品質志向消費者

農協 ← 評判・人気商品・購入者層 → 契約企業（飲食店）
契約企業（飲食店） → 加工販売 → 消費者セグメント3
　・味志向消費者

農家 → 直売所 → 対面販売 → 消費者セグメント4
　・地域住民

（出所）筆者作成。

診断では，農協を介したシステムにする必要があったため，生産者から農協へという流通チャネルを組んでいる。相知町におけるハイブリッド・マーケティング・チャネルを利用して得られる顧客情報は，図表4－6－3に示されるように，農協に集まる仕組みとすることも可能である。集められた情報をもとに，品種改良につなげることや，グリーン・ツーリズムの宣伝を行うことも可能となる。農林水産業でも，今後は情報を処理し，顧客満足につなげる能力が求められるため，ハイブリッド・マーケティング・チャネルを作成し，顧客情報をどのように回収するのか，検討する必要がある。

(3) 重要用語

ミクロとマクロの両立，アグリビジネス，ハイブリッド・マーケティング・チャネル

---

1) Kotler,P.=Armstrong,G.［2001］訳書523頁。

参考文献

Kotler,P.=Armstrong,G.［2001］, *Principles of Management*,9th ed., Prentice-Hall. (和田充夫監訳［2003］『マーケティング原理　第9版』ダイヤモンド社)
井上和衛=中村攻=山崎光博［1996］『日本型グリーン・ツーリズム』都市文化社。
梅沢昌太郎［1990］『農産物の戦略的マーケティング』家の光協会。
岸川善光他［2003］『環境問題と経営診断』同友館。
岸川善光［2006］『経営戦略要論』同文舘出版。
黒川宣之［1994］『日本型農業の活路―市場開放時代の食と農を考える―』日本評論社。
中島峰弘［2004］『百選の棚田を歩く』古今書院。

第5章

新規・拡大領域の診断

　本章のケースは，『経営診断要論』の第8章で考察した内容と対応している。経営診断における新規・拡大領域といっても，厳密な意味で新規領域といえるのは，ＮＰＯ，コミュニティ・ビジネスぐらいであろう。ＮＰＯ，コミュニティ・ビジネスにしても，先進的な経営コンサルタントはすでに診断を実施してきた。そうなると，拡大領域と理解するほうがいいのかも知れない。

　それはともかくとして，『経営診断要論』では，経営診断における新規・拡大領域として，下記の5つを取り上げている。それぞれの新規・拡大領域に固有の課題も多い。

① ＮＰＯ：使命（ミッション）の実現，共的セクターの事業運営
② コミュニティ・ビジネス：地域振興，コミュニティ固有の資源活用
③ 企業間関係：系列（垂直型ネットワーク）の脱皮，サプライ・チェーンの構築，ビジネス・モデルの再構築
④ 工業集団：産地企業の活性化，工業団地の再構築
⑤ 商業集団：顧客接点の多様化，市街地の活性化，商店街の再開発

本章では，ＮＰＯの診断で1ケース，コミュニティ・ビジネスの診断で

1ケース，企業間関係の診断で1ケース，工業集団の診断で1ケース，商業集団の診断で1ケース，合計5つのケースを取り上げる。

第一に，NPOについて，特定非営利活動法人せっけんの街（以下，NPOせっけんの街）をケースとして診断を行う。NPOせっけんの街は，環境美化の手段として，廃食油のリサイクルを行っている。NPOも経営システムの1つであるので，①価値の創出・提供，②社会的責任の遂行，③経営システムの存続・発展，の3点は企業と同様に重要である。目的の比重が異なること，利益配分ができないことなど考慮すべき事項はあるものの，存続・発展のためには経営システムとしての効果的な事業運営が不可欠である。本ケースでは，組織マネジメントに関する取り組みに焦点をあわせて考察する。

第二に，コミュニティ・ビジネスの診断として，株式会社小川の庄（以下，小川の庄）をケースとして取り上げる。小川の庄は，長野県・小川村の地域コミュニティを活性化させた原動力として著名な事例である。本ケースでは，小川の庄の経営戦略，組織展開に焦点をあわせ，問題点，課題，解決策について考察する。

第三に，企業間関係の診断として，日亜化学工業株式会社（以下，日亜化学）をケースとして取り上げる。企業間関係には，提携，合弁，統合など様々な形態がある。本ケースでは，顧客創造の観点から，異業種間における戦略提携について，問題点，課題，解決策を考察する。

第四に，工業集団の診断として，東京都大田区と大阪府東大阪地域をケースとして取り上げる。周知のように，大田区，東大阪地域は，わが国を代表する中小企業を核とした工業集積地である。また，大田区，東大阪地域では，産業クラスターの普及活動が進められている。本ケースでは，産業クラスターに焦点をあわせ，企業間関係についてもあわせて考察する。

第五に，商業集団の診断として，東京都・早稲田商店街をケースとして取り上げる。商業集団には，商店街，ショッピングセンター，共同店舗，フランチャイズ・チェーンなど，多くの形態がある。その中で，全国的に商店街の衰退が顕著な傾向になりつつある。本ケースで取り上げる早稲田商店街は，環境問題を中心として商店街の活性化に成功しつつあるので，領域を絞って診断を行う。

＊ケースとして選択したNPOせっけんの街，小川の庄，日亜化学，大田区・東大阪市，早稲田商店街のホームページを公表情報の1つとして参照した。記して謝意を申し上げる。

第5章 新規・拡大領域の診断

1 NPO

❶ ケース

(1) **はじめに**

　社会的貢献を目指すNPO組織を運営することの有益性について言及しつつ，NPO組織の運営を容易にするためにはどうすべきかについて診断する。

(2) **団体概要**

　　団　体　名：特定非営利活動法人せっけんの街
　　設　　　立：1999年6月29日
　　年間予算額：約39百万円
　　活 動 内 容：廃食油を利用した環境保全型商品の開発・普及・啓蒙
　　役 職 員 数：役員15名　職員6名（有給6名）
　　活 動 地 域：千葉県全域

(3) **ケース**

　特定非営利活動法人せっけんの街（以下，NPOせっけんの街）は，千葉県を中心に活動しており，環境美化の手段として，廃食油のリサイクルに取り組む団体である。

　NPOせっけんの街は，千葉県の手賀沼と印旛沼の水質を改善するというミッションを持っていた。手賀沼と印旛沼は，約20年間，日本で最も汚染された湖沼として問題とされていた。汚染の原因は，生活廃水であったため，周辺市民は，せっけん利用推進運動を通じて，条例の策定を求めた。NPOせっけんの街は，条例策定後に，湖沼の美化が実現するように設立された環境保護団体である[1]。

221

1980年の市民運動を受けて，1984年に株式会社手賀沼せっけんを設立し，1985年には，湖沼の汚染の原因とされる廃食油を回収し，石鹸を作るための工場を建設した。
　市民運動がきっかけとなった団体活動であったため，設立当初は多くの市民の協力を得ており，株式会社設立および工場建設の資金は，住民の出資により実現した。また，地域の雇用の場としても期待されていた。
　1999年には，NPOせっけんの街を設立させ，2002年に株式会社手賀沼せっけんを発展的に解散した。
　NPOせっけんの街の取り組み目的は，前述した湖沼保全にあったため，活動地域が限定されており，営利追求が目的ではなかった。また，NPO法人としての取り組みでは，様々な支援を受けることができるため，株式会社を継続するよりも，メリットが大きいと判断した。
　NPOせっけんの街は，10人以上15人以下の理事と2人の監事により運営されている。様々な意思決定は年1回の通常総会と，不定期の臨時総会により行われている。実際の取り組みは，会費を支払った会員および団体により行われており，NPOせっけんの街の収入は，助成金や会費，石鹸の売上げによるものである。NPOせっけんの街は環境保全に取り組む多くの会員によって成り立っているのである。
　環境保全活動が開始されて20年以上経過しており，手賀沼・印旛沼は美化され，2001年には，ワースト1を返上した。環境保護団体として，当初の目的を達成した後も，さらなる環境保全を実現するために，市民と協力しながら活動を続けている。現在では，千葉県内20の市町村に地区運営委員会を設置し，複数の廃食油回収ポイントを設置したことによって，千葉県全域が活動領域となった。また，廃食油により作られる石鹸は，「せっけんの街」「萌」「うてなちゃん」の3種類が開発され，地元リサイクルショップや生協での店舗販売に加え，インターネットによるオンライン販売も開始された。
　NPOせっけんの街に対して，行政が協力するようになっている。石鹸を作るための廃食油の回収を，行政も行っているのである。浦安市・我孫子市・

白井市・大網白里町で回収された廃食油量は，2004年度では15,060リットルであった。同年のNPOせっけんの街の回収量は，16市町で32,972リットルであり，行政の貢献度の高さがうかがえる。

　しかしながら，NPOせっけんの街の主たる目的は石鹸を製造・販売することではない。NPOせっけんの街の定款を参照すると，「この法人は，持続可能な社会を実現するために，市民生活の中で地球環境保全の意識を高めかつ実践活動を促して，環境汚染をくい止める為に環境負荷の少ない暮し方とリサイクル石鹸の必要性を市民に伝え浄化の効用を図る活動に寄与することを目的とする。」とある。つまり，循環型社会を実現するために，石鹸の利用を通して市民の意識向上を図ることを目的としている。石鹸の製造・販売は，市民に対して循環型社会を示すためのきっかけ作りであり啓蒙の手段である。

　NPOせっけんの街が環境学習の場を提供しているため，県内の多くの学校法人が石鹸作りを通した環境学習を依頼する。学校内で使用する石鹸に，NPOせっけんの街の製品を使用する学校法人が多いことも影響し，自治体に対する納品は，NPOせっけんの街の大きな収益源となった。また企業に納品する収益も大きい。さらにNPOせっけんの街の石鹸が口コミで話題となったため，小売店からの取引依頼があった。現在では，住生活総合小売業の東急ハンズや生協などでも取り扱われている。

　しかし，近年，NPOせっけんの街は，資金面での問題を抱えている。図表5－1－1に示されるように，石鹸の製造量および売上高が減少しているのである。石鹸の売上げは，NPOとしての活動を維持するための重要な収入源であるため，売上高の低下は，解散リスクの高まりを招いている。

　NPOせっけんの街は，2004年から新たな収入源として，バイオディーゼル燃料の製造を開始した。農林水産省の「バイオマスフロンティア推進事業」の助成金を利用した取り組みを行っている。

　必要以上に寄付金に頼らない取り組みは，NPOせっけんの街が存続する上での大きな強みとなっている。取り組みは全て環境保全のための啓蒙活動であるため，既存の事業においても，積極的に活動している。

図表5-1-1　廃食油回収量と石鹸製造量および売上高

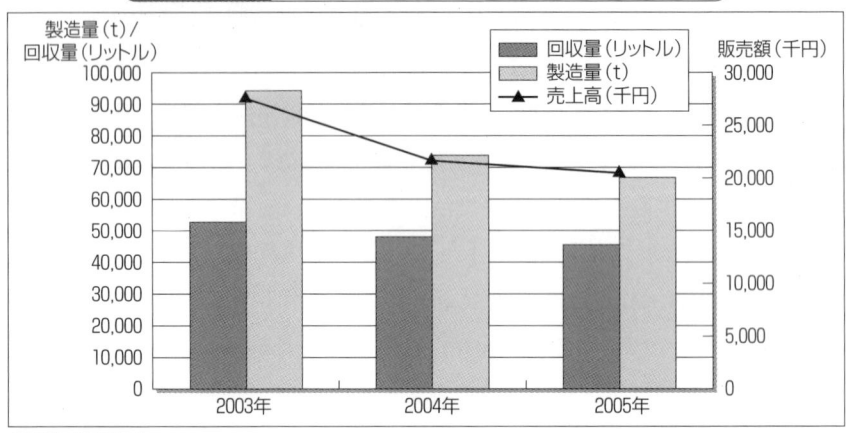

　NPOせっけんの街では，環境保全という目的を達成するために，①廃食油回収・再利用事業，②廃食油リサイクル製品の普及事業，③環境学習・石鹸づくりワークショップの運営の活動に取り組んでおり，市民の意識改革を行っている。なかでも先述した環境学習に対する取り組みは，盛んに行われている。せっけんの街が発表している2004年の実績では，29回の環境学習が行われている。環境学習は，参加者に環境負荷の少ない暮し方やリサイクル石鹸の必要性を具体的に説明することができ，循環型社会への効果的な啓蒙の手段となっている。

❷ 診　断

(1) 診断の視点

　非営利組織であり，運営資金の多くを寄付に依存するため，資金面に不安を抱く組織が多い。また，組織はボランティアの協力により成り立っているため，組織を継続させるために必要なマネジメント面に弱みを持つ。

　上記のことから，NPOせっけんの街での組織マネジメントに関する取り組みを分析して，継続・発展させることを目的としたマネジメント診断を行う。

(2) 問題点

　図表5-1-1に示されるように，石鹸の売上高は過去3年間で減少傾向にある。それに伴い経常収支額も年々減少傾向となっており，NPOが弱みとする資金面での問題が，NPOせっけんの街にも当てはまることを示している。NPOの収入源は，販売の他に，助成金や寄付金が挙げられる。しかし，寄付金や助成金は不確実性が高い収入源であるため，過度に依存すると解散のリスクが高くなる。したがって，石鹸の売上げ増加を目的とした取り組みを行わなければならない。

　NPOは，利益の分配は認められていないが，組織運営のために資金調達を行うことは可能とされている。NPOせっけんの街は，組織の維持・発展ということを目的として取り組む必要がある。

　NPOせっけんの街の問題点は，具体的な社会的ミッションの喪失にあると考えられる。設立時は，「2つの湖沼を美化する」という具体的ミッションがあり，石鹸の利用と湖沼の改善が関連性を持っていたため，地域の協力を得，結果として石鹸の売上高を伸ばしたと考えられる。現在，2つの湖沼を美化するミッションは果たされており，環境保全型商品の開発・普及・啓蒙という漠然としたミッションが示されている。このミッションでは，一般企業と同等の社会貢献と認識される恐れがある。再度具体的ミッションを設定し，市民に呼びかける必要性があると思われる。さらに，現在設定されているミッションを変更する場合において，活動領域を広めなければ，売上高は減少し続けるものと思われる。

(3) 課題

　具体的な社会的ミッションをどのように設定すべきであるかを考えなければならない。組織の存続と発展が目的であるため，より広域での活動を行うことが望まれる。具体的には，千葉県を中心とした関東地区での活動となる。また，活動の場が広がることによって，必要となる人員も増加する。多くのボランティアを集めるため，啓蒙活動を積極的に行う必要がある。

財務面では，収益減少により解散のリスクが増大していると述べた。助成金はNPOの社会貢献の程度に左右されるため，安定的収入源ではない。したがって，製品の製造販売による収益向上が重要性を持つものと推測される。その際，検討すべき点こそ，製品面での課題となる。

　千葉県においては，NPOせっけんの街による積極的なイベントの参加と，開催した環境学習の場において行われている。これらの取り組みは，石鹸の売上高増加につながるだけはなく，リサイクルに対する市民意識の向上に効果的であるため，プロモーション活動をより一層強化することによる経営改善が課題となる。

　今後は，図表5－1－2に示されるように，NPOとしての強みを一層強化させるとともに，弱みをなくすための取り組みを行う必要がある。

　環境保全のための取り組みを20年間継続しており，また，2つの湖沼の美化を実現させた実績から，組織としての信頼はあり，さらに様々な石鹸を開発していることから，商品開発力もあると分析される。このような強みを生

図表5-1-2　NPOせっけんの街のSWOT分析

	機会	脅威	
・市民のリサイクルに対する意識向上 ・環境改善の数値的指標 ・環境学習の重要性の認識 ・NPOに対する支援の強化			・他社による代替製品の開発 ・石鹸非対応の洗濯機の開発 ・石鹸の売上げ低下 ・廃食油回収量低下 ・市民のリサイクルに対する意識低下
	強み	弱み	
・NPOを統制する役員の存在 ・意思決定の迅速性と柔軟性 ・透明性の高い経営 ・石鹸の品質 ・商品開発力 ・継続性 ・地域住民の理解			・プロモーション活動 ・流通経路の策定 ・財務的問題 ・コスト削減対策

（出所）近藤修司［1985］205頁を参考にして筆者が作成。

かして，今後積極的に活動の場を広げなければならない。とくに重要と考えられることは，新商品の開発である。現在作られている石鹸は，粉石鹸と固形石鹸であるが，消費者ニーズに応えているとは言えない。また，環境配慮型商品が多い今日では，新たな展開が不可欠であるといえる。

(4) 解決策

　関東地区を活動の場にすることに適した具体的ミッションとして，東京湾の美化を掲げることが望ましい。そのために，関東全域での啓蒙活動が必要となる。また，人員の増加が必要とされる。

　ボランティアは環境保全に興味を抱いている市民であるため，現在行われているような環境学習の場を，ボランティア募集の場とすることが望ましい。具体的には，小学校で生徒に対して行われる環境学習に，保護者を参加させ，興味を持たせる取り組みを実施することなどである。

　一方，NPOせっけんの街の活動を広めるためには，石鹸製造所の増設が必要となるため，投資資金を調達しなければならない。そのためには，寄付金を募らなければならない。進出地域での石鹸利用を推進する活動を兼ねた環境学習の実施や，地元紙に広告を掲載するなど，進出する地域住民の環境保全意欲を高める活動と，寄付金を募る活動を同時に行うことによって，進出地域における需要を喚起し，製造所の運営にかかる費用を該当地域における石鹸の売上高で賄うのである。

　また，社会貢献の意味合いを持っていても，消費者のニーズに合っていなければ，組織の存続ができなくなる。したがって，商品開発を実施しなければならない。現在の石鹸は，固形と粉石鹸の2種類である。時代のニーズに合った石鹸として，ハンドソープやボディソープなどを開発することは，不可欠であるといえよう。

　製品の開発は継続しなければならないが，現在では生産能力を超える回収量であることから，生産能力の拡大を工場の新設案も含め検討すべきである。総会時に理解を得，行政と地域住民に対しての説明で，利益追求のためでは

ないと証明しなければならない。

また巨額の投資資金が必要となるため，会員等からの寄付やNPO支援として助成金を提供している行政・企業との協議により解決しなければならない。助成金の拡大そのものは，NPO活動にとって必要なものである。そのため，助成金を寄付してもらえるよう，常に高い透明性を維持する必要がある。

組織規模拡大を図りつつ，ボランティア離れを防ぐためには，メディアを利用して，将来ビジョンを明確に公表し，その実現に向けた協力を促す方法が望ましい。

NPOは総会により統括・運営されているが，経営，製造，管理などのあらゆる場面での人材育成に着手することにより，より長い期間，継続できるような取り組みを行うことも，今後必要となるであろう。

❸ 解　説

(1) 関連理論

NPO（Non Profit Organization）とは，民間非営利組織の略称である。政府，企業から自立した存在であり，市民の自発的参加により成り立つ組織である。営利目的ではないが，組織の活動に必要な範囲での利益を得ることは認められている。そのため，NPO構成員は，労働の対価として給料を受けることが許されている。

活動内容は市民社会に根ざしたものが多く，社会的サービスの提供や地域環境改善活動，社会問題解決活動など多岐にわたる。

1998年には，特定非営利活動促進法が施行された。これによりNPOにも法人格が与えられ，社会的信用を得られることとなった。認証を受けるには，認証要件を満たした上で，所轄庁への申請を行わなければならない。認証を受けることにより，法人格を得られること，（地域や条件により異なるが）税制面での免除を受けることができるなどのメリットがある。一方で，設立時の手続きの煩雑さ，情報開示の義務，法人税の納付義務などデメリットとなる部分もあり，法人格取得の有無に関しては団体の規模により分かれる傾向

図表5-1-3　経済社会セクターの3種類

セクター 組織特性	私的セクター	公的セクター	共的セクター
組織形態	企業官僚制	国家官僚制	アソシエーション
組織化原理	利害・競争	統制・集積	参加・分権
制御媒体	貨幣	法権力	対話（言葉）
社会関係	交換	贈与	互酬
基本的価値	自由	平等	連帯
利益形態	利益	公益	共益
経済・経営主体	私企業	公共団体	民間非営利協同組織
経済形態	市場経済	公共経済	社会経済
合理性	目的合理性	目的合理性	対話的合理性
問題点	市場の失敗	政府の失敗	ボランタリーの失敗

（出所）奥林康司他編［2002］13頁。

がみられる。

　図表5－1－3に示されるように，NPOは，政府の失敗・企業の失敗を補完する役割を担っており，相互発展のためには不可欠な存在となっている。

　NPOは，企業や公共団体と異なる点を多く有している。しかし，ドメイン定義の重要性や，経営資源の蓄積・配分など，その重要性は変わらない[2]。

　運営面において様々な問題はあるものの，NPOの活動は，政府や企業が取り扱いにくい分野での活動が多く，また市民による活動であるため，社会問題等の解決に対し，すでに多くの効果をあげており，なくてはならない存在となっている。

(2) 技法

　診断に用いた図表はSWOT分析である。SWOTは，強み（strength），弱み（weakness），機会（opportunity），脅威（threat）のことである。このうち強みと弱みの分析では，自社に関する項目を書き出し，機会と脅威の分析では，環境に関する項目を書き出す。分析において重要となる点は，客観

性を維持することである。競争優位の獲得を目的とするため，正確な分析ができなければ戦略策定に活用することはできない。

　SWOT分析ではまず考えられる項目をすべて書き出し，各項目において重要と思われるものをいくつか選択する。これを作成した十字チャートに当てはめる。上段部分には外部環境分析をあてはめ，下段部分には自社の競争力分析をあてはめる。競合企業との関係を把握し，優位性を獲得するために有効な手段を模索するときに活用する。

(3) **重要用語**

NPO，SWOT分析，ミッション

---

1) せっけんの街共有者の会［1995］2-18頁。
2) 岸川善光［2006］271頁。

参考文献

NPO活動を考える会編著［2004］『NPOを知ろう』汐文社。
奥林康司＝稲葉元吉＝貫隆夫編［2002］『NPOと経営学』中央経済社。
岸川善光［2006］『経営戦略要論』同文舘出版。
せっけんの街共有者の会［1995］『手賀沼せっけん物語―市民がつくった"せっけん工場"―』協同図書サービス。
谷本寛治＝田尾雅夫編著［2002］『NPOと事業』ミネルヴァ書房。
本間正明＝金子郁容＝山内直人＝大沢真知子＝玄田有史［2003］『コミュニティビジネスの時代―NPOが変える産業，社会，そして個人―』岩波書店。

2 コミュニティ・ビジネス

❶ ケース

(1) はじめに

本ケースでは，コミュニティ・ビジネスという新しいビジネス形態についての理解を深め，地域コミュニティの活性化のために必要な要素を分析・診断する。コミュニティ・ビジネスが，多くの問題を抱える近年の地域コミュニティの救世主と呼ばれる背景に触れながら考察する。

(2) 企業概要

企 業 名：株式会社　小川の庄
設　　立：1986年5月
資 本 金：2,000万円
事業内容：おやき，蕎麦，漬物等の製造・販売
売 上 高：750百万円（2003年9月期）
経常利益：3,750万円（2003年9月期）
従業員数：76名（2003年9月期）

(3) ケース

株式会社小川の庄（以下，小川の庄）は，日本の高齢者比率において上位10位に入るほどの長寿村である長野県・小川村で，「おやき」を中心とした郷土食の製造，販売を行っている企業である。過疎化・高齢化が進み，農業が衰退していく一方であった小川村で，「若者が戻らないのならば，残った高齢者で元気に生きていこう」という想いを持った7人の仲間が集まり，1986年に設立した[1]。

「おやき」とは，小麦粉と水を練った皮に，醤油や味噌などで味付けをした野菜や山菜，果物などを入れて包み，それを焼いたり蒸したりして食べる郷土料理である。小川の庄の「おやき」には，信州名物である野沢菜をはじめ，地元で取れた形の悪い野菜が主に使われている。

〈地域内資源の活用〉

　小川の庄の従業員は，そのほとんどが60歳以上の女性である。定年は「歩けなくなるまで」であり，元気なおばあちゃん達が生き生きと働いている。近年ではまだ働ける75歳位で退職する人が多く，その理由は「世代交代をして老後を楽しみたい」などの思いからだという[2]。

　小川の庄の従業員は全員社員である。しかし，一日または半日休んだりすることを可能にするために時給制を取っている。また，休憩時間が多めに取られており，家に引きこもりがちな高齢者がコミュニケーションを取ることができる時間を確保している。

　小川の庄は，元気なおばあちゃんという埋もれた経営資源を生かし，おばあちゃんたちの得意分野を労働力として利用した。おばあちゃん達は，小川の庄で働くことにより生きがいや楽しみができ，自立して明るく生きることが可能になった。その結果，高齢者比率では都道府県別で上位10位である小川村が，老人医療費は下から3番目という元気な高齢者の村となった。

　その他，それまで捨てられていた地元の形の悪い農産物を資源として利用している。また，作業場や販売所も空き家となっている母屋などを利用している[3]。おばあちゃんたちが歩いて通える距離に作業場を作りたいという思いから集落ごとに作業場を設けているため，管理費がその分多くかかる。しかし，集落ごとの個性がそれぞれのブランドとなり，小川の庄の価値を一層高める役割を果たしている。

〈第三セクター方式〉

　小川の庄は，村には道路の整備など事業基盤にかかる支援をしてもらい，農協には資金援助と農産物の供給を，また漬物工場からも資金援助を受けた。

　そして，小川の庄が農産物を加工し販売するという第三セクター方式を採

第5章 新規・拡大領域の診断

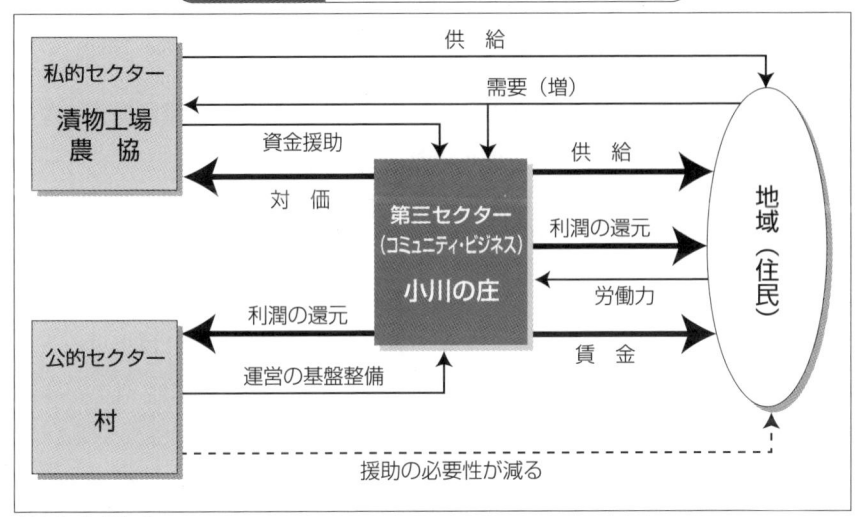

図表5-2-1　コミュニティ・ビジネスの関係図

```
                        供 給
         ┌──────────────────────────────┐
私的セクター  │       需要（増）            │
漬物工場   ←──────────────────────────┐  │
 農 協    │  資金援助         供 給     │  │
         ←────────┐ ┌────────→       │  │
         │  対 価  │ │        第三セクター  利潤の還元        地域
         ←────────┤ │(コミュニティ・ビジネス)←─────────→  （住民）
                  │ │    小川の庄      労働力
                  │ │                 ←─────────→
公的セクター  利潤の還元  │ │                賃 金
  村     ←────────┘ │
         │  運営の基盤整備 │
         │                │
         └────── 援助の必要性が減る ──────┘
```

（出所）筆者作成。

用した[4]。このバランスの取れた運営体制が，地域を元気にする原動力となったのである。また，地域を元気にするだけでなく億単位の売り上げを実現しており，事業としても見事に成り立っている。

〈海外展開〉

地域コミュニティの埋もれた資源を利用して展開される「おやきビジネス」は，日本全国だけでなく世界からも注目を集め，米国のロサンゼルスで毎年開催されるジャパン・エキスポに「おやき」を出展することになった。海外に渡ったことのないおばあちゃんたちが，英会話や化粧を練習し，多くの大企業が軒を連ねる中で見事に1万2000個を売り切った[5]。

また，需要が増えたことにより地元だけでは農作物の仕入れが困難になったため，日本と逆の気候であるオーストラリアの村と手を結び，新たな仕入れ先を確保した。日本でそば粉が収穫できない時期でもオーストラリアで収穫できるので，材料の調達がとてもスムーズになった。さらに，これにはグローバルな視点から世界のコミュニティを元気にしたいという考えもあった。

その後,ドイツ,イタリア,フランス,フィリピンへも事業を展開し,国際交流を一層深めている。

〈地域を忘れない精神〉

　現在7億5千万円の売上げを実現している小川の庄は,地域に根ざした事業展開を続け,年商の約8割は地元に還元されているという[6]。

　また,新商品を考え,小川の庄の今後のあり方を模索するのもおばあちゃんたちであり,その時の決まり事は「小川村の山に向かって腕組みをして考えよう」というものである。おばあちゃんたちの暖かさやのどかな自然が売りのビジネスなので,小川村を見ながら開発した商品でなければ小川の庄の風情が失われてしまう。おばあちゃんの知恵を絞りつつ,またグローバルな視野を持って商品開発を行っている。

　さらに,近年小川の庄の「おやき」が注目されたこともあり,観光客が増えつつある。小川の庄では「おやき」作り体験を実施しており,外部から観光・学習目的の人々が多く小川村に訪れるようになった。しかし,小川の庄は大容量の収容が可能な施設に立て直したりはしないという。また,小川村の狭い道を広くしたり,設備を新しくしたりもしない。いつまでも,古い建物・お年寄り・古い道・豊かな自然を残したまま,小川村の良さを守り続けていきたいと願っているのである。

〈新市場開拓〉

　「おやき」を店に買いに来た人にだけ売るのではなく,最近では県外や海外でも気軽に食べてもらえるように,ネット上からも購入可能な仕組みを整え,おやきを全国そして海外に配送している。また,おやきを配送するにあたり賞味期限を長引かせるため,冷凍おやきや真空パックにつめるなどの工夫をした。また,おやきの具材のバリエーションを豊富にし,様々な人の好みに合うおやきを製造できるよう工夫している。

❷ 診 断

(1) 診断の視点

本ケースでは，コミュニティ・ビジネスが地域・国・一般企業との係わり合いの中で存続・発展するために，どのような経営戦略，組織運営を行うべきであるかを診断する。

コミュニティ・ビジネスは地域の人々が地域の人々のために活動する企業であり続けなければならないのは当然である。しかし，コミュニティ・ビジネスもビジネスを展開する企業として組織化するからには，一般企業と同じように発展や利益向上を目指してよい。それが結果的に地域活性化に繋がると考えられるからである。

そこで本ケースでは，地域活性化と企業発展の両立を図る経営を確立することが重要であるという視点から診断する。

(2) 問題点

問題点として，まず，小川の庄の主力である「おやき」ビジネスが現在，成熟段階に入ろうとしている点が挙げられる。小川の庄は，「おやき」を全国・海外に広め，知名度を向上させることに成功した。利益を順調に増大させており，地域活性化を実現しつつある。しかし，企業として存続していく以上，安定を求めていたのでは衰退期を待つのみとなるので，一般企業に劣らない的確で斬新な戦略をとる必要がある。さらに，競合はコミュニティ・ビジネスに限らず，郷土料理を提供している企業，もしくは食品を提供している企業全部となる可能性もあり，他社との差別化を図らなくてはならない。そのためには，コアとなる事業が疎かになり競争に負けないよう，事業ドメインを機能的に定義し，選択と集中を的確に行うことが求められる。

次に，過疎化・高齢化の問題を解決することができていない点が挙げられる。小川の庄にも僅かながら20代の労働者は存在するが，やはり村には高齢者ばかりという現状である。このような状況では，いずれ現在働いている多

くのおばあちゃんたちがさらに歳をとり，働けなくなってしまう。そうなれば小川の庄は労働力が不足し，小川村もまた衰退してしまう。若者が村から離れていく原因には，雇用不足・村の不便さ・若者の好むような遊び場がないことなど様々考えられる。しかし，これは逆に小川の庄が大事にしている部分であり，おばあちゃんたちが守りたい小川村の財産である。

(3) 課題

前述した問題点を踏まえて課題を挙げる。

第一に，「おやき」ビジネスが成熟段階に入りつつある問題点に対する課題を考える。コミュニティ・ビジネスも一般企業と同様に，成長を求め続けなければならない。成熟段階に入った小川の庄が今後進むべき方向を決定するために，製品・市場戦略を中心に戦略を立て直し，今後の事業展開を模索しなければならないと考える。市場の開拓には積極的であるので，特に新商品開発について検討してみる必要があると考える。

第二に，小川村の新たな労働者が不足する可能性が高いという問題点に対する課題を挙げる。小川村の良さである田舎臭さを残すしたうえで，若者を呼び込むことは大変困難であると考える。そこで，次世代の労働者として，新たなおばあちゃん（お年寄り）を小川村に呼び込むことが課題として挙げられる。常に新たなおばあちゃんが小川村の住民となり，また働き手となれば，小川村の風情を残したまま労働者を確保することが可能となるであろう。

(4) 解決策

解決策として，課題で挙げたように，さらなる発展のための戦略を立て，実行しなければならない。アンゾフの成長ベクトルを使って，小川の庄が今後取るべき戦略と具体的な実施案を見出してみよう。成長ベクトルとは，図表5-2-2に示されるように，製品と市場をそれぞれ現有分野と新規分野に分け，その組み合わせによって，4つの製品・市場分野における戦略を挙げたものである。

第5章 新規・拡大領域の診断

図表5-2-2 小川の庄の成長ベクトル

市場＼製品	現	新
現	（市場浸透） ・おやきの品種の改良 ・おやきの宣伝の強化	（製品開発） ・種苗の販売 ・新たな郷土料理の開発
新	（市場開発） ・瞬間冷凍方法の開発やネット販売による，おやきの県外販売 ・海外への販売	（多角化） ・郷土料理を提供する食事処を展開 ・学生の自然学習体験 ・ビジネス学習体験

（出所）著者作成。

　まず，「現在の製品と現在の市場」における市場浸透戦略では，現在の主力製品であるおやきを現在の市場にさらに浸透させるために，品質の見直しやおやきの味のバリエーションの追加などを行う必要がある。しかしこれはほとんど実行されており，現状のままでもさほど問題はない。現状の市場においては，宣伝もほとんど必要ないと思われる。

　次に，「現在の製品と新市場」における市場開発戦略では，おやきの保存期間を延ばすために冷凍などの保存方法の開発を行い，それをネット上で販売することによって，県外や海外に市場を拡大する必要がある。小川の庄は，瞬間冷凍方法を採用しており，新市場開拓に積極的である。しかし，口コミで広がる現在の市場と違い，新市場開拓には宣伝も必要であり，県外，海外の顧客におやきを認知してもらうためにさらなる宣伝強化が必要である。

　「新製品と現在の市場」における製品開発戦略では，今までどおりの小川村の店舗で特産物である野沢菜などの種苗の販売や，おやき以外の郷土料理を開発・販売することが求められるであろう。また，そば粉アレルギーの子供などでも食べられるおやきの開発や，おやきと合う飲み物や食事を提供するのも1つの方策である。

　最後に，「新製品と新市場」における多角化戦略である。成熟段階のおやき

ビジネスを救うには，多角化が一番重要である。つまり，おやき以外の製品を，新たな市場で新たな顧客に提供する必要がある。課題でも挙げたように，新たなおばあちゃんを小川村に呼び込むことが重要であり，外部から人を呼び寄せるには観光は外せない。そのためにも，様々な郷土料理を提供する食事処や宿泊施設を展開し，小さなリゾートにすることが有効と考えられる。

しかし，小川村が人で賑わいすぎて村が新しく整備されると，おばあちゃんたちの想いに反することになる。小川村の風情のある古さは残したまま，古くてのどかな自然を売りにした観光ビジネスを展開するべきである。その際，コミュニティ・ビジネスでの成功例として，他の地域のコミュニティの人々を体験学習として呼び込み，宿泊体験を通して小川村の良さを伝えていくことが解決策として考えられる。

また，介護システムを充実させ，小川村を今以上に老人の暮らしやすい土地にし，小川の庄を中心として老人が生き生きと働き，楽しく暮らすことができる町づくりを行うことが有効だと考える。

❸ 解　説

(1) 関連理論

コミュニティ・ビジネスとは，地域住民が，自分たちの地域の抱えている問題を解決するために集まって行っている活動に，良い意味での事業性や企業的経営感覚を持たせた，地域住民が主体となって活動する事業形態のことをいう。今日の地域コミュニティ，特に地方では，過疎化，高齢化，少子化，経済活動の停滞，雇用機会の減少，環境破壊など様々な問題を抱えている。

しかし，政府や自治体の援助には限界がある。そして何よりも，地域住民の意識を変えないことには，いくら援助しても地域活性化には繋がらないのである。そこで，地域を元気にしたいと考えている住民同士が集まり，事業性を持った活動をすることによって，前述したような問題を解決しようとするボランティア活動と企業活動との中間とも言える事業活動が注目を集めている。

第5章　新規・拡大領域の診断

図表5-2-3　コミュニティ・ビジネスの領域

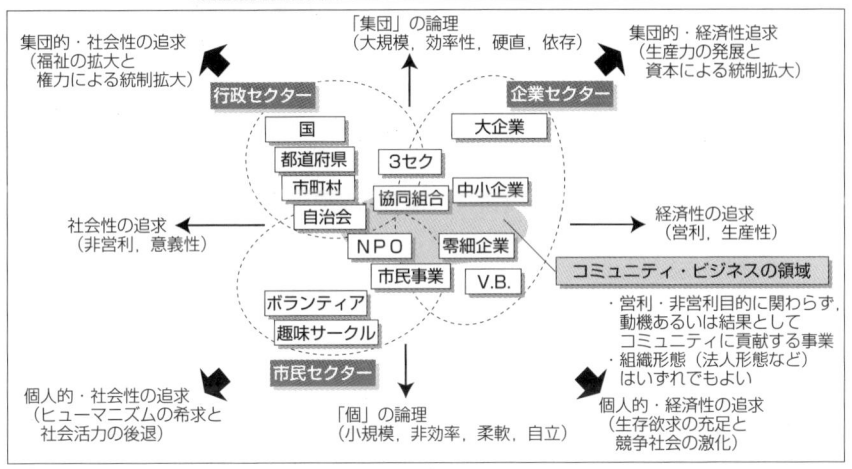

集団的・社会性の追求
（福祉の拡大と権力による統制拡大）

「集団」の論理
（大規模，効率性，硬直，依存）

集団的・経済性追求
（生産力の発展と資本による統制拡大）

行政セクター：国，都道府県，市町村，自治会
企業セクター：大企業，中小企業，零細企業
3セク，協同組合
NPO，市民事業
ボランティア，趣味サークル
市民セクター
V.B.

社会性の追求
（非営利，意義性）

経済性の追求
（営利，生産性）

コミュニティ・ビジネスの領域
・営利・非営利目的に関わらず，動機あるいは結果としてコミュニティに貢献する事業
・組織形態（法人形態など）はいずれでもよい

個人的・社会性の追求
（ヒューマニズムの希求と社会活力の後退）

「個」の論理
（小規模，非効率，柔軟，自立）

個人的・経済性の追求
（生存欲求の充足と競争社会の激化）

（出所）細内信孝［1999］20頁。

　図表5-2-3に示されるように，コミュニティ・ビジネスの事業領域は，集団の理論，「個」の理論，経済性の追求，社会性の追求の面からみて，ちょうど中間に位置する事業であるといえる。今日の社会は，社会性が強く求められ始めているので，社会性を強く求めているコミュニティ・ビジネスは，一般企業と比べて優位な立場に立つことが可能と考えられる。その上で，企業として存続していくために，経済性も強く求めていかなければならない。

　経済性の追求は，雇用の創出，地域経済活性，住民の士気向上など，様々な形で地域活性化に貢献することができる。社会性の追求に関しては，今後，一般企業も無視することはできない大事な要素であり，コミュニティ・ビジネスの活動は，一般企業をはじめ，多くの注目を集めることが予測される。

(2)　技　法

　課題・解決策を導き出すために，製品・市場戦略において重要とされる，アンゾフの成長ベクトルを使用した。成長ベクトルは，現在の製品・市場分野を基にし，その関連性において，企業が今後どの方向に進むかを決定する

ツールである。成長ベクトルの4つのセルごとに，その戦略をみてみよう。
① 市場浸透戦略：現有の製品・市場分野にとどまり，売り上げを伸ばし，シェアを高めていく戦略である。具体的には，コストの低減，広告・宣伝の強化などが挙げられる。
② 市場開発戦略：現有の製品で新たな市場を開拓して，成長の機会を見出していく戦略である。具体的には，海外市場の開拓，既存製品の用途開発による新市場セグメントの開拓などが挙げられる。
③ 製品開発戦略：現有の市場に対して新製品を投入して，売上げの増大を図る戦略である。具体的には，新たな製品機能，用途の創出などが挙げられる。
④ 多角化戦略：製品・市場ともに新たな分野に進出し，そこに成長の機会を求める戦略である。具体的には，技術開発，業務提携，M&Aなどが挙げられる。

(3) **重要用語**
コミュニティ・ビジネス，製品・市場戦略，成長ベクトル

1）東北産業活性化センター［2000］94頁。
2）小川の庄ホームページ＜http://www.ogawanosho.com/index.htm＞。
3）東北産業活性化センター［2000］95頁。
4）小川の庄ホームページ＜http://www.ogawanosho.com/index.htm＞。
5）東北産業活性化センター［2000］96頁。
6）同上書95頁。

参考文献
岸川善光［2006］『経営戦略要論』同文舘出版。
東北産業活性化センター［2000］『コミュニティ・ビジネスの実践』日本地域社会研究所。
細内信孝［1999］『コミュニティ・ビジネス』中央大学出版部。
小川の庄ホームページ＜http://www.ogawanosho.com/index.htm＞

3 企業間関係

❶ ケース

(1) はじめに

　企業間関係において，戦略的提携は，しばしば重要課題として取り上げられている。顧客創造の観点から，異業種間における戦略提携について考察する。

(2) 企業概要

　　企　業　名：日亜化学工業株式会社
　　設　　　立：1956年
　　資　本　金：16,472百万円
　　事業内容：蛍光体（CRT用，蛍光灯用，PDP用，X線増感紙用），発光ダイオード（LED），半導体レーザー，光半導体材料，ファインケミカル（電子材料，医薬品原料，食品添加物）の製造販売
　　売　上　高：200,614百万円（2005年度，連結）
　　経常利益：85,682百万円（2005年度，連結）
　　従業員数：4,000名（連結）

(3) ケース

　日亜化学工業株式会社（以下，日亜化学）の創業者小川信雄会長は，1951年，結核の治療薬であるストレプトマイシン国産化の機運をみて，その原料となる良質の塩化カルシウムの試作研究を進めていた。その品質が当時，日本でストレプトマイシンの代表的メーカーであった協和発酵工業に認められ，

量産工場設立への第一歩となった。

しかし，結核患者の減少に伴ってストレプトマイシンの将来性に疑問を持ち，次世代製品としてランプ用蛍光体原料のリン酸カルシウムに着目し，1956年末，その製造・販売のため日亜化学を設立した。

1966年から1972年にかけて照明用蛍光体，また1973年から1991年にかけては多目的蛍光体（蛍光灯／ブラウン管／X線増感紙）とその事業を拡大し，なかでもカラーテレビ用蛍光体は日亜化学の主力事業として成長した[1]。

〈大量生産〉

LEDやLD（レーザーダイオード）における市場シェア争いは，日亜化学のLED事業の収益性を低下させる要因となってきた。LEDやLDは半導体デバイスであり，大量生産に頼らざるを得ない。しかし，生産設備については他の半導体デバイスと同様に標準化されており，あらゆる企業が装置専門企業から納入を受けている。生産設備のコストは各社とも横並びといえる。

一方，製品面では各社は製品の徹底的なフルカスタム化を目指し，品種だけでも300～400種類揃えている。これでは，少量多品種生産に走らざるを得ない。結局，利益があがらない。日亜化学は，あくまでも大量生産でモノを作って，大量生産のなかで収益を確保している[2]。

〈LD市場〉

DVD用の読み取り光源として，青色LDは有用とされている。近年，データの信頼性の問題に加えて，VTR，AV，コンピュータ用記録メディア，ゲーム機，カーナビなど複数のメディアがDVDの互換性のうえで相互参入し，市場規模は拡大している[3]。

〈競合の米国Cree社に対して白色LEDのクロスライセンス〉

日亜化学は2005年に米国Cree社との間で白色LEDの特許を含むクロスライセンスを新たに締結すると発表した。両社は2002年11月に青色LEDのペアチップの構造や製造に関してクロスライセンス締結をしていたが，白色LEDの特許は除外されていた。

契約内容は日亜化学が持つ白色LEDの基本特許に対し，Cree社は複数の特

許を提供することに加えてライセンス料を支払うことである。このクロスライセンス契約の締結により、日亜化学はCree社が白色LED市場に参入する手助けをすることになる。

　模倣品を製造しているメーカーは今まで、主にCree社から部品を調達していた。そこでCree社と日亜化学が提携することによって、模倣品を製造するメーカーはCree社部品の調達が難しくなる[4]。模倣品対策のクロスライセンスといえる。

〈パテント・リストラ〉

　日亜化学は2005年3月に「青色LED訴訟」で最大の争点となった「404特許」の権利を放棄した。404特許は日、米、英、独、蘭、伊、仏の7カ国で出願され、成立していた。このうち、欧州5カ国は2005年10月25日に、米国は2006年2月2日に権利が失効した。日本では2006年1月12日に権利が抹消されていた[5]。

　これらの7カ国において、特許権の有効期間は出願から20年である。しかし、その権利を維持するためには特許維持年金を支払う必要がある。この年金はある一定期間ごとに更新していく形を採り、後半になるほど金額は上昇する。そこで、日亜化学は、特許権を維持するコストとリターンを考慮して、特許権の放棄にふみきった[6]。

〈日亜化学と他社の提携関係〉

　日亜化学の提携形態を、図表5－3－1のアライアンス・マトリクスで分析すると、同業他社とのライセンス付与、クロスライセンスが大半を占めており[7]、現時点では規模追求型の提携が中心であることがわかる。

　また、図表5－3－1の第一象限と第四象限に該当する企業は、多くが過去、日亜化学と特許紛争を引き起こした当事者でもある。業界内でイノベーションが生起され、日亜化学の保有する特許が主流でなくなれば、提携関係を解消する可能性が高い。

　第二象限と第三象限に該当する企業は、日亜化学が進んで、提携関係を結んでいる。顧客創造の観点からいえば、第二象限と第三象限の提携は、不可

図表5-3-1　日亜化学におけるアライアンス・マトリクス

	水平的提携	垂直的提携
対称的提携	第一（規模追求）象限 豊田合成 Lumileds Cree（米国） OPTOTECH（台湾）	第二（能力補完）象限 ソニー
非対称的提携	第四（機能分担）象限 ムーラー電機（独） オスラムグループ（独）	第三（顧客統合）象限 朝日ラバー シチズン電子 オプトロニクス（米流通会社）

（出所）安田洋史［2006］94頁。

欠である。特に第二象限において提携企業が少ないので，提携企業を増やすことが必要である。

❷　診　断

(1)　診断の視点

戦略的提携における課題として，技術面からみた自社の利益の確保と，提携範囲の調整が挙げられる。顧客創造につながる提携相手の選択と，提携相手に応じたライセンス条件変更について診断する。

(2)　問題点

提携をするにあたっては，2つの問題点がある。

第一に提携を行うと技術流出が起きやすくなる問題がある。これは，提携の形態で，ライセンス付与が非常に多く，トラブルが頻発していることに起因する。有償で技術を付与する取り決めを交わしても，実際は無料かつ付与

先企業以外に技術流出するという事態に発展する可能性がある。

　近年の特許がらみの紛争は，ライセンス付与を受けた企業がライセンス料を払わず，逆に特許無効の訴訟を起こす形態も増えている。契約を締結する際に，ライセンス付与先企業にそのような前例がないか調べておく必要がある。特にこの問題は，国家間で争われることが多いため，事後的対応では模倣品に市場を占有され，日亜化学のライセンス許可製品の機会損失が大きくなる。

　第二に提携相手が，強力な競争相手になってしまう問題がある。特に日亜化学が行っているCree社との白色LEDのクロスライセンスの締結はその可能性が高い。日亜化学は提携先の企業に，自社が自信を持っている分野に新規進出されても，優位性は揺るがないと判断している[8]。

　だが，このクロスライセンスは，日亜化学にとって利益は大きくない。模倣品対策で，模倣品を製造するメーカーがCree社から部品の調達しにくくする戦略であるが，部品の調達自体は，メーカーから直接調達する方法に限定されない。

　部品がメーカーの手から離れて，いったん流通にのってしまえば，小売・卸売からも調達が可能である。小売，卸売といった流通経路までのコントロールは，子会社化しない限りメーカーができるものではないし，責任追及は困難である。実際に小売，卸売で日亜化学の模倣品が販売されており，日亜化学はそれに対して訴えている[9]。

　しかし，特許違反ではない部品をメーカーが，小売，卸売に対して，あのメーカーは模倣品を製造する恐れがあるので，販売するなという主張は難しい。したがって，日亜化学の模倣品を製造するメーカーの部品調達は，大きく変わっていないといえる。

　つまり，日亜化学とCree社が白色LEDの製造・販売を統合していくのではなく，相互に競争関係を保とうとする限り，日亜化学にとって総合的に利益は増えないといえる。

　提携先からのライセンス収入を期待する場合でも，日亜化学がCree社に技

術を提供するだけで，部品提供を行っていない。技術以外はCree社独自で調達し市場に投入するので，日亜化学の市場シェアを奪うことになる。ライセンス料のみの利益よりも，完成品を販売する方が利益が大きいため，市場シェアを奪われた日亜化学の利益はかえって減ってしまう。

このように，提携は，提携の範囲が狭いと，逆に自社に不利益をもたらし，提携の範囲が広いと，利益配分や責任権限の分担の調整が難しいという問題がつきまとう。

(3) 課　題

提携を行うと提携先以外に技術流出が起きる問題と，提携を行うと提携先が強力な競争相手になってしまう問題に対しては，①提携の内容・範囲・目的・相手の思惑の食い違いの解消，②提携するメリットばかりに注目せず，デメリットからくるリスクへの予防策の検討が課題として挙げられる。

これらの課題を達成するためには，提携後における自社と提携先との企業活動の調整が必要である。企業活動の調整をする場合には，通常起こりうる提携の解消の事由と原因の面から検討する必要がある。通常起こりうる提携の解消の事由と原因については，図表5－3－2にまとめた。

図表5－3－2の当事者が確定可能か確定困難かという項目は，当事者の努力・行為で実現が保障されるものと，努力・行為で実現が保障されないものの分類である。

特に，提携解消の原因となるグローバル化に伴う提携当事者間の市場競合については，最大限の注意を払わなければならない。これは，提携時に，クロスライセンス等の方式をとる場合，両社が販売地域を分担することによって，市場競合が起きないように画策することから生じる課題である。

グローバル化が進行するに従って，部品，製品等を調達する範囲は，周辺地域に縛られなくなる。そうなれば，世界で最も安いところから，同種の製品を調達するようになる。販売地域を限定してクロスライセンス等を行っても，自社の製品と競合関係になる。自社と提携先の販売する製品の種類を明

第5章 新規・拡大領域の診断

図表5-3-2　提携の解消の事由と原因

	当事者が確定可能	当事者が確定困難
提携解消の事由	・重大な契約違反 ・一方的な提携目的の変更 ・双方による提携の目的の変更	・中間目標の不到達 ・提携の目的不達成 ・提携の目的達成
提携解消の原因	・提携事業の成果による独自路線の打ち出し ・適切な提携先選定の失敗 ・不適切な事業形態の選択 ・事業提携における利益分配 ・事業的提携における双方の戦略的位置付けの相違 ・双方の経営資源配分の相違 ・一方の提携事業の譲渡 ・提携事業の市場における提携当事者間の競合	・提携事業の赤字 ・提携事業開始における具体的展開の失敗 ・グローバル化に伴う提携当事者間の市場競合 ・技術革新の急激な進展による提携事業における技術の陳腐化

(出所)　井原宏[2001] 305-311頁の内容を筆者が図表化。

確に分担しない限り，クロスライセンスを行えば，行うほど，競争相手は増える。

提携先に対して，販売地域の限定だけではなく，製品を対象地域から出さないように流通ルートの管理までも求めるのには，無理がある。

(4) **解決策**

提携先企業の選定においては，将来的に自社製品の顧客になる企業を選ぶ。

したがって，顧客の創出に重点を置き，業務提携目的のクロスライセンス等よりも，共同開発のうえ，部品供給する形態が好ましい。

①日亜化学の場合，青色LED等は，信号機などの交通インフラに利用される余地がある[10]ので，国内だけではなく，海外の自治体，交通インフラ事業会社に対して，提携を呼びかけるべきである。

②青色LEDを使用している家電メーカー等と提携することによって，製品範囲を拡大し，顧客のサプライヤーからの購入先変更頻度を減らし，受注増を狙う。ユーザー視点に立った開発をすることができる。

　海外の自治体，交通インフラ事業会社と家電メーカーが提携先の場合，ライセンス形態は個別契約方式，ライセンス条件はオプション（選択制），ライセンス範囲は，基礎技術，応用技術の両方を含むのが望ましい。その際，提携によって，技術流出が起きた場合の対応についてのアクションプランの作成が必要となる。

　③LEDメーカーとは，部品の標準化や規格の標準化を提携することで製品に互換性をもたせて製品の魅力を増大させる。規格を統一し，設備の効率化を図り，機能，品質，価格等で争う。

　ライセンス形態は一括方式で，ライセンス条件は提携企業間で同一，ライセンス範囲は基礎技術のみが望ましい。あくまで，業界全体のコスト低減が目的であり，技術流出を最小限に抑えるためである。

❸ 解　説

(1) 関連理論

　戦略的提携とは，企業合併，企業合同，事業譲渡などと比較して，緩やかな事業連結・企業間協働関係の様式のことである。戦略的提携の形態としては，生産委託，販売委託，共同開発，部品供給，ノウハウ提供などが挙げられる。戦略的提携には，企業間の関係を固定せずにそれぞれの会社が独立性と自律性を保持したまま事業連結，企業間の協働を行うことができるという利点がある。目的としては，不足資源の調達，余剰資源の有効活用，投資リスクの低減などが挙げられる[11]。

(2) 技　法

　図表 5-3-3 に示されるように，提携は双方が経営資源の交換を行うものとされる。交換されるものが同質か異質かによって，対称的提携と非対称

図表5-3-3　アライアンス・マトリクス

	水平的提携	垂直的提携
対称的提携	第一（規模追求）象限 ・規模の追求 ・投資の継続 ・最先端技術の開発	第二（能力補完）象限 ・顧客との一体化 ・異なる技術力の融合 ・サプライヤーとの技術的連携
非対称的提携	第四（機能分担）象限 ・補完による価値創造 ・特定機能に特化 ・新市場への進出	第三（顧客統合）象限 ・顧客ニーズの取り込み ・顧客内シェアの獲得 ・優遇供給条件からの受益

（出所）安田洋史［2006］94頁。

的提携の視点と，提携する業種の同異によって，水平的，垂直的提携の視点がある[12]。これを利用して，自社の提携関係の補強点を明らかにすることができる。

具体例としては，第一象限は同業間の技術提携，クロスライセンス，第二象限は，異業種間の共同開発・研究，生産提携，第三象限は系列化，第四象限は同業間のライセンス付与および特定地域における販売委託が挙げられる。

(3) 重要用語

企業間関係，戦略提携，アライアンス・マトリクス

---

1) 一橋ビジネスレビュー編［2003］248-265頁。
2) 同上書253,254頁。
3) 同上書263頁。
4) 日経ものづくり，2005年3月号，29頁。
5) 日経ものづくり，2006年4月号，21頁。
6) 特許庁ホームページ＜http://www.jpo.go.jp/＞より。
7) 日亜化学工業ホームページ＜http://www.nichia.co.jp/＞より。
8) 日経ものづくり，2005年3月号，29頁。
9) 日亜化学工業ホームページ＜http://www.nichia.co.jp/＞より。

10) 日亜化学工業ホームページ＜http://www.nichia.co.jp/＞より。
11) 岸川善光［2002］142-143頁。
　　安田洋史［2006］94,95頁。

参考文献

Collins,T.M.=Doorley,T.L.［1991］, *Teaming up for the 90's*, Business One Irwin（トーマツ戦略コンサルティング部門訳［1993］『グローバル・アライアンス戦略の実際』ダイヤモンド社）

井原宏［2001］『国際事業提携』商事法務研究会。

岸川善光［2002］『図説経営学演習』同文舘出版。

竹田志郎［1992］『国際戦略提携』同文舘出版。

日本知的財産協会他編［2006］『知財管理6　第56巻第6号』日本知的財産協会。

一橋ビジネスレビュー編集部編［2003］『ビジネスケースブック2』東洋経済新報社。

安田洋史［2006］『競争環境における戦略的提携　その理論と実践』NTT出版。

日経ものづくり，2005年3月号，日経BP社。

日経ものづくり，2006年4月号，日経BP社。

特許庁ホームページ＜http://www.jpo.go.jp/＞

日亜化学工業ホームページ＜http://www.nichia.co.jp/＞

第5章 新規・拡大領域の診断

4 工 業 集 団

❶ ケース

(1) はじめに

　産業の空洞化が著しく，多くの企業が経営危機に陥っている。そのため，産業の活性化を図るべく，工業集団における活動が活発化しつつある。その活動は，工業集団であるメリットを活かしているのかを診断する。

(2) 概　　要

〈東京都大田区〉

　　面　　　　　積：59.46km²
　　製造業事業所数：6,173事業所（2006年現在）
　　集 積 の タイプ：機械金属工業

〈大阪府東大阪地域〉

　　面　　　　　積：61.81km²
　　製造業事業所数：8,272事業所（2005年現在）
　　集 積 の タイプ：機械金属工業

(3) ケース

　東京都大田区に存在する製造業事業所数は，東京都内で最も多く6,173事業所である[1]。その約8割の工場が，従業員数9人以下である[2]。また，大田区の産業に占める機械金属工業の割合が大きいことから，大田区は日本を代表する町工場と呼ばれている。この数値は2005年の調査によるものであるが，1983年には工場数は9千を超えており，日本有数の工業集積地である大田区においても，産業の空洞化問題が表出化した。特に2001年からは，工場数が

251

毎年約1割の減少が続くなど，危機的状況にある。とりわけ，諸外国の発展に起因する取引先の海外移転は，わが国の製造業にもっとも影響を及ぼしている。

大田区が2001年に実施した調査によると，前年度より受注額が減少したと答えた企業は全体の約8割に上る。そのうち約4割が「取引先の海外移転や海外調達による減少」が問題であると答えた[3]。

大田区は，産業の空洞化問題を解決するための産業活性化策として，1995年に，財団法人大田区産業振興協会を設立させ，産業と行政の連携を図った。大田区の活性化方針は，企業が互いに相乗効果の創出するために，横のつながりの強化に重点が置かれている。

大田区の産業は，「仲間まわし」といわれる企業間関係が特徴である。「仲間まわし」とは，工場から工場へ製品をまわしながら製造することである。この慣習により，メッキ技術等，特定の技術に特化した企業が誕生し，高付加価値を持たせた製品の製造を行える要素になっている。

ハード面だけではなく，ソフト面の問題解決にも着手した。「ものづくり受発注商談会」や，展示会の開催・出展枠の確保など，情報交換の場作りである。また，「優工場」「テクノクリエーター」「新製品・新技術コンクール」といった認定制度を設けることにより，技術公開の場を提供した。

大田区では，周辺大学を研究機関とし，大田区の意向に沿う組織の大田区産業振興協会が支援機関の役割を果たすことにより，産学公交流事業を実施し，産業クラスターの形成に着手した。実際に中小企業と大学との研究もはじまり，新技術の開発が行われている。

産業クラスターとは，企業，行政，研究機関，支援機関がネットワークを構築することにより創り出される，知的財産等の相乗効果により地域を中心に新産業・新事業が創出されやすい環境のことである。

産業クラスターの1つに，「地域産業活性化プロジェクト―京浜ネットワーク支援―」がある。大田区を含む京浜地区で行われており，技術力を利用した新しい価値創造が試みられている。

大田区で活動する北嶋絞製作所は，ヘラ絞りという金属を加工する技術力を活かし活動している。今後は新しい分野へ展開することを目的とし，先端技術を応用した製品製造を試みている。先端技術とヘラ絞りの技術を融合させる場所は，上記のクラスターである。

　他方，ものづくりのまちとして有名な地域として，大阪府東大阪市が挙げられる。中小企業の技術で人工衛星「まいど1号」を打ち上げる計画はここで進行している。参加する企業は，自社が保有する技術はどこにも負けないという自信を持っている。こうした中小企業の技術力を結集させ，人工衛星の打ち上げを行うことにより，年々衰退していく東大阪市を活性化させることを目的としている。

　東大阪市においても，年々産業空洞化は深刻になっている。2005年度調査によると[4]，東大阪市における製造業事業所の数は8,272事業所であり，金属製品製造業が，全体の約25％を占めている。

　上記のような状況に対し，独立行政法人中小企業基盤整備機構では2003年に「クリエイション・コア東大阪」という施設を設置した。クリエイション・コア東大阪は，ネットワークの構築の場として，中小企業を支援し，企業間ネットワークを構築する目的を有する。東大阪では，世界シェア7割以上の製品を製造する企業が複数存在しており，単独での成功事例が多かったことが影響し，横のつながりを広げようとする事例があまり見られなかったからである。

　この施設はインキュベーション施設としての機能を持つため，複数の企業が入居し経営活動を行っているが，入居できない企業に対しても，経営の相談窓口を設置したほか，技術を公開する場として展示室を設置した。

　また，東大阪においても，行政による支援は盛んに行われており，「テクノメッセ」という展示会や合同商談会など多数実施されている。

　東大阪を含む近畿地方の産業クラスターにおいても，新しい技術・製品の開発事例が増加している。特にバイオ・テクノロジーに特化したクラスターでは，研究成果が数多く報告されており，今後の発展が期待されている。

図表5-4-1　関東地方・近畿地方の産業クラスター

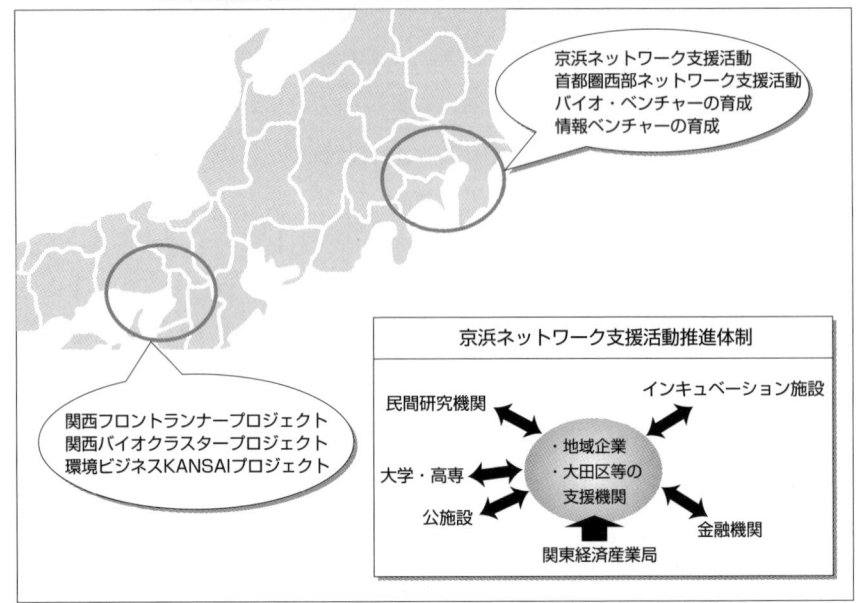

　　京浜ネットワーク支援活動
　　首都圏西部ネットワーク支援活動
　　バイオ・ベンチャーの育成
　　情報ベンチャーの育成

　　関西フロントランナープロジェクト
　　関西バイオクラスタープロジェクト
　　環境ビジネスKANSAIプロジェクト

京浜ネットワーク支援活動推進体制
　民間研究機関　　インキュベーション施設
　大学・高専　　　地域企業・大田区等の支援機関
　公施設　　　　　金融機関
　　　　　関東経済産業局

（出所）産業クラスター計画＜ http://www.cluster.gr.jp/index.html ＞を参考に筆者が作成。

　上記のようなクラスターは，経済産業省と文部科学省のクラスター政策によるものである[5]。

　関東および近畿地方のクラスター政策は，図表5－4－1に示されるように，複数のプロジェクトによって推進されている。

　クラスター政策によって，新技術・新製品の開発が活発化し，クラスターに参加する関係機関も増加傾向にある。

❷ 診　断

(1) 診断の視点

　大田区と東大阪では，産業クラスターの普及活動が進められている。知識共有やイノベーションを生起しやすい環境開発など，課題とされる事柄について解決策を導出するために，企業間関係および産業クラスターを診断し，

産業活性化のための施策について考察する。

(2) **問題点**

　すでに個別での活動では限界に達しようとしていることは，企業数の著しい減少傾向からみても明らかである。需要を諸外国に奪われており，工業集積の技術力は弱まり続けている。

　産業空洞化問題の解決と技術力の向上を目的とし，産業クラスター政策が推進された。しかしながら，参加企業はいまだ少数であり，今後さらなる拡大が必要となるが，その受け皿となるクラスターの規模は小さい。

　関東地区，近畿地区のクラスターにおけるプロジェクトは，より多くの企業や研究機関が参加し，地域全体でイノベーションが起こりやすい環境を目指さなければならない。

　また，横のつながりの強化による活性化を支援する施策も行わなければならない。産業クラスターに参加できる企業は，現状では一部の企業に限られている。企業間関係によって，自然発生的に誕生するクラスターを育成・発展させる社会的なインフラの整備を推進することも必要不可欠となる。

　工業集団の活性化と継続的なクラスター発展のためには，技術の継承が不可欠となる。後継者不足を解決するための取り組みが不足していることから，継続的なクラスターの形成段階において，どのように若者を参加させ，後継者にするのかということを考えなければならない。

(3) **課　題**

　産業クラスターの形成には，企業間の調整などに多くの時間を要する。大田区や東大阪では毎年多くの企業が倒産している現状を踏まえると，産業クラスターの育成・発展を，中長期的産業活性化策とし，企業間関係の構築支援と発展を短期的産業活性化策に位置付けることが必要と思われる。

　最も重要な課題は，クラスターの参加枠拡大である。現在のクラスターは，自主性ある企業であれば自由に参加できる。しかしながら，その参加企業数

にも限界がある。そのため，行政による産業支援機関および研究機関の増設や，支援機関による協力体制の強化などを行うことが求められる。大田区産業振興協会やクリエイション・コア東大阪がこれまで行ってきた支援活動の一層の強化が必要となる。

製造技術の継承には，研究機関と企業の2つの視点を取り入れ，若者が「ものづくり」に興味を持つような取り組みを積極的に行う必要がある。製造業の衰退を，人材を取り込むことによって活性化へつなげる取り組みであり，産業クラスターの発展を行う上でも不可欠な取り組みである。

若者に対し「ものづくり」に興味を持たせ，技術を継承させるためには，東大阪の人工衛星打ち上げ計画にみられるように，具体的なプロジェクトとして取り組むことが望ましい。また，プロジェクトと産業クラスターを関係づけることによって，技術に関する知識を共有する場として利用することも重要である。

(4) 解決策

工業集積における産業活性化には，行政による支援機関の機能強化が不可欠となる。大田区産業振興協会やクリエイション・コア東大阪がこれに該当する。行政による支援機関が果たさなければならない役割は，場の構築である。

まず，情報提供の場を構築する。地域内における先端技術の紹介や市場動向などの情報提供など，製造業に対する情報提供を構築する。また，外に向けての情報発信を行い，市場ニーズと企業シーズのマッチングを図ることも重要な役割となる。

次に，企業紹介の場を構築する。研究を希望する企業が，共同研究を引き受ける企業を探す仲介役となり，研究施設やベンチャー・キャピタルの紹介を含めた支援を行う役割である。

最後に，知識創造の場を構築する。企業の研究発表の場や技術紹介の場を作ることによって，新たな技術・製品の開発につなげることを目的とする。

第5章 新規・拡大領域の診断

クラスターの自発的誕生を促すうえで，最も重要となる要素である。

産業クラスターの拡大においては，現在の状況を常に改善し，イノベーションを連続して起こさなければならない。

また，クラスター間の情報交換の場を設け，新たな知識創造をすることやクラスター間の競争を激化させる取り組みが必要となる。

クラスターを活用した産業の活性化は，長期的な計画にならざるを得ないため，継続して支援する姿勢が望まれる。また，知識創造が重要な役割を果たすため，クラスター同士の接触の機会を持たせることも重要となる。

産業クラスターを定着させ，発展させるために，現在行われている民間プロジェクトとの相互補完を行う。図表5－4－2に示されるように，東大阪の場合，人工衛星打ち上げプロジェクトが行われている。このプロジェクトは，若者に興味を抱かせ，技術者として，将来をたくす期待もある。

大田区においても，航空機生産プロジェクトが行われており，同じような効果を有している。これら民間プロジェクトと，該当地域で展開されている

図表5-4-2　プロジェクトとクラスターの関係図

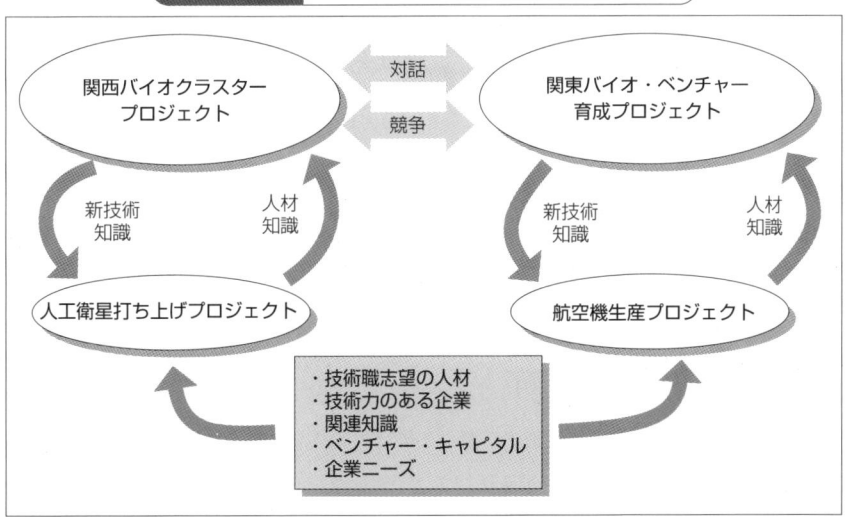

```
    関西バイオクラスター      ⇔対話⇔      関東バイオ・ベンチャー
       プロジェクト           ⇔競争⇔        育成プロジェクト
         ↓↑                                    ↓↑
    新技術   人材                          新技術   人材
    知識     知識                          知識     知識
         ↓↑                                    ↓↑
   人工衛星打ち上げプロジェクト            航空機生産プロジェクト
              ↑                                  ↑
              └──── ・技術職志望の人材 ────┘
                    ・技術力のある企業
                    ・関連知識
                    ・ベンチャー・キャピタル
                    ・企業ニーズ
```

(出所) 筆者作成。

クラスターを結びつけ，知識創造を絶えず行うことによって，産業クラスターを発展させ続けることを狙いとする。

❸ 解　説

(1) **関連理論**

　工業集団の利点は，企業同士が地理的に近く，企業間の連携がしやすいことである。

　これまでは，大企業の下請けとして活動した企業がほとんどであったが，コスト低下のため大企業の生産拠点が中国に移り，下請け脱却を迫られた中小企業には，高い技術力が残された。数社はその技術力をうまく売り込むことができたが，多くの企業が高い技術力を有したまま需要を喚起できずにいた。

　工業集団としての規模縮小に対し，国は第5次全国総合開発計画において産学官連携を示し，経済産業省は「産業クラスター計画」を打ち出した。

　経済産業省が推進する「産業クラスター計画」の目的は，衰退する地域産業を改善するため，多くの関連機関が連携を図り，国際競争力を創出することにある。産業クラスター計画は，全国17のプロジェクトから進められており，産官学のネットワークを生かした活動による成功事例が数多く報告されている。また，多くの参画企業が，クラスターによるネットワークの形成に対してメリットがあると考えているため[6]，今後の広がりが期待される。

　産業クラスターは全体的な取り組みとして重要となっている。長期的に国際競争力を養い，品質を競争優位の源泉にするための取り組みである。研究などが主体となるため，長期的視野を持ってクラスター形成に取り組まなければならず，短期的効果は期待できない。そのため，個別の企業にとっては，行政や支援機関により開催される展示会や商談会により，技術と需要を結びつける場が重要となっている。また，横のつながりを重視することによって，新たな価値を創出するための取り組みを行うことにより，短期的な価値創出を行うことが重要となる。

(2) 技　法

　産業集積における産業活性化のあるべき姿は，図表5－4－3に示されるように，窓口が広い産業クラスターを中心とし，企業同士の協働を重視したものでなければならない。

　産業クラスターは，知識創造を連続させなければならないため，単体ではなく，複数の産業クラスターとの間で知識共有を行い，同時に競争関係でなければならない。

　周辺地域の企業との協働や研究機関などとの協力によって，イノベーションを加速させ，新技術・新製品を次々に創出する環境を作り出す。この環境を作ることによって，長期的な競争環境を創出することが目的である。

図表5-4-3　工業集団活性化策のあるべき姿

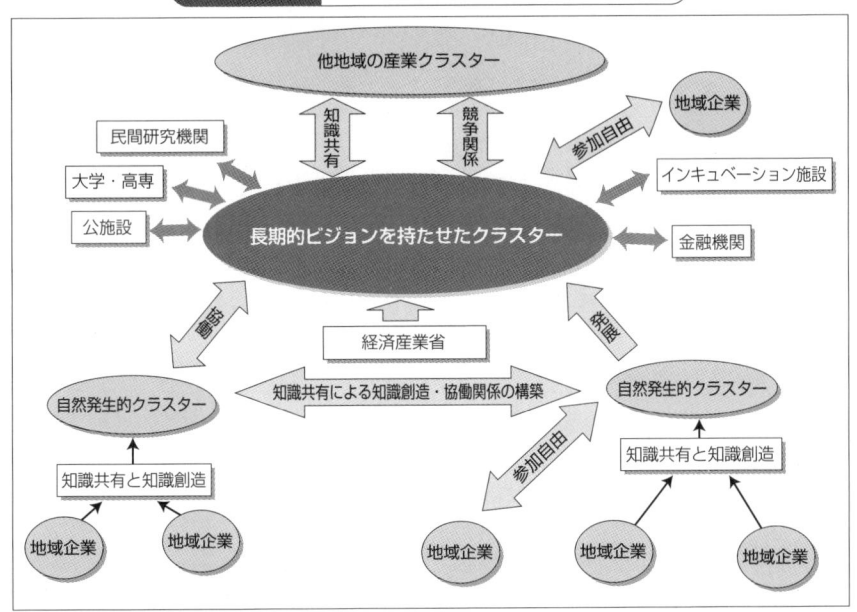

（出所）関東経済産業局
〈http://www.kanto.meti.go.jp/seisaku/juten/baitara/040601keihin_image.html〉

(3) **重要用語**

産業クラスター，知識創造，産学官連携

---

1) 大田区が発表している統計「大田区の数字」(2006年発行) より抜粋。
2) 同上。
3) 大田区産業振興協会「空洞化の影響に関するアンケート」
 ＜http://www.pio.or.jp/sangyo/hollow/index.htm＞
4) 大阪府が発表している統計「大阪の工業」より抜粋。
5) 経済産業省によると，クラスター政策とは，世界に通用する新技術が次々展開される産業集積である。産学官連携により，イノベーションが生起されやすい環境を創造することが目的となっている。
6) 産業クラスター計画＜http://www.cluster.gr.jp/plan/result.html＞

参考文献

石倉洋子＝藤田昌久＝前田昇＝金井一頼＝山崎明［2003］『日本の産業クラスター戦略—地域における競争優位の確立—』有斐閣。
植田浩史編［2000］『産業集積と中小企業—東大阪地域の構造と課題—』創風社。
岸川善光［2006］『経営戦略要論』同文舘出版。
清成忠男＝田中利見＝港徹雄［1996］『中小企業論』有斐閣。
清成忠男＝橋本寿朗［1997］『日本型産業集積の未来像』日本経済新聞社。
中小企業総合研究機構著［2003］『産業集積の新たな胎動』同友館。
日本政策投資銀行産業問題研究所［2003］『日本製造業復活の戦略—メイド・イン・チャイナとの競争と共存—』ジェトロ（日本貿易振興会）。

5 商業集団

❶ ケース

(1) はじめに
　商店街経営は，全国的に衰退傾向にある。近年，「まちづくり」として活性化する動きが見られるが，成功している商店街は少ない。商店街経営が成功するための要因を考察する。

(2) 概　要
　　　組　　織　　名：早稲田商店街
　　　統　括　組　織：早稲田商店会
　　　組　織　代　表　者：安井潤一郎
　　　商店街のタイプ：近隣型商店街
　　　組　織　構　成　員　数：80店舗
　　　店　舗　形　態：飲食業，娯楽業，食品小売業など

(3) ケース
　早稲田商店街は，図表5－5－1に示されるように，早稲田大学西早稲田キャンパスの周辺に位置する商店街の1つである。周辺商店街は7つ存在している。統括する組織は異なるが，これらの組織は完全な独立組織ではなく，早稲田大学周辺商店連合会の構成員となり，西早稲田地区全体の活性化に取り組んでいる。

　早稲田商店街は，早稲田大学西早稲田キャンパスから500メートル圏内にあり，通行者の多くが学生である。そのため学生をターゲットとした商店が多く存在している。しかし大学の長期休暇期間になると人通りが大幅に減少

図表5-5-1　早稲田大学周辺商店街地図

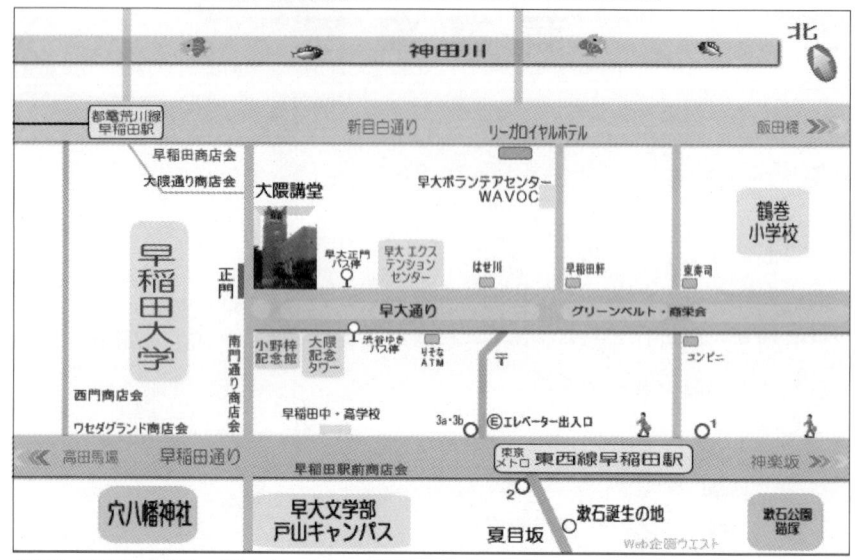

（出所）早稲田商店街ウェブサイト＜http://tachigui.web.infoseek.co.jp/map.html＞

する問題を抱えていたため，大学の休暇期間に合わせて閉店する店舗もあった。これは早稲田大学周辺商店街に共通する問題でもあった。

　この問題に対し，1993年に早稲田商店会会長に就任した安井潤一郎氏は，早稲田商店会の組織体系を見直した。役員会の下に事業委員会を設置し，会長と役員にのみ与えられた発言権の慣習を廃止し，一般商店会員からも発言を取り入れる組織へ変革させた。組織変革後，一般商店会員からの提案により，活性化のためのイベントを実施することとなった。テーマは，当時話題になり始めたばかりの「環境問題」についてであった。

　安井会長は，イベントを成功させるため，商店街との関わり合いが弱かった早稲田大学の協力を要請し，早稲田商店街は，組織後初めて早稲田大学構内の使用許可を得た。区の支援と大学の協力に加え，協賛企業も多く集まり，環境問題をテーマとしたイベント「エコサマーフェスティバル」は，当事者の想像以上の成功となった。

このイベント後も，商店街としての環境対策は「早稲田ごみゼロ平常時実験」として続けられ，エコサマーフェスティバルという一時的なイベントではなく，継続して環境問題に取り組むこととなった。この運動では，早稲田のゴミを減らすことを目的としており，エコサマーフェスティバルで用いられたリサイクル設備を借り受け，利用することによって市民に訴求し続けた。なかでも，市民が参加しやすいものとして，「当たりくじ付き空き缶回収ボックス」を「エコステーション」という回収所に設置したところ，早稲田大学キャンパスの中から空き缶が消えた[1]といわれるほど，市民の反響は大きかった。

「当たりくじ付き空き缶回収ボックス」の当たりくじには，高級ホテルのペア宿泊券や，ハワイへの6日間旅行チケットなど豪華商品が毎回用意された[2]。「空き缶1つでハワイ旅行が当たる」という口コミが，市民の協力につながった。当たりくじには，豪華賞品のほかにも，商店街に所属する店舗からの協賛品も多数含まれていた。協賛品は交換するだけの目的で用意されたものではなく，交換のついでに他の商品の購入を促すことが目的であったため，協力した多くの商店で売り上げが増加し，利用客の増加と客層の拡大の効果につながった。

環境問題に取り組むことを商店街活性化につなげた早稲田商店街の事例は，衰退に悩む全国の商店街にとっては手本であった。全国の商店街関係者が視察に訪れたことにより，エコステーションは全国に広がり，全国リサイクル商店ネットワークの形成へ進展した。また，環境イベントに学生，市民が協力したことも話題となったため，修学旅行等で体験学習するための場としても利用されることとなった。

早稲田商店会会長の安井潤一郎氏が先頭に立ち，商店街の今後の道筋を立てて実施する。企画発案から実施にいたる点で得たノウハウを活かし，新たな企画を発案する。この一連の流れを繰り返した結果として，今日の「環境・リサイクルのまち」というグランド・デザインを創造したのである。安井氏も早稲田商店街で稲毛屋というスーパーの経営者であることから，早稲

田商店街の特徴を把握していた。そのため，イベントの参加についても強制ではなく，参加できる店舗だけでよいとした。また，実施する際も稲毛屋としてイベントに参加した。

　早稲田商店街の取り組みは，物が売れるイベントだけではない。震災対策も商店街と早稲田大学が連携し，助け合う街づくりのシステムを構築した。この取り組みを活かし，早稲田地区だけではなく，全国的な防災組織「全国商店街震災対策連絡協議会」を設立し，全国的に防災ネットワークを構築し，ノウハウの共有化を図った。

　早稲田商店会の取り組みにおいて特徴的な点は，様々なネットワーク構築の進展である。商店主との連携からはじまった活動は，行政・早稲田大学・全国の商店街組織に結びついた。また，リサイクル事業ネットワークだけではなく，防災ネットワークという新たな枠組みの形成へと広められた。そしてこのネットワーク構築ができた要因は，すべて商店会会長である安井氏の人脈と取り組みによるものである。

　早稲田商店街の取り組みは，全国的にも先進的であり，環境と経営の両立による成功が認められ，2006年度中小企業庁がまとめた『がんばる商店街77選』に選出された。

❷ 診　断

(1)　**診断の視点**

　環境問題に取り組む商店街として，全国の商店街から注目されている早稲田商店街では，商店街同士の情報ネットワークの構築を続けている。早稲田商店街の現状を分析し，ネットワーク拡大の必要性について考察し，今後，発展する商店街となるためには，どのような取り組みが望ましいのかを診断する。

(2)　**問題点**

　リサイクルと各店舗を結びつけ，売上げを増大させたことはケースでも述

べたとおりである。安井氏のリーダーシップにより，多くの店舗が協力し，イベントを成功させたといえる。しかしながら，まだ各店舗の取り組みは受け身であるといえる。

　商店街経営には，リーダーシップの存在や魅力のある店舗が必要である。早稲田商店街の場合では，リーダーは安井会長であり，魅力のある店舗は「エコステーション」である。早稲田商店街の各店舗は，安井氏の提案のもと，エコステーションを設置し，当たりくじによる来客を待つという受け身の図式が成り立ってしまっている。

　また，早稲田商店街において，早稲田大学の長期休暇期間になると，来客数が激減するという問題は解決されていない。長期休暇期間であっても，売上の変動が少ない取り組みを取り入れなければならない。

　図表5－5－2に示されるように，トップ（安井会長）からの指示ではなく，ボトム（各店舗）からの提案によって活性化される組織が望ましい。

　また，ネットワークの拡大は，他の商店街が持つ情報を入手する重要な場

図表5-5-2　早稲田商店街の組織構造

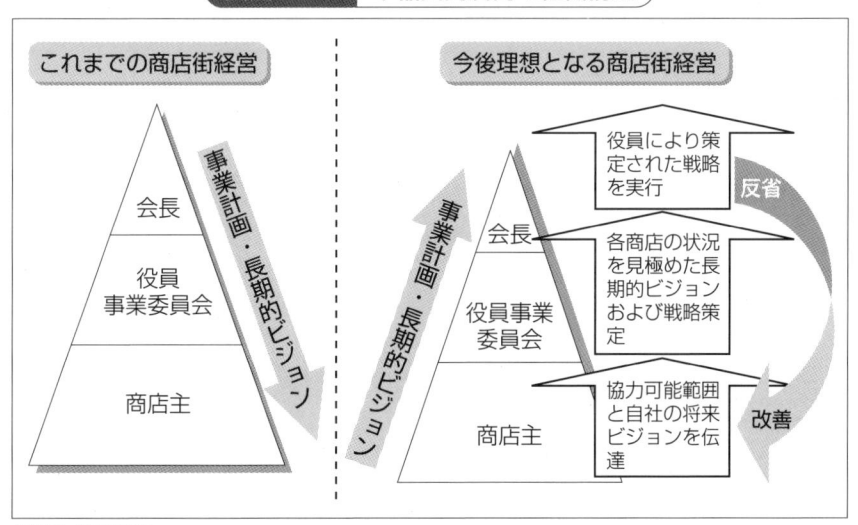

（出所）筆者作成。

造りであるため，ネットワークの拡大によって得た情報を活用することは不可欠である。

(3) 課題

　大学の長期休暇になると収入が減少する問題については，インターネット販売を行うことによって解決できる。そのため，商店街の店舗を情報ネットワーク化しなければならない。その際，取扱商品が多い方が，消費者の利便性は高くなるため，早稲田大学周辺の7つの商店街を「早稲田商店街」としてバーチャル・モールを展開させるほうが望ましい。

　早稲田商店街における課題は，長期的視野を持ち，商店街組織が一体となって問題意識を持ち，解決できる環境を整えることである。そのため，トップは最終意思決定のみを行うものとすることが重要となる。

　商店主により問題意識を提起させ，商店主によって解決するシステムを構築することによって，商店街経営における問題とされる構成員の参加意欲の低さを解決し，成長のための基礎とすることを目的としている。

　成長のための基礎作りには，第一に問題意識を共有化することである。商店街自体の問題点に加え，商店街を形成している店舗の問題点や商店街が属する環境の問題など，幅広く問題意識を持つことが必要である。

　第二に，共同事業の体制をつくることである。長期的には，商店主単位での取り組みが求められるため，環境問題に取り組む商店街として，個別店舗においても環境問題対策に取り組む必要がある。これらの問題には，例えば飲食業においては共同配送による物流面での環境対策を行うなどが考えられる。

　第三に，環境整備および情報発信である。環境問題に特化した街づくりを実現するためにも，地域全体を環境問題対策モデル都市となるような街づくりをしなければならない。

　第四に，地域社会との係わり合いの再定義である。地域社会に必要不可欠な存在であることを認識させる必要がある。消費者との接点形成をどのよう

に行うのかを考え直さなければならない。

　今後は，バーチャル・モールの推進を図らなければならないが，地域の活性化を図るためにも，これまでの先進的な商店街経営を持続させなければならないのである。

(4)　**解決策**

　早稲田商店街のオンライン・ショップを展開し，1年を通して安定した収入を確保する。早稲田大学の周辺にある7つの商店街で取り扱う商品を，インターネットにより全国へ販売網を広げるのである。

　このオンライン・ショップは，早稲田大学周辺商店街だけではなく，商店街ネットワークを利用し，全国の商店街をインターネットでリンクさせ，膨大な商品を取り扱う巨大なオンライン・ショッピング・モールを形成することを目的に展開する。

　様々な商店街が加入することになるが，早稲田商店街には，「早稲田」というネーム・バリューを持つため，オンライン・ショップが拡大し続けても，一定の来訪者数は確保できるのである。

　また，実際の店舗との相乗効果を図ることも重要となる。エコステーションに，オンライン・ショップの割引チケットや送料無料チケットを当たりくじとして取り入れるなどが考えられる。

　また，バーチャル・モールを推進する一方で，商店街の活性化は続けなければならない。オンライン・ショップに完全移行することも可能であるが，地域との関係性が強い場合，商店街がなくなってしまうと，地域の衰退につながる恐れがあるからである。早稲田商店街は，環境問題に特化した商業集団として活動しており，現在では消費者参加型リサイクルが行われている。今後は，各商店が環境問題に取り組むことによって，新しいまちづくりの実施が望ましい。

　実際に行うべき取り組みとして，共同物流システムを採用することがあげられよう。物流の効率化を図り，自然環境に配慮した取り組みを継続して行

う。オンライン・ショップを展開する上でも，共同配送は商店街の配送時間を規定することによって，物流コストの低減にもつながり，利益の増大効果が期待される。

❸ 解　説

(1) 関連理論

　経営戦略は時代の流れとともに変化してきた。1960年代に経営戦略論が生成されてから，70年代には分析型経営戦略論となり，80年代にはプロセス型経営戦略論となった。90年代には情報創造型経営戦略論となり，現在2000年代においては社会調和型経営戦略論となっている。

　社会調和型経営戦略論は，①企業の社会的責任，②企業と社会，③経営戦略対象領域の拡大の３つの観点から考察することができる。企業は社会的ニーズを充足するために，戦略的社会性の追求を目指すが，戦略的社会性の追及は「市場性」「営利性」の追求と矛盾しない。

　こうした考え方は，零細小売業の商業集積である商店街にもいえることである。商店街は他の企業や商業集積に比べると，相対的に地域との関係性が強い。これは商店街の起源からみても明らかである。そのため，商店街経営者の多くは地域住民であるため，商店街の衰退は，地域全体の衰退と同義であるとされ，商店街は活性化策をとらなければならないという社会的責任を担っている。

　社会的責任とは，利害関係者に対する義務のことであり，果たすべき義務は利害関係者によって異なる。今日では，広く一般社会からの要請に応えることも，社会的責任とされ[3]，文化支援活動や慈善事業の社会貢献も社会的責任とされている。

(2) 技　法

　商店街経営においては，魅力ある店舗の存在とリーダーシップの存在が重要である。しかしながら，長期的視点による組織存続の考えもきわめて重要

図表5-5-3 商店街経営における近代化のプロセス

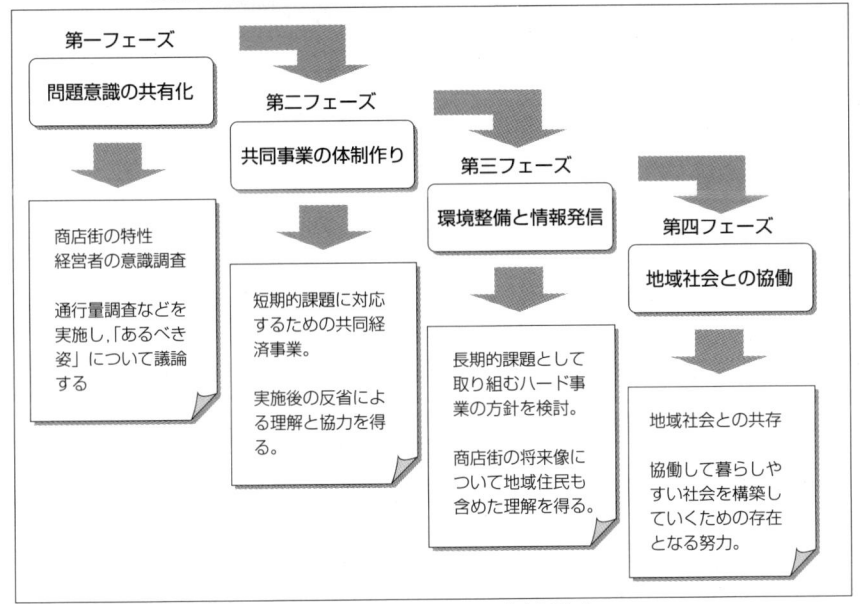

第一フェーズ
問題意識の共有化
↓
- 商店街の特性 経営者の意識調査
- 通行量調査などを実施し、「あるべき姿」について議論する

第二フェーズ
共同事業の体制作り
↓
- 短期的課題に対応するための共同経済事業。
- 実施後の反省による理解と協力を得る。

第三フェーズ
環境整備と情報発信
↓
- 長期的課題として取り組むハード事業の方針を検討。
- 商店街の将来像について地域住民も含めた理解を得る。

第四フェーズ
地域社会との協働
↓
- 地域社会との共存
- 協働して暮らしやすい社会を構築していくための存在となる努力。

(出所) 小川雅人＝毒島龍一＝福田敦［2004］を参考にして筆者が作成。

な要素である。図表5－5－3に示されるように，近代化を実現するためには，商店街経営を段階ごとに進めなければならない。

　第一フェーズでは，組織構成員との問題意識の共有化をする。第二フェーズでは共同事業の体制作りを行う。第三フェーズでは，環境整備と情報発信をし，長期的課題に取り組む。そして第四フェーズでは，地域社会における商店街の意義を確かめなければならない。

　商店街診断では，グランド・デザインが設定されているのか，長期ビジョンを持っているのかという方向性が重要な要素となる。リーダーシップの存在や魅力ある店舗作りを行う前に，近代化のプロセスに，商店街の要素を当てはめ，長期的視点に基づいた経営戦略が可能であるのかを確認しなければならない。

(3) **重要用語**

グランド・デザイン，商店街経営，社会調和型経営戦略

1）安井潤一郎［1999］60頁。
2）同上書58頁。
3）岸川善光［2006］58頁。

参考文献

安井潤一郎［1999］『スーパーおやじの街づくり』講談社。
岩澤孝雄［2001］『商店街再生のIT戦略』白桃書房。
小川雅人＝毒島龍一＝福田敦［2004］『現代の商店街活性化戦略』創風社。
岸川善光他［2003］『環境問題と経営診断』同友館。
岸川善光［2006］『経営戦略要論』同文舘出版。
新QC七つ道具研究会［1984］『やさしい新QC七つ道具』日科技連。
田中道雄［1995］『商店街経営の研究—潮流・変革・展望—』中央経済社。
中沢孝夫［2001］『変わる商店街』岩波書店。
森本三男［1994］『社会的責任の経営学的研究』白桃書房。

索 引

あ 行

アウトソーシング……………………205
アグリビジネス………………………210
アサヒビール…………………………137
アマゾン・ジャパン……………………85
アローダイヤグラム法………112, 114
一貫パレチゼーション………………148
イノベーション……43, 49, 59, 62, 67, 257
ABC分析…………………………125, 187
SPA……………………………………118
SBU……………………………………38
SWOT分析………………………226, 229
エヌ・ティ・ティ・ドコモ……………23
NPO……………………………………221
NPOせっけんの街……………………221
MECE……………………………………32
大阪府東大阪地域……………………251
小川の庄………………………………231
おやき…………………………………231
卸売業…………………………………169
オンライン・ショッピング・モール……267

か 行

会社更生法………………………………16
花 王……………………………………147
価格戦略…………………………………6
価値システム…………………………177
価値連鎖………………105, 172, 173, 177
金のなる木………………………………37
唐津市相知町蕨野……………………209
環境─戦略─組織の適合………………3

カンパニー………………………………34
カンパニー制………………………34, 38
企業価値…………………………………68
企業間関係……………………………241
機 能……………………………………59
機能的定義…………………………27, 31
機能別管理………………………………55
キャッシュ・フロー……………………78
競争戦略…………………………………21
共的セクター…………………………229
グランド・デザイン…………………269
グリーン・ツーリズム………………210
クロス・ファンクショナル・チーム
　………………………………………16, 57
経営管理システム………………………55
経営資源…………………………21, 40, 59
経営システム……………………………1
経営戦略…………………………………30
系統図法…………………………………22
原価管理………………………………130
研究開発管理…………………………107
工業集積………………………………256
工業集団………………………………251
工程管理………………………………130
公的セクター…………………………229
小売業…………………………………179
コーポレート・ガバナンス………95, 98
顧客適合……………………………13, 21
顧客満足……………………………13, 20
顧客満足度………………………………4
コスト・リーダーシップ戦略………161
コミュニティ・ビジネス…………231, 233

271

コンプライアンス……………95, 98

━━━━ さ 行 ━━━━

サービス…………10, 13, 21, 189, 191, 196
サービス・マーケティング………16, 192
サービス業………………………………189
サービス財………………………………196
財務管理……………………………………78
財務管理システム………………………75
サプライ・チェーン………………105
サプライ・チェーン・マネジメント……206
産業クラスター………………252-254
三次元モデル………………………………26
事業ドメイン……………………23, 26
資源適合……………………………………33
資源配分……………………………………33
自己実現……………………………………66
市場開発……………………………………237
市場開発戦略………………………………240
市場浸透……………………………………237
市場浸透戦略………………………………240
私的セクター………………………………229
自動化………………………………………135
シャープ……………………………………107
商業集団……………………………………261
条件適応理論…………………6, 10, 11
消費者起点…………………………………169
情報管理システム…………………………85
自立的組織…………………………………51
新会社法……………………………………100
新QC七つ道具………29, 110, 112, 123, 143
診断チェックリスト………………………69
人的資源管理システム……………………65
親和図法……………………………………143
成果主義……………………………………50

生産管理……………………………………127
製造業………………………………………159
成長ベクトル……………………236, 237
製品・市場戦略……………………………21
製品開発……………………………………237
製品開発戦略………………………………240
製品ライフサイクル……………………197
セグメント・マーケティング……………193
セコム………………………………………189
選択と集中…………………………………40
戦略的提携…………………………………241
総合経営管理………………………………55
組　　　織…………………………………21
組織適合……………………………………43
ソニー………………………………………33

━━━━ た 行 ━━━━

ダイエー……………………………………75
多角化………………………………………237
多角化戦略…………………………………240
棚　　　田…………………………………209
チーム制………………………………44, 46
知識創造………………………71, 256, 259
調達管理……………………………………117
テーマパーク………………………………13
店舗管理……………………………179, 184
東京ディズニーランド……………13, 15-17
東京都大田区………………………………251
ドメイン……………………………18, 21, 30
ドメイン適合………………………………23
ドン・キホーテ……………………………179

━━━━ な 行 ━━━━

内部統制システム………………………100
日産自動車…………………………………55

索引

日産リバイバルプラン……………56, 58
日本マクドナルド…………………3
人間工学……………………………186
農林水産業…………………………209

===== は 行 =====

バーチャル・モール………………266
ハイブリッド・マーケティング・チャネル
……………………………………217
ハウステンボス……………………13
花形製品……………………………37
ハブ・アンド・スポーク・システム……200
番号ポータビリティー制度………25
PDPC法…………………………29, 123
ビジネス・システム………………21
ヒューマン・リソース・マネジメント
…………………………………72, 73
ピラミッド型組織………………7, 8, 51
品質管理……………………………130
ファーストリテイリング…………117
ファナック…………………………127
フィードバック・コントロール……62, 63
フェデックス………………………199
物理的定義………………………27, 31
物流業………………………………199
ブラックボックス化………………108
プロダクト・ポートフォリオ・マネジメント
………………………………36, 41
ベンチマーキング…………………21
法務管理システム…………………95

===== ま 行 =====

マーケットプレイス………………87
マーケティング・ミックス………144
マーケティング管理………………137

負け犬………………………………37
マス・マーケティング……………193
マネジメント・プロセス…………61
マブチモーター……………………159
ミスミ………………………………43
ミッション…………………………225
持たざる経営……………43, 44, 46, 48
持つ経営……………………………49
問題児………………………………37

===== や 行 =====

雪印乳業……………………………95
ユニクロ……………………………117
4　P……………………………137, 140

===== ら 行 =====

リクルート…………………………65
リテールサポート……………169, 173
菱　食………………………………169
レビット………………………27, 31
連関図………………………………207
連関図法………………………110, 111
ロジスティクス………………105, 207
ロジスティクス管理……………30, 147

===== わ 行 =====

早稲田商店街………………………261
ワン・トゥ・ワン・マーケティング
…………………………………89, 93
ワンクリック………………………87

〈編著者略歴〉

岸川善光（キシカワ ゼンコウ）
・学歴：東京大学大学院工学系研究科博士課程（先端学際工学専攻）修了。博士（学術）。
・職歴：産業能率大学経営コンサルティングセンター主幹研究員，日本総合研究所経営システム研究部長，同理事，東亜大学大学院教授を経て，現在，久留米大学教授（商学部・大学院ビジネス研究科）。その間，通産省（現経済産業省）監修『情報サービス産業白書』白書部会長を歴任。
　1981年，経営コンサルタント・オブ・ザ・イヤーとして「通産大臣賞」受賞。
・主要著書：『ロジスティクス戦略と情報システム』産業能率大学，『ゼロベース計画と予算編成』（共訳）産業能率大学出版部，『経営管理入門』同文舘出版，『図説経営学演習』同文舘出版，『環境問題と経営診断』（共著）同友館（日本経営診断学会・学会賞受賞），『ベンチャー・ビジネス要論』（編著）同文舘出版，『イノベーション要論』（編著）同文舘出版，『経営戦略要論』同文舘出版など多数。

（検印省略）

平成19年3月31日　初版発行　　　略称：ケース診断

ケースブック　経営診断要論

編著者　岸　川　善　光
発行者　中　島　治　久

発行所　同 文 舘 出 版 株 式 会 社
東京都千代田区神田神保町1-41　〒101-0051
営業 (03) 3294-1801　編集 (03) 3294-1803
振替 00100-8-42935　http://www.dobunkan.co.jp

Ⓒ Z. KISHIKAWA　　　　　　　　　　製版　一企画
Printed in Japan 2007　　　　　　　　印刷・製本　KMS

ISBN978-4-495-37661-1

経営学要論シリーズ

● 岸川善光 編著

1. 経営学要論
2. 経営管理要論
3. 経営戦略要論
4. 経営組織要論
5. 経営情報要論
6. イノベーション要論
7. グローバル経営要論
8. 経営診断要論
　　ケースブック　経営診断要論
9. 経営環境要論
10. ベンチャー・ビジネス要論